日本古代女性史の研究

関　口　裕　子　著

塙　書　房　刊

刊行にあたって

関口裕子氏は、『日本古代婚姻史の研究』上下（塙書房、一九九三年）と『処女墓伝説歌考―複数の夫をもった美女の悲劇―』（吉川弘文館、一九九六年）の二著作を残し、二〇〇二年に病で急逝された。家族史関係の専著としてほぼ完成していた大部の原稿は、関口裕子氏著書刊行会の手によって『日本古代家族史の研究』上下（塙書房、二〇〇四年）として刊行された。これによって、関口氏が心血をそそいだ古代婚姻史・家族史研究の成果を、広く世に伝えることが可能になったのである。

しかし、『日本古代婚姻史の研究』と『日本古代家族史の研究』という両大著の刊行後にも、そこに収められなかった女性史関係の研究成果は、個別の論文として発表されたままに残されてあった。日本古代女性史研究を学問的に切り拓いた関口氏の仕事を、このまま埋もれさせてはならない、一冊の書物として後続の研究者が容易に手にとることのできるものにしたい、との思いで本書は編まれた。

書名は、前二著にならい『日本古代女性史の研究』とした。本書が、『日本古代婚姻史の研究』『日本古代家族史の研究』と並び、関口氏の三大著作の一つとして、永く後世に学問的貢献をなすことを願ってやまない。

関口裕子氏女性史論集刊行会

目次

刊行にあたって

目次

I 女性史研究の課題

Ⅱ　性愛・家族と女性

Ⅲ　社会の中の女性の地位

目　次

凡例

一　本書には、関口裕子氏の既刊二著『日本古代婚姻史の研究』上下、『日本古代家族史の研究』上下に未収録の女性史研究関係論文八本、小論十一本を選び、テーマによってⅠ～Ⅲの三部に編成した。
一　紙幅の関係から、論集類に再録されていて比較的入手が容易なものは、女性史研究上の重要な論文であっても収録しなかった場合がある（巻末著作一覧参照）。
一　原文の構成は論文毎に多様だが、既刊二著の体裁にならい、編・章・節・項に整えた。
一　右記構成に添って、原論文の本稿・当稿・本章等の表記を適宜、本章・本節・前項等に変更した。
一　原文の表記を尊重する観点から、校訂は誤字脱字と判断されるものに限定し、原表記の右横、または文中に挿入して、〔　〕で補記した。
一　史料・文献からの引用箇処は原文のままとし、原典にあたっての照合／訂正は原則として行わなかった。
一　史料引用に際しての表記（史料名、旧字体・異体字等）は、不統一でもそのままとした。
一　引用文献の書誌情報を補う場合は、【　】で記入した。
一　図・写真等が掲載されている場合、図表は収録したが、写真は（本文の理解に障りのないことを確認の上で）省いた。

日本古代女性史の研究

Ⅰ　女性史研究の課題

第一章　歴史学における女性史研究の意義

――日本古代史を中心に

はじめに

女性史研究の第一義的意義はいうまでもなく女性解放という現実の課題に答えることにあるが、本章ではそのような課題から要請される女性史研究が、翻って歴史学自体にいかなる意義を生じさせるのかを問題にしたい。従来の日本の歴史研究・叙述は、実際は男性中心史ともいうべき傾向が強く、女性に関しては、現実の歴史推進の荷い手の半数は女性であったにもかかわらず、その役割を正当に評価した歴史研究・叙述が行なわれてきたとはいいがたい。この様に従来ともすれば軽視されてきた女性の役割や地位を正当に評価する視点に立つ時、いかなる課題が歴史――本章では特殊的に日本古代史――に投げかけられるのか、別の言葉でいえばその様な視点を欠落させがちであった従来の歴史研究がいかなる克服すべき点を持っていたのか、それを以下本章で明らかにしていきたい。かかる観点に立つ時その課題の第一点は歴史研究における社会構造をめぐる問題に関してであり、第二点は経済的社会構成等をめぐる問題に関してである。

第一節　歴史研究における社会構造をめぐる問題

日本古代の社会構造に関して、女性の役割を評価することがどの様に従来の研究を修正し、歴史像を豊かにするかの一例としてまず当時の家父長的大経営の内部構造の問題を取り上げたい。これに関する従来の秀れた研究としては河音能平氏のものがあり、(1)氏は日本霊異記を史料として当時のかかる経営としての富豪層経営の統制機構が、家産所有主体としての家長（＝夫）と、家産分配主体としての家室（＝妻）から構成されていると結論された。しかし氏が史料とされた霊異記の下巻二六話には、讃岐国美貴郡大領妻田中真人広虫女なる女性が多量の「馬・牛・奴婢・稲銭・田畠」を所有し、かつ自ら酒・稲を出挙する様が描かれており、妻自身が家父長的大経営(2)における家産所有主体であり、かつかかる経営に特殊的な経済活動としての出挙(3)を遂行する主体であることが明白である。かかる女性を家父長的大経営における単なる家産分配主体となしえないのは言うまでもないだろう。しかも問題はこのような自ら出挙を行いかつ家産を所有する女性が、彼女一人の特殊な例ではなく、当時の社会に階層として存在している事実である。例えば大規模の土地所有を実現している女性としては近江国浅井郡の中嶋連大刀自古(4)や紀伊国名草郡の神門今子(5)等がおり、多数の奴婢所有者としては美濃国肩県郡肩々里の国造大庭妻が夫所有の二二名を上まわる三四名の奴婢を持つ例、(6)同国加毛郡半布里の県造吉事母が一三名の奴婢を独占する例(7)、筑前国嶋郡川辺里の肥君猪手庶母が、肥手〔猪〕の私奴婢一八名、奴婢一〇名の所有に対し八名の奴婢を持つ例(8)等が知られるのである。かくして当時の家父長的大経営の構造が河音氏的理解からでは充分解明されえないのは明らかであり、たとえ河音氏の主張が、氏の説く様な内部構造をもつ大経営は富豪層としてのそれに限定されるのであり、女性自身が家産所有主体である様な、別のタイプの家父長的大経営の併存を排除しない(9)ことを意味するとしても、その様な大経営が、河音氏の想定する様な富豪層経営と併存する意味がみのがされるべきでなく、前者の存在を考慮してこそ、初めて後者をも含めた当時の大経営の意義とその内部構造の具体相が明確化されるはずである。

以上、当時の女性のおかれた状態の正しい理解が当時の家族構造の研究を修正・深化させる例を家父長的大経営についてみたが、同様な事情は共同体の問題に関してもまたみられるのである。従来古代の共同体の内部構造についてはほとんど何も明らかにされていないと言ってよい状況で、わずかに共同体の諸機能を荷なうものとしての刀禰の役割が、主として中世の側から問題にされているに過ぎない(10)が、私は以下において、当時の共同体内において女が男と平等の地位を保持したと推定しうること、のみならず女性自身が積極的に共同体諸機能を遂行している例のあることを示そうと思う。

まず共同体内における男女平等の地位を推測させるものに、広瀬・龍田の祭りの祝詞中の「王等・臣等・百の官人等、倭の国の六つの御県の刀禰、男女に至るまで、今年某の月の某の日、諸《もろもろ》参《ま》ゐ出て来て、皇神の前に鵜《う》じ物《もの》頸根《うなね》つき抜きて（注…首を前につき出して、つつしみ敬うさま）（中略）称辞《たたへごと》〔竟〕《を》へまつらくを、神主・祝部等、諸聞しめせ(11)」との文がある。この広瀬・龍田の祭りは、その地理的位置から大和平野全体の農耕儀礼と考えられ(12)、それは祝詞中の「六つの御県(13)」の語句からも裏付けられるのだが、更にこの祭りは、天武四年に至ると律令国家により国家全体の農耕儀礼へと転換させられるという特殊な歴史的性格を有している(14)。従ってかかる性格の祭りの祝詞中から当時の在地共同体での祭祀のあり方を直ちに復元できないのは勿論だが、しかしかかる性格の農耕儀礼といえども在地共同体の祭祀のあり方を前提としてしか成立しえない以上、「六つの御県」ないし律令国家全体の農耕儀礼化に伴い附加されたと思われる「王等・臣等・百の官人等」の部分を除いた「刀禰、男女」の部分には、当時の在地共同体の祭祀のあり方が反映されているとしてよいだろう。従って右の史料から、当時の在地共同体においては、男女が刀禰に引きいられ、共同体諸機能を集約的に表現する祭りに平等に参加していたと結論して大きな誤りはないであろう。

同様な事情は儀制令春時祭田条の「一云。毎レ村置二社官一、名称二社首一。村内之人。縁二公私事一往二来他国一。令レ輪〔輸〕二神幣一。或毎レ家量レ状取二斂稲一。出挙取レ利。預造二設酒一。祭田之日。設二備飲食一。并人別設レ食。男女悉集。告二国家法一」[15]とある文にもみられ、この文から、村ごとに存在する神社において春時祭田（＝春の予祝の祭り）が行なわれる際、「男女悉集」と記されている様に、男女がそれに平等に参加する様が観取されるのである。

以上の様に共同体諸機能を集約的に表現する祭祀への男女平等の参加は、共同体内の女性の地位が男性と同等である事実を示すと考えられるが、問題はそれのみにとどまらず、かかる祭祀自体を当時女性が司どっていたことを明示する史実が存在する。即ち、当時における女性司祭者の存在がそれで、例えば貞観十六年六月廿八日格の引用する天長二年十二月廿六日格[16]によれば、「諸国小社。或置レ祝無二禰宜一。或禰宜祝並置。旧例紛謬准拠無レ定。加以或国独置二女祝一永主二其祭一。左大臣宣。自レ今以後。禰宜祝並置社者。以レ女為二禰宜一。（下略）」とある様に、「諸国小社」、即ち在地共同体の神社の中には、永い間女性の祝が祭りを司どるのを慣例とする社のあったことが知られるのであり、かつそれが国家により承認ないしは推進されているのである（傍線部分参照）。当時におけるこの様な女性司祭者の存在は、それ以前の共同体において女性指導者が祭祀を、男性指導者が行政を司どっていたこと[17]の残存形態と考えられるが、しかしたとえそうであれ当時未だ「或国」においては[18]、女性が共同体諸機能の中枢的位置を占める祭祀を掌握していたことが確認されるのである。当時における女性国造の存在[19]も、かかる在地における女性司祭者の存在を前提として初めてその意義が理解されるだろう。

ところで、当時女性が共同体機能を荷なった例は祭祀のみにとどまらないのであって、共同体を維持する上での諸費用捻出のための出挙を女性が担当した例もまた存在している。即ち霊異記中巻三二話によれば、紀伊国名草郡三上村の人たちが薬王寺を中心に知識を結び、薬を窮民に分け与えるために出挙を行っているが、かかる出挙の運営を薬王寺知識から委託され実際に行っているのは、桜村に住む「酒を作る家主」たる岡田村主姑女という女性であった。勿論ここでの共同体は、㈠その相互扶助＝窮民救済が寺を中心に行なわれていること。㈡その相互扶助の範囲が三上村・桜村等いくつかの村を含むものに拡大されていることから、既に旧来の、神社を中核とする自然村落たる共同体から変質し始めているのは明らかだが、しかしこの様に成員の相互扶助という共同体諸機能を果すための費用の捻出[20]を女性が担当している事実、別の言葉でいえば共同体を維持していくための財政面を女性が受持っている事実[21]は、従来見落されてきた共同体における女性の役割の重要性を端的に示すのであり、刀禰一元論で説かれてきた従来の共同体論に重大な反省をみせるであろう。

以上の女性の地位・役割の正当な評価が、家父長的大経営（家族）・共同体等、社会構造に関する歴史研究にいかなる問題をなげかけるかをみたが、次に、同様な観点が日本古代の階級関係・生産様式・経済的社会構成等に関する問題にどのような新たな視角を切り開くのか検討したい。

第二節　階級関係・生産様式・経済的社会構成[22]等をめぐる問題

1　序論

女性の役割の正当な評価が、個別の問題での研究の深化をうながすのみでなく、歴史における階級関係・生産様式・経済的社会構成、更にはそれに基づく時代区分等の問題にいかなる課題を提起するのかを検討するのが本節での目的である。

近代において女性の究極的解放が、階級支配の廃止と共に歴史的課題となるのと正に対比的に、古代においては、女性の男性への隷属が階級支配の開始と共に歴史のプログラムに登場する[23]のだが、かかる時代における女性の隷属のあり方は必然的に日本での階級支配の発生のあり方と構造的に関連するはずであり、従って日本古代の女性の地位＝隷属形態の独自性は、日本における原始社会から古代社会へいたる階級発生のコースの独自性、更には当然それに規定される古代社会における階級関係・生産様式の独自性と不可分に結びついているはずである。かかる観点から日本古代の女性の地位をみると、日本においては、ギリシャ・ローマはもちろん、中国・インド等とくらべても女性の地位が非常に高いという注目すべき事象が存するのであり、従ってそこからは必然的にかかる女性のあり方が、ギリシャ・ローマ、更にはインド・中国等の古代社会と異なる、日本古代社会のいかなる特質と関連するのかという問題が提起されるのだが、かかる問題の検討に先だち、その前提として、まず日本古代における女性の地位の高さを具体的に考察しておきたい。

2　日本古代における女性の地位

まず初めに、日本古代の女性が対男性との関係で経済上いかなる地位を保持していたかをみると、当時の女性が男性と対等に財産所有権を保持していた事実に注目したい。当時の女性が財産所有権を保持した事実は、前節での女性の財産所有例からも明白だが、前節の例の様な家父長制大経営層の女性のみでなく、貴族から一般庶民に至る全階級の女性に共通して当時財産所有権は保持されていた[24]。そしてかかる女性の財産所有権の基礎には、親の財産は兄弟姉妹間に均等に分割されるという当時の家産相続上の慣行[25]に由来する、男性と対等な財産相続権が存在したのであって、かかる均分的な財産相続法は、鎌倉中期、女性に対する財産相続がその女性一代に限られる一期分的相続が始まるまで存続した[26]のである。

次に当時の政治的関係における女性の地位がどの様なものか検討しよう。在地共同体でのそれについては、前節で検討したので、ここでは専ら律令国家の官僚機構中の女性の地位を検討したい。律令国家の官僚機構においては、神祇官においてすら長官以下の官職が男性に占められている事実が端的に示すように、古くからの、女が祭祀、男が行政という政治の分担方式は既に崩壊しており、女性は、後述の女帝、女官等の特例を除いては、政治支配の世界からしめ出されていた。そのことは、貴族層から官人を「継続的に再生産する機能」を果す点で律令官人出身法上の要の位置を占める蔭位制[27]の適用から女性が除外されていたという事実[28]に明瞭に示されている。

しかし一方では女性が政治の世界から完全には排除されていない例として、古来女性が男性と政治を分担していた遺制と思われる女帝の存在があり、更に官僚組織の一部に存する女官の存在とそれをめぐる律令の諸規定にかかる徴証が散見される。即ち女官は、その考叙法においては男性官僚と同一基準下に出身し[29]、その給与においては、季禄が男と同じ、[30] 位封は「内親王減半」または「女減半」[31]、位禄も「女減半」[32]で、位田は三分の一を減じられ[33]、帳内・資人に関しては「女減半」で、男の半分が支給された[34]。以上から、女官が男性官僚に準ずる例のある一方、既に不平等にあつかわれ始めているのは確かだが、しかし同時にまた律令には名例律婦人有官位条の様な注目すべき規定も存在する。即ち同条には「凡婦人有二官位一犯レ罪者。各依二其位一。従二議請減贖当免之律一」とあるが、これは唐律から「不レ得レ蔭二親属一」を削除したもので、わが国では唐と異なり「婦人でも有位者はその蔭を親族に及ぼし得る」ことを意味するものであった[35]。また後宮職員令朝参行立次第条には、「凡内親王。女王及内命婦[36]朝参行立ノ次第者。各従二本位一。其外命婦[36]。准二夫位次一。若諸王以上娶二臣家一為妻者。不レ在二此例一。」とあり、女性の五位以上有位者は、朝参の際自身の位に従って並ぶことが規定されている。また喪葬令百官在職薨卒条・賻物条・葬送具条等の規定においては、共に官僚として死亡した際の国家処遇に男女差がもうけられていない。以上の諸事実は、聖武天皇が東大寺盧舎那仏と対面した際の勅中[37]にある「また大臣として仕へ奉らへる臣たちの子ども男《おのこ》は仕へ奉るさまに随《したが》ひて種々《くさぐさ》治めたまひつれども女《めのこ》は治め賜はず。ここを以て念《おも》ほせば、男のみ父の名負ひて女はいはれぬ（注…してはならない）ものにあれや。立ち双《なら》び仕へ奉ることわりなりとなも念ほす」との文言と考え合せた時、政治の世界での女性の地位の低下と男性によるその独占化の傾向は否定しえないが、しかしかかる歴史的状況の定着の日の浅いことを示す[38]のである[39]。

　ところで以上での考察の対象は、律令国家の支配機構中に占める女性の地位についてであり、従ってかかる機構を通じて支配される階級における女性の地位は問題にされていない。そこで次に当時の被支配階級に属する女性の政治的地位が検討されねばならないが、男女を問わず彼らが専制君主の「総体的奴隷」として支配される古代国家において、女性の政治的地位が男性のそれと共に問題になりえないのは言うまでもないだろう。ただ口分田班給において、わが国では女性は男性の三分の二を与えられており、これを女性への班給を欠く中国と比べると、天皇の保護の対象としてではあるが、男女対等の傾向が知られる。[40] そして口分田班給にみられる、中国と異なるかかる女性のあり方自体が実は共同体における女性の地位の反映なのであって、律令国家の口分田班給の前提たる国家的土地所有が、共同体的土地所有を集積したものであり、従ってそこでの土地所有のあり方は在地共同体における土地所有のあり方に制約されざるを得ない以上、女性への口分田班給は、在地共同体において土地占有権（従ってそこに表わされている共同体成員権）が女性にも認められていたことを示すと考えられるのである。かくして前節で考察した在地共同体における男女一般成員の祭祀への平等な参加権は、在地共同体における男女平等の土地占有権[41]と結合して存在しているのであり、かかる諸権利の男女平等の保有状況から、当時の共同体においては、その成員権は男女共通に保証されていたとしてよいだろう。[補注1] この様に当時の共同体においては、一般成員に関して男女平等の成員権が認められていたばかりではなく、その指導者層に関しても、前節での女性が共同体諸機能を掌握する例から明らかな様に、女性は未だそこから排除されていないのであって、律令国家における女性の政治的地位は、その支配機構中に占める有位者女性の地位、一般民衆の地位の双方とも結局は、在地共同体のあり方を拡大反映したものに他ならないことが知られるのである。

次に社会的関係における女性の地位を考察するが、その際問題を婚姻関係でのそれに限定したい。[42] まず結婚の決定権については、十世紀以前においては女性の意志が尊重され[43]、かつそれが母親により事後的に承認されるの[44]みであった事実に注目したい。後に古代インド・中国について具体的にみる様に、家父長制の成立した所では、娘の婚姻は本人の意志を問わずかつ父により決定される事実と比べるとかかる事実の特異性は明白だろう。また当時において、女性の意志が尊重されるだけでなく、女性から積極的に求婚している例[45]があるが、これは、母権制社会においては、父権社会と対照的に女性が男性に求婚するのが慣行で、男から女への求婚は無作法とされる事実と考え合せる時興味ぶかい事実である[46]。この様に結婚において主体性を保持した当時の女性は、同時に離婚に関しても、自らの意志でそれを行う権利をもっていたのであり[47]、後述の古代中国等で離婚が夫の一方的意志により行なわれたのと対照的である。

以上結婚・離婚についての女性の主体性の強さをみたが、かかるものの基礎であり、かつ当時の女性の地位の高さを集約的に示すのは、当時の性結合が相互の合意——なかんずく女性の承諾——を前提としてのみ行なわれた事実である。かかる慣行の存在と、それが「平安中・末期以後の土豪層」の台頭により崩れていく事情については既に高群氏の指摘があるが[48]、私も霊異記と今昔物語の対比からこの間の事情を検討したい。まず霊異記をみるに、そこには性の対象としての女性の略奪はもちろん、女性の意志に反した性結合の例が一つも存在していない。ところがこれに反し今昔ではかかる例が数多くみられるのであり[49]、特に二五巻一話は平将門の乱に関するものであるが「貞盛・護・扶等が妻」が「拘《トラ》へ」られ、「兵等ノ為ニ被犯《ヲカサレ》」ている[50]。かかる合戦での婦女掠奪は、管見の限りではこの例を初出とし[51]、以後高群氏によれば前九年の役や後三年の役の際には、戦闘により捕えられた女性が兵士に分配されているのである[52]。そしてかかる女性の「性」の物品視＝女性の「性具」視[53]と、それに基づく婦女掠奪が、将門の乱を史料的初出とするのは偶然ではなく、家父長制の本格的発展とその下での女性の隷属化が日本では十世紀以降の在地領主制の発生・進展下に行なわれるという事情[54]が、将門の乱をして婦女掠奪の史料的初出とさせたのである。

かくして九世紀前半に成立したとされる霊異記[55]にはみられない、女性の意志に反する性結合の例が、十二世紀初頭に成立したとされる今昔[55]には散在するのだが、しかし一方今昔には、女性の承諾なしに性結合は成立しないという前代からの慣行の存続を示す例もある。即ち今昔の一六巻二〇話は、九州から京に上る夫妻が道中、旅人を殺し物を奪うのを生業とする賊に襲われる話だが、その際、妻にいいよった賊は彼女から精進中だからと拒絶されるとそれ以上強要せず、その後も何度もいいよりながらその都度引き下っているのである。この例は古来からの性結合での女性の意志の尊重が、この時代に人殺しを職とする様な人間にまで未だ保持されていること、従って女性の物品視が社会全体をおおいつくしていないことを示すとしてよいだろう。

ところでかかる慣行の根強い存続にもかかわらず、いち早い女性の「性具」化の例が、実は日本書紀に存在する。即ち欽明二三年七月条では、日本と新羅の戦略の際、夫河辺臣と共に出陣した甘美媛は、捕虜となった夫の生命と引きかえに新羅の将にわたされ「姧」されている。また同書同年八月条では大将軍大伴連狭手彦が高麗の王宮から諸財貨と共に女性二人を掠奪し、彼女等を蘇我稲目に送っている。しかしこの二例はともに朝鮮との戦闘の際の出来事で、前者は朝鮮の将による女性の「性具」化の例[56]で、後者の日本の将による場合[56]も、朝鮮で既に進展していた女性物品視[57]の影響によると考えられる以上、婦女掠奪の古来からの存在を示すとは考えられず、特に後者において、この捕獲された二人の女性を贈られた蘇我稲目が彼女等を「妻」として別宅においていて[58]、朝鮮で「性具」として捕獲されたはずの女性が我が国では「妻」とされていることにそれが象徴的に示されている。

以上霊異記段階では性結合が女性の承諾下でのみ行なわれ、従って必然的に女性の性具視とそれに基づく女性掠奪が当時不在である状況を指摘したが、かかる事実と密接不可分な諸事実に、当時の日本における売春の不在、及び性の対象として売買される女奴隷の不在がある。当時における売春の不在については既に高群氏が指摘している[59]が、売春が女性の「性」の商品化[60]、性器としての売買であり[61]、女性の「性」の物品視を前提とする以上それは当然であり、女性の「性」の物品視と掠奪の始まる十世紀以後に売春制が進展する事実[62]は、両者の関連を裏付けるだろう。そしてかかる性の商品化が不在である以上、それが奴隷制と結合した時生じる、性の対象としての女奴隷の売買もまた当然存在しなかった。女奴隷が当時既に存在したのは、奴隷が当時「奴婢」と称されていることからも明らかで、婢の売買の実例も存するが(63)、かかる婢は奴と共通して単なる労働力として売買されているのであり、そのことは当時婢の価格が奴より廉価だった事実により証明されている(64)。

この様に日本で女奴隷が性的商品として売買されなかった事実は唐令と養老令の比較からも立証される。即ち唐令戸令中には「娶妾仍立婚契」なる条文があるが、この婚契＝婚姻契約書が事実上人身売買書を意味する点は仁井田陞氏により指摘されており(65)、事実当時妾が売買されたことは、唐戸婚律以妻為妾条疏議の「妾通売買、(妻と)等数相懸」とある文からもわかるのである(66)。ところが我が国の養老令では右の条文は採用されていない。これは当時の日本に性的商品としての女性の売買、及びそれを基礎に成立する妾が共に存在せず、右の条文が余りに日本の現実とかけ離れていた為として誤りないだろう。

以上日本古代の女性の地位を、政治・経済・社会関係等についてごく大まかに考察したが、これら諸関係における女性の地位を総括したものとして、当時の社会意識における女性の地位をこの節の最後に検討したい。

当時の女性に関する社会意識の大きな特徴は、未だそこには男尊女卑思想、女性蔑視思想が成立していないという事実である。この期の民衆レベルをも含めた社会意識を考察する好材料としてはしばしば引用してきた霊異記があるが、そこには殆んど女性蔑視思想がみられないのが特徴である。わずかにその芽生えを思わせるのは、同書下巻一九話での、肥前国佐賀郡での安居会に際し、そこに出席した尼が、「何《いづ》くの尼ぞ、濫《みだり》がわしく交るは」と講師から咎められている例のみである。しかしそこでは咎められた尼が、「仏、平等大悲の故に、一切衆生の為に、正教を流布す。何の故にか別に我を制する」と反論しており、かつ霊異記の筆者は咎めた講師を非難し、反論した尼を「道俗帰教」する「聖の化《け》」なる人物として描いていて、そこからはむしろ女を男と対等とする思想の存在をこそ指摘できるのである。

　ところで女性蔑視思想の存在を、同じく仏教説話集たる今昔物語について検討すると、そこには例えば一四巻三話の、「然レバ、女人ノ悪心ノ猛キ事、既ニ如此シ。此ニ依テ、女ニ近付ク事ヲ仏強《アナガチ》ニ誡《イマシ》メ給フ」とか、二七巻一三話の、「然レバ女ノ賢キハ幣《アシ》キ事也ケリ」とかの様な女性蔑視を示す例が頻出している(67)。前例については霊異記では前述の様に男女平等を主張する根拠とされた仏教思想が、今昔物語では逆に女性軽視の思想的根拠へ変貌している点、後例では、古代では霊異記を含めて女性の美徳とされている賢こさが(68)、今昔段階では女性の欠点へと転化している点がそれぞれ看過されるべきでないだろう。なお前例の仏教思想に関していえば、今昔には霊異記にはみられない、女人を生れながらの業障をもつ存在とする思想が広くみられるが(69)、これは霊異記段階では諸山の仏教にのみ存在し、一般民衆には未だ受容されていない仏典上の女性差別観(70)が今昔では既に民衆にも一般化しつつあることを示すのであり（そしてその例がまさに一四巻三話なのだが）、霊異記では仏教による救いに男女間の差がみられないのに対し、今昔では〝女の身であるが往生できた〟という意味の語句が散見される(71)のもかかる事実に対応した事実なのである。

　以上今昔では、前代には諸山にのみ保持された仏典上の女性罪業視思想を一つの核として女性蔑視思想が成立しているのだが、霊異記以後今昔成立間におけるかかる思想の発展は、必然的に現実の社会での女性の地位の低下に規定されているはずであり、事実、上述来の諸事実もそれを裏付けている。即ち財産相続権については鎌倉期での一期分発生までそれが基本的に保持された以上のことは現在の私には不明で、政治的地位に関しても同様(72)だが、結婚の決定権については、十世紀初頭を境として本人の意志に基づく母の事後的承認から、父による決定へと移行しており、それと同一事象の表裏をなすことなのだが、性結合における女性の意志の尊重から女性の「性具」化と掠奪の発生への移行、及び売春の不在から発生・進展への移行が、同じく十世紀初頭を転期として進行している。なおこの期が婚姻形態上でも画期をなし、かつ姦通の相手への夫の制裁もこの期以降発生した点については、それらを家父長制の発展と関連づけて既に考察したが[73]、かかる女性の地位の低下を総括するのが社会意識における女性蔑視思想の出現なのである。

そして十世紀以降の、社会意識をも含めた右の女性の地位の低下をもたらしたものは同じ時期に進行する家父長制大経営の農奴主経営、更には在地領主制への展開であり[74]、女性の隷属化＝家父長制の展開は、日本では右の展開過程に即して行なわれたと考えたい[75]。

従って私がこれまで強調して来た古代[76]の女性の地位の高さとは、典型的には十世紀以前に関してのことであり、それ以後女性の地位は後述の中国等に比べればまだ著しく高いとはいえ、徐々に低下するのである。以上から十世紀以前の古代女性の地位の高さの基礎が家父長制の未確立にあるのは明白で、対偶婚的[77]、かつ妻方居住婚的婚姻形態[78]を属性として持ち、それに形態上規定された未だ母系的家族の段階に留まっている当時の家族の家父長制を発展させていないあり方[79]が、前述来の、求婚権を含めた女性の婚姻決定権の保持、性結合での女性の意志の尊重、女性の「性具」化・掠奪、更には売春の欠除、姦通の相手への夫の制裁権の未成立、子に対する義絶権の不在[80]、女性蔑視思想の未成熟、更には妻妾制[77]、嫡子制[81]の未成立等の諸現象を現出させているのである。

以上日本古代の女性の地位の高さをその低下の時期・条件の指摘と共に諸方面から考察したが、最後に私は、かかる地位の高さが当時共同体規制に制約されていたのみならず、この様な共同体規制を支配の手段に転化していた「総体的奴隷制」下でのものであった事実を強調しておきたい。即ち当時の女性の地位の高さとは、何物にも制約されない、女性解放の到達点でのそれではなく、まず第一にそれは共同体規制に束縛されていた。古代の女性が、後代及び他国の古代の女性と異なり、自身の結婚の決定権を持っていたのは前述の通りだが、しかしそれはあくまで共同体規制の枠内での自主的決定にすぎなかった。婚姻に関する共同体規制を当時の乏しい史料から復元するのは容易ではないが、日本書紀大化二年三月二二日の詔中には、女性の結婚・再婚には「祓除《はらへ》」を必要とするという「愚俗《おろかひと》」間の慣行が示されており、また万葉集には、「他辞《ひとごと》を繁み言痛《こちた》み逢はざりき心あるごとな思ひわが背子」（五三八番歌）の歌に代表される様な「他辞《ひとごと》」を忌む慣習を示す歌が多いが、かかる「他辞《ひとごと》」は先学により「村落的地域集団内部」での「婚姻の社会的統制」とされている。[82] この様に当時の当事者の合意による婚姻は共同体規制を伴う点で近現代のそれと異質であり、無論女性が真に解放された段階のものとも異なっている。婚姻にみられるかかる事態は、当時の女性の地位の高さ自体にも該当するのであり、女性の地位の高さとは、当時の人々が共同体規制に束縛されて存在せざるをえないという歴史的状況下でのものなのであった。しかし問題はそれのみにとどまらず、当時の女性の地位の高さとは第二にかかる共同体規制を支配の手段に転化した「総体的奴隷性〔制〕」のもとでは女性も男性も共に専制君主の「財産、奴隷」（『諸形態』国民文庫版四〇頁）として支配されざるをえないという状況下でのそれであった。即ち当時の女性の地位の高さとは男性と等しく無権利状態に置かれているという事実に立脚した上での地位の高さなのであり、かかる状況を抜きにして当時の女性のあり方を論ずるのは古代社会を女性のユートピア視する危険性につながるだろう。

以上日本古代の女性の地位の高さは右の様な制約下でのものだったが、この際考慮すべきもう一つの点は、当時既に支配階級層を中心に家父長制が進展し始め、女性の隷属が端緒的ではあれ開始され始めた事実である。当時既に家父長制大経営層において、一定の条件下ではあれ夫方居住婚がみられ始めた点については別稿[83]に譲りここでは再論しないが、既述の例についてみても、欽明紀での女性物品視がたとえ朝鮮の影響からであれ、支配階級間ですでに発生していた事実に注目したい。また律令国家の官僚組織において、神祇官長官をも含めて官人がほぼ男性に独占される前述の状況も、支配階級での家父長制の発展と関連するのであり、在地共同体においては少くとも祭祀権は未だ女性に保持された点は前述した通りである。

3　本論

さて本項では、前項でみた女性の地位の高さが、日本古代の階級関係・生産様式・経済的社会構成等に関する問題にいかなる研究上の課題を投げかけるのか検討したい。

日本古代の生産様式及びそこでの階級関係が何であるかについては、アジア的生産様式、総体的奴隷制等の概念規定をめぐる長い研究の蓄積があり、諸説が対立している。特に最近、アジア的生産様式とは原始共同社会の生産様式であり、いわゆる総体的奴隷制とは原始共同社会と相即的な、自然発生的な人格依存関係であるとの説[84]が出され、アジア的生産様式を、総体的奴隷制を階級関係とする日本古代の生産様式と理解する従来の諸説と鋭く対立している[85]。しかし、日本古代の生産様式とそのもとでの階級関係が、古典古代の「奴隷制」とは異なる点については、これら諸説が一致して認めており、従来の説では、日本古代におけるアジア的生産様式とそのもとでの総体的奴隷制は、古典古代の古代的生産様式とそのもとでの奴隷制とは、経済的社会構成の発展段階を異にするものとされ、また最近の原氏等の説では、両者は古代的生産様式における奴隷制＝労働奴隷制と、専制主義＝家父長的奴隷制の、古代における奴隷制の二類型として把握されている[86]。

ところで、古典古代の奴隷制と区別された、総体的奴隷制または専制主義を階級支配関係とする、〃アジア的生産様式〃または〃古代的生産様式の一類型としての専制主義〃が、日本古代の生産様式であるばかりでなく、中国・インド等における古代の生産様式であるとする点は、従来のアジア的生産様式論における共通の認識としてよいだろう(87)。そこで次に、この様に日本の古代社会とその生産様式・階級関係を共通にするとされている古代インド・中国における女性の地位がいかなるものか瞥見すると、両国では家父長制が高度に発達し、従って女性の地位は日本と比較にならないほど低い事実に驚かされる。即ちまず古代インドについてみると、そこではアーリア人侵入と共に「父権かつ父系的な家族制度」が持ち込まれたが、かかる家族制度は、今から約二千年程前に成立したとされるマヌ法典によれば(補注2)、家長権のもとに一家が統率され、家産は代々家長に継受され、家長のみが財産を専有し他の家族員は財産所有から排除されるという特徴を持っていた(88)。そしてこの家族の家長は財産相続権・専有権の他に、家族への懲罰権、娘の結婚の決定権をもち、家族内の宗教行事を司祭した。とくに家長の財産専有権を示すマヌ法典の、「妻・息子および奴隷、これらの三者は財産を所有せずと聖伝にのべらる。かれらの得る富は、かれらを所有するものに属す(89)」という文には、妻子が奴隷と共に家長の所有物であり、かつ財産所有権を否定されている様が示されているが、かかるインド古代の女性のあり方は、自己の財産を夫と別に持つ日本古代の女性のあり方と比べ余りに対象的である〔照〕。また娘の婚姻決定について附言すれば、婚姻は娘の父による相手への娘の贈与・売買として行なわれ、娘の意志は全く無視され(90)、家族道徳に関しては、儒教の三従の教えと全く同じ内容の婦人の服従が強調された(91)。そしてかかる女性の地位を集約的に示すものとして女奴隷による妾が存在した(92)。

次に古代中国での女性の地位をみると、中国でも早期から父系社会(93)で、かつ家父長制が発達していた。即ち財産相続権は男子だけが所有し(94)、家父長は家産を単独所有し、従って家産処分権を持ち(95)、かつ家産分割を決定する最終的権利を有し、(96)この権利に基づき子を懲戒のため家から追い出すことができた。(97)かかる状態のもとでの女性の地位の特徴は、まず第一に男子と異なり家産相続権から排除されていたことだが、(98)そのことは同時に女性が自分の父を祭る資格を持たぬことを意味した。(99)かくして自己の財産を持ちえぬ女性は、結婚後も夫と別の財産を持たぬ故に「夫が生存するかぎり、妻の存在はその陰にかくれてあたかも無に等しい(100)」もので、結婚自体も父の意志により結ばれ、(101)離婚については夫の一方的意志による離婚（七出三不去）は認めながら、妻のそれは一切認められなかった。(102)なお古代中国の家族道徳については、それを基盤に立法された唐律、及びそれをほぼそのまま模倣した養老律から推察できるように、家父長制的色彩の強いものだった。また古代中国に女奴隷と、その購入により成立する妾の存在したことは前述の通りである。

以上の様に古代のインド・中国の家族構造とそこから規定される女性の地位は、日本よりもギリシャ・ローマのそれにはるかに相似したもので、(103)中国の帝制時代（戦国・秦漢統一時代から清まで）の中国の家族法を研究した滋賀秀三氏は、『中国家族法の原理』の序説で、「比較法制史的考察としては、ローマ法の家族組織との間の実質的な類似性と、日本の家族制度との間の原理的な相反性に注目する」と明言されているのである。(104)ところで、インド・中国における古代の生産様式――前述の様にアジア的生産様式であれ、古代的生産様式であれ――がインド・中国のどの時代に該当するかについては諸説が対立しているが、(105)インド・中国の上述来の状態がともに紀元前からのものであり以後存続したことを考えると、(106)両国での古代の生産様式下の家族構造、女性の地位を上述のようなものとすることは承認されるだろう。とすれば、中国・インドが家族構造、女性の隷属＝家父長制の発展度に関して、前述の様に生産様式・階級関係を共通にすると考えられる日本とかくも相違し、生産様式・階級関係の発展段階ないしは類型を異にするとされるギリシャ・ローマにむしろ類似する理由がぜひとも解決すべき理論的問題として歴史学に課せられていることが明らかである。そしてここからは、古代における階級発生の仕方とそれに基づく階級支配のあり方が女性の隷属度＝家父長制の発展度とどう関連するのか、日本と中国・インドの様に階級関係・生産様式・経済的社会構成を共通としながら、女性の男性への隷属度＝家父長制の発展度が相違することの要因は何であり、それは当該社会にいかなる刻印を与えるのか、中国の例での様に戦国頃から清までの家族構造が滋賀氏の主張の様に基本的に同一[107]とすれば、この間、生産様式・経済的社会構成は移行しているはず[108]にもかかわらずなぜ家族構造・女性の隷属度は変化しなかったのか[109]等々の問題が当然提起されてくるだろう。これらの諸問題を解決する力は現在の私には皆無だが、女性の地位を問題にすることを契機として提起された右の問題の解明は、歴史学に荷〔課カ〕せられたさけることのできない根本的課題であり、今後の歴史理論の構築はかかる課題への解明を抜きにして行いえないことを強調したい。このことを日本古代に即していえば、古代を、アジア的生産様式あるいは専制主義を生産様式とする社会ととらえるにしろ、或いは新たな概念でとらえるにしろ、それは前述来のギリシャ・ローマはもちろん中国・インドとすら異なる日本古代の女性の地位の相違を説明しうるものでなければならないということである。

第三節　高群逸枝氏の古代を中心とする研究の業績をめぐって

さて私は前節までにおいて女性の地位・役割に注目することがどの様に歴史研究を発展させる契機を有するのかみてきたが、既にかかる観点に立脚して歴史を研究した先駆者に高群逸枝氏がいる。氏こそ一貫して鎌倉時代までの女性の地位の高さを主張し、それを当該期の経済的社会構成等とのかかわりで考えようと試みた女性史家であり、私は本章の最後に、歴史学における氏の業績の意義を古代史を中心に要約したいと思う。

高群氏の女性史に関する膨大な研究[110]を要約するのは困難だが、以下氏の研究の意義を本章での構成にならい、第一に社会構造に関する個別の実証的研究、第二に女性の地位の高さの理論的解明に関する問題提起に分けて私なりに概観したい。

最初の社会構造に関する研究としては、婚姻形態、家族形態の研究が重要だが[111]、まず婚姻形態に関する氏の研究の意義から考えると、その第一点は、当時の籍帳記載に反して、七世紀後半から九世紀を通じての婚姻形態は、妻問いから、妻問いを経た妻方居住婚（氏の用語によれば婿取婚）へ移行しつつあると籍帳以外の史料から主張したこと、そしてその結果必然的に籍帳の法的擬制性を主張したことである。特に後者については、それまでの「戸」実態論者はもちろん、「戸」擬制論者も疑わなかった夫戸への妻の附籍（それは当然夫方居住婚を意味する）が、当時の妻方居住婚的婚姻形態に反して国家により行なわれたことを主張することにより[112]、従来の擬制説とは次元を異にする擬制説[113]を展開した点が重要である。第二点は平安鎌倉時代の貴族の婚姻形態とその移行を実証したことであり、氏は当時の記録を主とした綿密な史料収集に基づき、この期の婚姻形態が純婿取婚→経営所婿取婚→擬制婿取婚と変化する事実を明らかにしたのである[114]。第三点は十三世紀前半以降から開始される擬制婿取婚のうちの一類型――妻方での婿取婚礼後、男は妻家に通うか住むかし、夫の親の避去または死去後初めて妻は夫家に移徙する形のもの――が民俗学で検証された一時的訪婚に該当する事実を明らかにし、そのことにより柳田国男説を批判する[115]と共に、一時的訪婚は貴族に関しては十三世紀前半をさかのぼらないこと、従って籍帳から八世紀の主要な婚姻形態を一時的訪婚とする諸説[116]は再検討なしには成立しないことを明確化したことである[117]。しかし以上の高群説は、第二点に関しては支持されているが[118]、第一点に関しては婚姻形態を具体的に考察した研究者からは、籍帳記載を主たる論拠に全く支持されず(119)、否定の対象としてのみとり上げられるに過ぎないのが学界の現状である。なお第三点に関しては民俗学界でどの様に受けとめられているか私には不明だが、歴史学界では高群のこの点に関する説を契機とした問題の再検討は管見の限りでは一切されていない。

次に家族形態に関する氏の研究の意義は、第一に古代家族を研究した氏を除く全ての研究者が、八世紀を中心とする時期（高群氏のいう「前婿取婚」期）の家族を程度の差はあれ家父長制家族とし、かつその結合原理は当然男系であるとするのに対し、当時の家族が女系自然聚落たる共同体から妻家を起点に自立することを主張すること(120)により、当時の家族の結合原理は女系で、従って当然それは非家父長制家族であるとする点にある。第二は純婿取婚下での貴族の家族形態を実証したことであり、それは(一)女系大家族ないし女系直系家族の時期を一時的に経過する単婚家族である（婚姻形態に即して云えば、夫が妻家に婿取られ、やがて新夫婦は独立する）、(二)かかる単婚家族は夫婦別産であり、「夫婦相互による別産共同世帯」というべきものである、(三)(一)から帰納される様に男は成人すると妻家に住みつき生家から離れ、以後生涯父とは（無論母とも）別居かつ別産である(121)等の諸特徴を持つものであることを明らかにした点である(122)。しかしかかる高群氏の家族論は、今まで家族を研究対象にした古代史家により批判の対象とすらされたことがなく、残念ながら古代史学界には、高群氏が婚姻形態を研究した際その土台をなす家族形態についても考察を行い、少なくとも平安中・後期の貴族に関しては、後代の日本の家族制度からは想像できないユニークな家族形態が存在していた(123)事実を実証したという認識すら欠けていると言わざるを得ないのである。

次に高群氏の研究の意義の第二点――女性の地位の高さの理論的解明の問題提起――について言及したい。氏は『招婿婚の研究』第一章第一節で、日本と他国の女性の地位を比較し、「彼（注…ギリシャ、ローマ、インド、中国等のこと）は古代において父系と娶嫁婚が同時的におこり、女性の隷属化がこれに伴ったのにたいして我（注…日本のこと）は未熟な父系と招婿婚で女性の隷属化がおくれ、普通に中世とよばれているおそい時期にようやく家父長制が確立し、これに伴って娶嫁婚が生れ、そしてここにはじめて女性の地位が低落して彼と照応する事情となるということの食いちがいは、ひとり女性史の問題にとどまらず、延いて一般日本史への反省をもたらすこととなるのではなかろうか」と、同じ古代とされる時代における女性の隷属度の各国間の相違を指摘し、更に日本の古代とされる時代の経済的社会構成がギリシャ・中国等の古代のそれと同じとしてよいかどうか疑問を発している。そしてかかる疑問を出発点とし氏自ら日本史の時代区分を女性の置かれた状態――なかんずく婚制・族制――により行い、『招婿婚の研究』に日本婚姻史表として図示した。(124) それによれば飛鳥・奈良以前の時代、婚制で云えば妻問婚期は、原始および亜原始の時代、飛鳥・奈良以降鎌倉までの婿取婚期は古代と亜原始の重なりあった時代、室町・江戸の娶嫁婚期が一部古代と重なるがほぼ封建時代、明治以降が一部封建時代と重なりながら資本主義の時代とされている。また同書四六頁以下の「若干の説明」の項によれば、氏は大化以前が亜原始の時代、(125) 大化以後は「いわゆる古代の奴隷制社会（奴隷は個人有となる）」が生れるがなお亜原始時代との重なり合いにより母系原理が遺存し、この故に招婿婚、男女の財産上の平等が保持され、室町以降の封建と一部古代との重なり合いの時期に至って男権の顕現をさまたげるものが何物もない状態となり家父長制の確立と娶嫁婚の開始が始まるとされるのである。かかる氏の時代区分論は、㈠大化以前を古代の奴隷制以前の社会ととらえる、(126) ㈡大化以後鎌倉までを亜原始と古代の重なり合った時代とする、㈢従ってこの時期の女性の地位の高さ（氏にあっては婿取婚と財産上の男女平等）はそこでの亜原始的社会の残存の故ととらえる、㈣古代を男権の顕現する時代として把握していることから明らかな様に、「古代」の日本の経済的社会構成はインド・中国とはもちろんギリシャ・ローマとも共通のものと考えられており、「古代」の経済的社会構成が古典古代とアジアでは異なるという前述来の認識は未だされていない、㈤封建制社会を古代との重なり合いを認めながら、室町以降とする等の特徴をもつ。氏のかかる時代区分の試みやその考え方は諸形態【一九頁前引『諸形態』】の紹介とそれに触発された研究の蓄積以前のものであり、(127)私としては日本古代の女性の地位の高さを「総体的奴隷制」自体の持つ本質的なものと考え、その上でインド・中国等との差違を説明しうるのではないかと予想するが、古代国家＝階級社会の発生の初期、封建時代の開始期をめぐり学界で諸説が対立している現在、高群氏の如く女性の地位＝隷属度の視点から時代区分を考えることはかかる問題の解決に何らかの示唆を与えるはずであり、今後の時代区分に関しては、かかる高群氏の視点が不可欠とされねばならないだろう。

以上の様に日本古代の女性の地位の高さに注目し、それに視点をすえて独自の時代区分を行った氏はしかし、それに対応する政治的社会的時代区分は自己の専門外に属し、従って検討を要する点のあることを自覚していた。(128)だからこそ氏は、「この原始婚（注：招婿婚のこと）の有史以後における長期の存続（日本社会の特殊性）や、その終焉までにみられる幾進化段階の発展要因等に、社会経済史的な裏づけを期待したい(129)」と他の歴史学者に学問上の援助を要請しているのである。氏の云わんとする所を私なりに勘案すれば、氏は日本の室町より以前における女性の地位の高さがそれぞれの時代の階級関係・生産様式・社会構成体のあり方とどうかかわり、従って究極的には日本史の時代区分はどうあるべきかを女性の隷属形態を含めて解明することを歴史学に要請しているのであり、私が先に女性史研究が歴史学に投げかける課題の第二点としてとりあげた問題点を既に指摘しているのである。

かくして高群氏はまず第一に、婚姻形態・家族形態等、日本の前近代史研究において最も未開拓の分野の開拓に初めて本格的にとりくみ、それに関する貴重な諸事実を明らかにしたばかりでなく、第二にその様な諸事実が当該時代の社会構成体やその移行という歴史の根幹にせまる問題の再検討を必然的に歴史学自体に提起せざるをえない点を指摘したのであった。そして氏は第二点に関して「諸学の援助[129]」を訴えているばかりでなく第一点についても自己の研究を完成したものとは考えず、「真理の前には何ものにもおそれない勇気をもち、実証と論理を愛する新進学徒[130]」によってかかる研究が完成されるだろうこと、そのためには、「私のしごとがその小さな捨石の一つとしてでも役だてばさいわいである」として新進学徒が自分の研究を乗り超えていくことを呼びかけているのである。私自身も高群氏にならい、これから歴史の研究を始めようとする若い人達に呼びかけたい。今後の歴史研究・歴史叙述においては、日本の歴史をおしすすめそれを荷なってきた人々の半数をしめる女性を正当に評価した歴史研究・叙述を行うこと、それぞれの社会の階級関係・生産様式・社会構成体等の理論の構築に当たっては、当該社会における女性の地位を説明できる理論構築を行うことを。そして自身を乗り超えることを呼びかけた高群氏の私達後進学徒に対する「遺言」をともに実行していくことを。

注

（1）同【河音能平】氏「日本令における戸主と家長」『中世封建制成立史論』【東京大学出版会、一九七一年】所収。
（2）この大領妻の家が家父長的大経営を展開しているのは、同書に記されている東大寺への寄進物が「牛七十頭、馬三十疋、治田二十町、稲四千束」であることから明らかである。
（3）これに関しては、戸田芳実『日本領主制成立史の研究』【岩波書店、一九六七年】第二章第一節参照。
（4）平安遺文四八、五三、五四、五五、五七、六〇号等参照。
（5）平安遺文一三〇号。

(6) 寧楽遺文五五〜六頁。
(7) 右同六四〜五頁。
(8) 右同九五〜九頁。
(9) 吉田晶「古代社会の構造」（『岩波講座日本歴史4』【岩波書店、一九六二年】所収）によれば、当時の家父長的大経営の二類型として富豪経営と共に、前代の族長経営の発展形態としての豪族経営が措定されている。
(10) 刀禰に関する諸文献は、小林昌二「刀禰論序説」（『愛媛大学教育学部紀要第二部人文・社会科学』第七巻【一九七四年、のち同『日本古代の村落と農民支配』塙書房、二〇〇〇年に改題して所収】）註③に挙げられている。
(11) 延喜式巻八、神祇〔祇〕八祝詞、広瀬大忌祭、龍田風神祭の項参照。なお読み下し文は『日本古典文学大系・古事記祝詞』に依った。
(12) 『古代の日本』月報1【角川書店、一九七〇年】記載の、滝川政次郎「大和盆地湖」参照。
(13) 祈年祭祝詞によれば、高市・葛木・十市・志貴・山辺・曾布のことである。
(14) この間の事情については拙稿「『大化改新』批判による律令制成立過程の再構成（上）」（『日本史研究』一三二号【一九七三年】）九頁参照。
(15) 令集解同条参照。
(16) 類聚三代格（国史大系本）二八頁。
(17) 高群逸枝氏はかかる共同体の統制形態を、刀自・刀禰制として把握されている。同氏『招婿婚の研究』【講談社、一九五三年、『高群逸枝全集』二、理論社、一九六六年】一九七頁参照。
(18) かかる女性による共同体祭祀の主宰がすでに全国一律のあり方でなかったことは、例えば前引の広瀬・龍田祭の祝詞で、男女が刀禰に引きいられて祭りに参加していることから明らかである。
(19) 例えば、続紀天平十九年三月三日に命婦従五位下尾張宿禰小倉が尾張国造に任命されている。
(20) なお【注(15)】前引儀制令春時祭田条「一云」には、共同体諸機能の一つたる春時祭田の費用が出挙によりまかなわれている様が描かれている。

(21)　かかる共同体における出挙主体としての女性の存在は、前述した讃岐国美貴郡大領妻の如き大経営における出挙主体としての女性の存在と不可分のものであることは、いうまでもないだろう。

(22)　階級関係については、〝生産手段の所有関係とこれを基礎とする人々の社会的生産体制における地位関係〟という通説的理解にしたがう。生産様式と経済的社会構成の関係については、『講座・マルクス主義研究入門4』【青木書店、一九七四年】第一部Ⅰ「社会構成体と時代区分」（松木栄三執筆）、原秀三郎「序説、日本古代国家研究の理論的前提」（『大系日本国家史Ⅰ』【東京大学出版会、一九七五年】所収）等参照。

(23)　エンゲルスは『起源』において「歴史に現われる最初の階級対立は、一夫一婦制における男女の敵対関係の発展と合致し、また最初の階級抑圧は、男性による女性の抑圧と合致する」（岩波文庫八六～七頁）と述べている。但しこれはあくまで古典古代に即していわれていることに注意する必要がある。

(24)　当時の女性の財産所有権については、高群注(17)前掲書六章七節中の「女の財産」項、七章六節中の「女の財産」項、家永三郎「万葉時代の家族生活」（『万葉集大成5・歴史社会篇』【平凡社、一九五四年】）等参照。

(25)　日本古代におけるかかる均分的財産相続の存在については井上辰雄「古代籍帳より見たる大宝戸令応分条の一考察」（『日本歴史』七二【一九五四年】）が指摘しており、家永前掲論文もこれに近い見解をのべている。私自身もかかる相続法について近く考察したいと考えているが、例えば時代は下るが平安遺文一七八五～七号の「任㆓故対馬守処分之旨㆒、平均各所（処）分六人子族也」という文言は、かかる相続法を示す好例と考える。

(26)　豊田武『武士団と村落』【吉川弘文館、一九六三年】一九七頁。

(27)　野村忠夫『律令官人制の研究』【吉川弘文館、一九六七年】二八〇頁。

(28)　この点の指摘については、高群注(17)前掲書三〇九頁参照。

(29)　後官〔宮〕職員令に、「右諸司掌以上。皆為㆓職事㆒。自余為㆓散事㆒。（略）其考叙法式。一准㆓長上例㆒。」とある。

(30)　禄令給季禄条。

(31) 禄令食封条。なお司〔同〕令嬪以上条によれば、「凡嬪以上。並依㆓品位㆒拾〔給〕㆓封禄㆒」とあり、嬪以上は位封、位禄とも全給され、更に続紀天平宝字四年十二月戊辰条によれば、尚侍、尚蔵は、封戸、位田、資人が全給されることになった。また集解同条に引く大同三年六月二九日付式によれば、「天〔无〕品親王等食封二百戸。男女並同」とされている。

(32) 禄令食封条。

(33) 田令位田条。なお尚侍・尚蔵については注(31)引用天平宝字四年十二月条参照。

(34) 軍防令給帳内条。なお尚侍・尚蔵については注(31)引用天平宝字四年十二月条参照。

(35) 『日本思想大系3・律令』四九二頁補註一二参照。

(36) 内命婦とは婦人で五位以上を帯する者のこと、外命婦とは五位以上の妻のことである。職員令中務条集解参照。

(37) 続紀天平勝宝元年四月朔日条。

(38) 聖武勅をこのような状況を示す史料として引用したものに高群注(17)前掲書（三〇九頁）がある。

(39) なお律令国家の官僚組織の中に占める女官のあり方については、日本の律令規定と唐のそれとの綿密な比較検討を通じぜひ行なわれる必要があろう。女性の叙位は、一般官人とくらべ、①得考の範囲にあるものは全て一般官人の内長上扱いである。②宮人には官位相当規定がみられない等の特徴を有することが指摘されている〈注(27)野村著書三三九頁以下〉が、かかる事実も当時の女官——ひいては女性の地位を考える視点からその史的意義が解明されるべきであろう。かかる研究を今後の若い研究者に期待したい。

(40) 女性の口分田が男性の三分の二である事実が実質的平等を意味すると考えられる点は後注参照。

(41) 口分田班給において女性が男性の三分の二とされているのは、共同体における成員の土地占有が、男女の労働力の差に基づく実質的平等の原則に従って行なわれていることの反映と推定したい。

(42) 家族内における女性の一般的地位については、当時の婚姻形態が妻方居住婚が主である事実から考えて、当然男と対等だったと考えられる。

(43) 高群注(17)前掲書九一頁、一二三～四頁等。

(44) 高群前掲書二三〇頁、三八五頁等参照。

(45) 霊異記上巻三一話に「(粟田朝臣の女が) 乃ち東人に愛心を発し、終に交通《とつ》ぐ」とあり女性から求婚している。ところで同話を再話した今昔物語一六巻一四話では「此ノ女、東人ニ深ク愛欲ノ心ヲ莜《オコ》ス。東人、其ノ心ヲ見テ、女ト窃《ヒソカ》ニ嫁《トツギ》ス」とあり、女の心を男がみてとって男から求婚したという風に書き方が微妙に変化している。この相違は後述する霊異記と今昔物語の相違にちょうど照応している。

(46) 江守五夫『母権と父権』【弘文堂、一九七三年】一〇九頁以下。

(47) 高群注(17)前掲書第八章第八節、特に三三一頁参照。

(48) 高群前掲書一一二九頁。

(49) 例えば二九巻二二話では寺詣に行った人妻が「盗人」に犯されている。その他二九巻二三話、二六巻二一話等。

(50) 『将門記』はこの間の事情を「(貞盛・扶の妻は) 夫兵等ガ為ニ悉ク虜領セラレタリ。就中、貞盛ガ妾《メ》ハ剥《ハ》ギ取ラレテ形ヲ露《アラキ》ニシテ、更ニ為方《セムカタ》ナシ。眉ノ下ノ涙ハ面ノ上ノ粉ヲ洗ヒ、胸ノ上ノ炎ハ心ノ肝《キモ》ヲ焦《イ》ル」と表現している。

(51) 但し日本書紀でのかかる例の意味については後述。

(52) 高群注(17)前掲書八九二～三頁。同氏『日本婚姻史』【至文堂、一九六三年】一六八頁。

(53) 高群【右掲】『日本婚姻史』一六八頁。

(54) これについては後述。なお将門の「領主」的性格については、さし当り石母田正『古代末期政治史序説・上』【未来社、一九五六年】一章三節、戸田芳実「中世成立期の国家と農民」(『日本史研究』九七【一九六八年、のち同『初期中世社会史の研究』東京大学出版会、一九九一年所収】)参照。

(55) 成立年代については日本古典文学大系同書の解説参照。

(56) しかもこの「性具」化が、将門の乱の場合と異なり両例とも特定個人により行なわれていることに注意されたい。

(57) 朝鮮における女性の物品視を含めての家父長制の成立については全く不案内で、これに関する研究を御教示いただきたいが、例えば今昔成立段階の日本では、姦通の際の暴力的制裁は相手の男に対してのみ行なわれるのが慣行であったのに反し、今昔一六巻一九話では夫による妻への暴力的制裁が既に「新羅」のこととして語られているのに注意されたい。

(58) 原文は「於是、大臣遂納二女一、以為レ妻、居二軽曲殿一」。なお「居」を日本古典文学大系は「居らしむ」と読むが「すう」と読めないだろうか。とすれば、これは古代の婚姻の一形態たる「すゑ」を意味することになる。なお「すゑ」については高群注(17)著書二八八頁以下参照。

(59) 高群注(17)著書三四六頁以下。

(60) 右掲書三四六頁。

(61) 【高群】注(53)著書一六九頁。

(62) 高群注(17)著書六一八頁以下。

(63) 滝川政次郎『日本奴隷経済史』【清水書房、一九四七年】一二二頁以下に当時の奴婢売買例が聚集されている。

(64) 滝川右掲書一三五頁によれば、天平中期の中等の品質の成人奴の標準価格は、稲八百束、婢は稲六百束であった。なお滝川氏は一〇九頁以下で、中山太郎氏の『売笑三千年史』【春陽堂、一九二七年】をも引用して「女奴の売淫は全体からみて極めて稀なる現象」とされている。

(65) 同【仁井田陞】氏『支那身分法史』【東方文化学院、一九四二年】七二三頁。

(66) なお滋賀秀三『中国家族法の原理』【創文社、一九六七年】五五七頁以下によれば、中国では「妾」は元来女奴のことであり、女奴のうち閨房に召される者、ないし閨房に侍らしめる目的で買われた女奴が、女奴一般と言葉の上で区別されることなく全て「妾」と呼ばれていたが、春秋末から戦国の時期に至り、妻以外の側室が「妾」と称される様になったとされている。

(67) 例えば二七巻二一話の「(嫉妬は)女ノ常ノ習トハ云ヒ乍ラ」とか、一二巻三〇話の「女ノ身ナリト云ヘド」等の例や後述の例等。

(68) 例えば、古事記歌謡中の、八千矛神(大国主神)が高志《こし》の国の沼河比売を婚《よば》ひに行った時の歌には、「八千矛の神の命は八島国妻枕《ま》ぎかねて遠々し高志の国に賢《さか》し女を有りと聞かして麗し女を有りと聞こしてさ婚《よば》ひに存立たし（略）」とあり、女性の魅力として賢しさが麗しさより先に強調されている。また霊異記上巻三三話には「賢し婦」なる表現が夫の後生をともらう「貞婦」に対し用いられている。

(69) 今昔一一巻三二話、一三巻一二話、一七巻二九話等。

(70) 笠原一男『女人往生思想の系譜』【吉川弘文館、一九七五年】第二章第一節参照。なおかかる事情を明示するのが前引霊異記下巻一九話で、女性を業障をもつ存在として差別する諸山＝講師と、その様な女性蔑視を未だ受容しない民衆＝尼の相違がここに対照的に示されている。

(71) 例えば今昔一五巻四九話「女也ト云ヘドモ、此ク往生スル也」。なおかかる語句の存在にもかかわらずこの期では往生の条件には男女差がなく、従って鎌倉時代の様な女性特有の往生論が未だ発生していない点については笠原前掲書二章三節参照。なお往生ではなく、成仙の例だが、霊異記上巻一三話と今昔二〇巻四二話の間に全く同じ対比関係がみられる点については拙稿「〔日本〕古代の婚姻」（『東アジア世界における日本古代史講座』十巻所収予定【学生社、一九八四年、のち『日本古代婚姻史の研究』下、塙書房、一九九三年に改題して所収】）の註三一で言及した。

(72) かかる方面の具体的研究が進み、当時の女性の地位が総体的に明らかになるのを切望する。

(73) 注(71)拙稿第三章第二節参照。

(74) かかる事実に関してはさし当り戸田芳実『日本領主制成立史の研究』【岩波書店、一九六七年】序章参照。

(75) この点に関して高群氏は〔ママ〕『女性の性が一個の物品となり、ひろく略奪、召上、進上等の対象となりはじめたのは、平安中期の荘園制の土地争奪の渦中においてであ〔ママ〕」るとの指摘をしている。同氏注(53)著書一八七頁参照。

(76) 本章では一応古代を十世紀初頭以前の時期と考えておく。その始期をいつと考えるかは、国家の発生をいつとするかという問題に関連する以上現在の私には確定できない。なお本章で考察の対象としているのは律令国家成立以後の時期であるが、それはあくまで史料の関係からで、私が古代をそれ以後と考えている事を示すのではない。十世紀初頭以後院政成立に至る、高群氏の「純婿取婚」期相当の時期をどう考えるかは結論を保留したいが、本文の考察から明らかな様に十世紀初頭を境に女性の地位が大きく変化し始めることをも一つの例証とし、私としては既に前代と同じ意味での古代社会とはなしえないと考える。

(77) 拙稿「律令国家における嫡妻・妾制について」（『史学雑誌』八一―一【一九七二年、のち注(71)前掲拙著所収】）参照。

(78) 注(71)拙稿参照。

(79) かかる家族形態についてはいずれ発表の機会を持ちたい。

(80) これについては紙面の制約上、その論証を省略する。他の機会に発表したい。

(81) 拙稿「律令国家における嫡庶子制について」（『日本史研究』一〇五号【一九六九年、のち同『日本古代家族史の研究』下、塙書房、二〇〇四年所収】）参照。

(82) 伊東すみ子「奈良時代の婚姻についての一考察（二）」（『国家学会雑誌』七三―一【一九五九年】〔一〕三二一～四頁。

(83) 注(71)拙稿。

(84) 原秀三郎「アジア的生産様式論批判序説」（『歴史評論』二二八号【一九六九年】）、同「階級社会の形成についての理論的問題」（同二三一号【一九六九年】）。

(85) かかる研究史の要約については、さし当り吉村武彦「アジア式〔的〕生産様式論」（『日本史を学ぶ』Ⅰ原始・古代【有斐閣、一九七五年】）参照。

(86) 原註(22)論文、及び芝原拓自「時代区分論」（『現代歴史学の成果と課題』1【青木書店、一九七四年】）参照。

(87) 中国古代におけるアジア的生産様式の比定の試みについては『現代歴史学の成果と課題』2【青木書店、一九七四年】のⅢの一の2（大田幸男執筆部分）を参照されたい。なおインドにおける同様な試みを行なった研究については、浅学の私には不明である。

(88) 『講座家族Ⅰ・家族の歴史』【弘文堂、一九七七年】二章二節の「インド」項（執筆者田辺繁子）参照。

(89) 右掲論文一〇六頁。

(90) 右掲論文一〇八頁。
(91) 右掲論文一〇九頁。
(92) 右掲論文一〇二頁。
(93) 滋賀秀三【注(66)前掲】『中国家族法の原理』一章一節によれば、少くとも戦国頃より以後は父系社会である。
(94) 右掲書一二三頁等参照。
(95) 右掲書七七頁、及び第二章第一節参照。
(96) 右掲書一七五頁。
(97) 右掲書一七九頁以下。但し日本の後代での勘当と異なり、財産相続権まで奪うことはできなかった（同書一八一〜二頁）。
(98) 右掲書四三八頁。
(99) 右掲書第四章第三節一「女性と祭祀」。なお女性は父を祭りえないのみならず、結婚して夫家の祖墳に葬られない限り誰からも祭られる資格を持たない存在だったと滋賀氏は述べられている。
(100) 右掲書四一五頁。
(101) 右掲書四六九頁。
(102) 右掲書四七六〜七頁。
(103) 【注(88)前掲】『講座家族Ⅰ・家族の歴史』二章三節一「古典古代」（伊藤貞夫執筆）では、古典古代の家族が父系制で、従って女子には家産相続権がないこと、アテネでは娘の婚姻が父と相手の男との間で決められること、ローマの家父長権の強大さが指摘されている。なおアテネの家族とローマ・インド・中国の家族構成のあり方が基本的に同一である事実も同時にここで指摘されている。
(104) 【滋賀秀三】氏は著書中随所で中国とローマの家族の類似点にふれている。例えば中国とローマの家父による単独の家産所有とそのもとでの「同居共財」＝経済的単一性についての指摘（七七頁）等。なお右注の最後の部分参照。

(105)　中国の古代の時代区分については注(87)大田幸男論文及び同注引用書Ⅲの二の3「アジアの封建制」(小山正明執筆)参照。なおインドのそれについては、近藤治「植民地前インドの社会構成について」(『歴史評論』三〇九号【一九七六年】)参照。

(106)　中国についてはかかる状態は本文でも述べた様に戦国～清を通じて存続したのであり〈滋賀注〈93〉著書序説参照〉、インドについてもマヌ法典から帰納される家族構造が現代にまで受けつがれている。即ちマヌでの、家長が全財産を相続する相続法とは、父の死後兄弟が家産分割を行なわない場合のもので、兄弟が分立して新家長になる場合は均分相続を行なった(【注(88)】前掲田辺論文一〇六頁)。そしてかかる家族構造は中根千枝『家族の構造』【東京大学出版会、一九七〇年】によれば現代インドにも存続している。

(107)　【注(66)】前掲滋賀著書序説。

(108)　注(105)の大田・小山論文参照。

(109)　これはインド・中国とギリシャ・ローマの様に、家族構造が同一であるのに、生産様式またはその類型がなぜ異なるのかということにもつながる問題である。

(110)　古代にかんするものは、『母系制の研究』【一九三八年、『高群逸枝全集』一、理論社、一九六六年所収】、【注(17)】前掲書『招婿婚の研究』が主たるもので、他に通史として『女性の歴史』【一九五四～五年、『高群逸枝全集』五、一九七五年所収】、【注(52)前掲】『日本婚姻史』がある。特に最後に挙げた著書には氏の独自な歴史把握が簡潔に示されており、これから前近代を学ぶ若い研究者は、専門分野をとわず一読の労をとっていただきたいと思う。

(111)　なお【高群】氏は共同体についても注(17)で言及した様な独自の刀自・刀禰制を提唱しているが、それは実証的考察を伴ったものではない。

(112)　このことを家族形態に即して云うと、高群氏は夫戸への妻の附籍を批判することにより、当時の家族の結合原理が男系であるとする点を批判したのであり、それは次にのべるように、奈良・平安(氏のいう前婿取婚・純婿取婚期)の家族を女系家族とする氏の理解と一致する。

(113) 従来の擬制説とは、当時の家族規模が現代と同じ小家族であるとする点からの擬制説である。
(114) 但し既に拙稿「日本古代の婚姻形態について」(『歴史評論』三一一号【一九七六年、のち注(71)前掲拙著に改題して所収】)で指摘した様に、氏のいう純婿取婚とは氏の主張に反しその実体は妻方居住婚をへた独立居住婚である。なお経営所婿取婚・擬制婿取婚の実体がそれぞれ独立居住婚、夫方居住婚である点に関しては注(71)拙稿の註一二三で指摘した。但しこの様に婚姻形態の史的位置づけに誤認があったとしてもかかる婚姻形態の具体相を実証した氏の功績は比類なく大きい。
(115) 高群注(17)著書九四一頁以下。
(116) これら諸説については注(114)拙稿参照。
(117) なお高群説の意義の第三点については、注(71)拙稿三章二節、及び註一二五で既に指摘した。
(118) 洞富雄氏が『庶民家族の歴史像』【校倉書房、一九六六年】七二頁で支持されており、他に実証的にこれを否定した論文はない。
(119) 但し、当時の家族生活を総体的に問題にした家永【注(24)】前掲論文は高群説を承認している。
(120) この点については注(114)拙稿四六頁で言及した。なおその際高群氏の家族が「世帯」的なもので、共同体が「戸」ないしそれをいくつか合わせたものである点も注(64)でふれた。
(121) 既婚の男子が生涯生家で父母と住まないということは即ち異なる女系の同居同火は禁忌とされていることであり、この点をも高群氏は一貫して主張している(注〈17〉著書三七〇頁等参照)。
(122) なおかかる特徴をもつ高群氏の家族論については近く別稿で詳論する予定であり、著書からの引用頁数等はここでははぶいた。
(123) なお【高群】氏の家族研究は、氏自身明言される様に、「家族制度」を日本の固有の制度と主張することにより行なわれた女性への抑圧とたたかうという実践的課題から出発したものであった。この点の指摘については、西村汎子「前近代女性史研究の課題について」(『歴史評論』三〇〇号【一九七五年】)三七頁参照。

(124) 同書四三頁。なおこの「日本婚姻史表」は【注(52)前掲】『日本婚姻史』（一九六三年刊）一二頁の同表ではかなり改変されている。

(125) 純粋の原始でないのは、奴隷の共有制とその族長による管理が発生しているからである（同書四八頁）。

(126) かかる氏の考え方は律令国家以前を原始共同社会とする最近の原秀三郎氏の説と一致する。同氏「律令体制の成立」（『講座日本史Ⅰ古代国家』【東京大学出版会、一九七〇年】所収）参照。

(127) 【高群】氏の『招婿婚の研究』は昭和一三年から二六年にかけて書かれ、『諸形態』の紹介は昭和二二年九月である。そして氏が『諸形態』を読んだのは昭和二九年であった（西村注〈123〉論文四六頁）。

(128) 同【高群】氏注(17)著書四四頁。

(129) 右掲書一九頁。

(130) 右掲書二頁。

〔補注〕

（補注1）　ところで、成員権に象徴される在地共同体での男女の地位を示す手がかりとなるものに、崇神紀十二年九月十六日条の、「始めて人民を校《かむが》へて、更《また》調役を料す。此を男の弭調《ゆはずのみつぎ》（日本古典文学大系『日本書紀』同日条頭註によれば、獣肉・皮革等の狩猟生産物のこと）、女の手末調《たなすえのみつぎ》（同上によれば、絹・布等の手工業生産物のこと）と謂《い》ふ」（読み下しは同上書による）との史料がある。前引頭註はこの調を「それぞれ男・女の手になる生産物の意で、男・女に課するの意ではない」とするがはたしてそうだろうか。石母田正氏は『日本の古代国家』【岩波書店、一九七一年】三〇三頁以下で、ミツギは本来神祇と不可分であるとして崇神紀右掲条の調が「神祇之祭」と関係している事実をあげ、ミツギの原型は「首長または主権者にたいして、その支配領域内の土地・河川・山林を用益する民戸が、その帰属関係を確認する宗教的儀礼的慣行にその起源をもつとみられる」とされている。とすれば、男の弭調、女の手末調こそ男女がそれぞれの性的分業下での生産物をもって「宗教的儀礼」に参加したことを示し、ミツギを負担することが成員権の保持を表わすのではないだろうか。そしてかかるミツギは調へと変化し、『日本書紀』大化二年八月十四日条では「男身調」が見え、律令国家においては調は男にのみ課せられているのだが、かかる調の負担者の、男女から男のみへの変化は女性にとってどの様な在地共同体並びに律令国家における地位の変化と結合しているのだろうか。このことの意味を（口分田班給は依然女性に対して行なわれている事実をも勘案して）、女性にとって律令国家の成立が何をもたらしたかという大きな視野から解明する必要があるだろう。

（補注2）　なおアーリア人がパンジャブ地方にいた頃成立したとされるリグ・ヴェーダ（後掲論文によれば前一〇〇〇年より以前の成立とされる。一二八頁参照）を初めとするヴェーダ文献から、マヌ法典以前のインドの最も古い家族を考察した岩本裕「古代インドの家族」（『古代史講座』6【学生社、一九六二年】所収）によれば、その社会が家父長制であったのは疑いえないが、一方では母系制を示唆する慣習等がみられるのであり、それは先住民のそれの反映であろう（一四六頁）とされている。

〈『人民の歴史学』五二、一九七七年〉

〔付記〕

今回明確な誤植、脱落部分のみ補正した。従って現在私自身の見解が変っているいくつかの点については、当論文を次の拙書に再録する際に訂正することにし、ここでは元のままに収録してある。ただ当論文で使用した男系・女系は、現在の研究水準に従い、父系・母系に置き変えて読んでいただきたいと思う（これは前近代女性史研究会で皆で勉強した成果の一つである）。なお一五頁以下で使用した売春は、すでに一般ジャーナリズムで使われ、私自身もそれに従っている買売春の語に置き変えて読んでほしい。また、注(76)で言及している古代→中世への移行の時期についても、現在はこのように考えていない点は、拙著『日本古代婚姻史の研究』上・下（塙書房、一九九三年）を参照されたい。

〈総合女性史研究会編『日本女性史論集一　女性史の視座』吉川弘文館、一九九七年〉

第二章　日本古代女性史研究の現在と課題

はじめに

日本古代女性史の到達点と課題を、(1)家族、(2)婚姻、(3)政治、(4)労働・経済の四分野に限定して検討する。なお一九八六年までの日本古代女性史全体の成果と課題については、『日本女性史研究文献目録』、及び同Ⅱの「解説」中の古代の部分で言及されており、本章でとりあげることのできなかった分野や項目についてはそれを参照していただきたい。

第一節　家族

女性史研究が開始される以前の、男性研究者による日本古代史研究では、主としてエンゲルスの『家族・私有財産・国家の起源』（以下『起源』と省略）の理論に依拠して、当時の家族は家父長制家族とされ——かかる説たる藤間生大、石母田正以下の家族論については、拙稿「戦時中に達成された藤間生大・石母田正の家族・共同体論の学説史的検討」（【青木和夫先生還暦記念会編『日本古代の政治と文化』吉川弘文館、一九八七年【のち拙著『日本古代家族史の研究』上、塙書房、二〇〇四年所収】）を参照——、当然その下での女性の地位は、男性へ従属した低位のものとされてきた。したがってこのような状況を出発点とした日本古代の女性史研究にとって、最大の克服すべき対象はこのような家族論であり、日本古代女性史の最初の輝しい成果も当然このような家族論をのりこえた所に成立したのである。そこで本章では古代女性史をまず家族の分野からとりあげたい。

なおその際まず、家族には二つの側面がある点、すなわちその家族が家族の歴史的発展史上どの歴史段階に属するのかという、家族の本質に関する側面と、その家族が実際にどのような血縁関係（ないし非血縁関係）下にある人間から構成されているのかという、家族の具体的形態に関する側面のある点を指摘しておきたい。そして前者が日本古代に即して具体的にいえば、その家族が家父長制家族かという前述の点と関わるのだが、ここでは前者、後者の順で家族の考察を行なうことにする。

前述のように日本古代史研究では、当時の家族は家父長制家族とされたのだが、この説の根拠は、具体的史料としては八世紀の戸籍・計帳、理論としてはエンゲルスの『起源』であった。ここではまず、日本古代の家族史研究の理論的前提をなしたエンゲルスの説をごく簡単に要約すると、文明（階級社会・国家成立期）の前段階に属する未開社会（階級社会と国家の成立以前の段階）では、所有は共有下の個人ないし家族の占有段階で、それに規定されて、家族は当時未だ共同体から分離しておらず（すなわち家父長制家族以前の未熟な「家族」であり）、婚姻は単婚以前の対偶婚段階で、男女の関係は対等的であり（エンゲルスのいう母権制とはこのような意味のものとして使用されており、女性の優位性を主張しているわけではない）、かつそこでは出自規制として母系制が行なわれているとされている。

そして更に、生産力の発展による、このような未開社会の文明社会への移行に伴い、所有は共有を克服した私有（しかもそれを実現できるのは原則として男性）へと移行し、それに規定されて共同体から分離した経済的単位としての家族（＝家父長制家族）が成立するとともに、婚姻も対偶婚から単婚へと移行し、このような所有・家族・婚姻の変化により女性は世界史的に敗北して男性の支配下に置かれるようになり、同時にこのような移行が母系制から父系制への移行でもあったとされているのである。

日本古代の家族史研究はこのエンゲルスの家族理論に忠実に依拠し、日本古代はすでに階級社会、国家が成立した社会なので、そこの家族は必然的に私有・単婚〔・〕男性への女性の従属等と対応するところの家父長制家族であるとしたのだが、実は幸か不幸か、まさしくこのような理論を実証するかに見える当時の史料が存在し、それがこのような家父長制家族論を不動の学説へと押し上げる役割を果たしたのであった。そしてこの史料こそ戸籍・計帳で、そこには確かに、父系制、嫡妻・妾制、嫡庶子制等を採用するところの、戸主統率下の大家族像が記載されていたのである。

しかしこのような家父長制家族論はその非血縁者の評価を別とすれば、エンゲルスの理論に依拠した上で、家父長制を示すと思われる個々の事象を籍帳からぬき出し、それを家父長制家族成立の論拠とするという以上の作業を行なっていず、何よりもエンゲルスが家父長制家族成立の本質的要因と考えた所有については本格的検討を経ないまま、当時の所有はもっぱら男性により実現され、女性はそれから排除されていたとする、家父長制家族下での所有形態が自明のこととして考えられていたのである。

このような結論を、当時の史料には、女性による家地・墾田・奴婢・馬牛・稲穀等の古代の基幹的財産の所有を示すものが数多く存在し、それらはすべての古代研究者にとり周知のものであった事実と考え合わせると、当時の男性研究者が、自分がその中で教育されてきた家父長制的思考にいかに深く犯され、それが史実を正しく解釈することを妨げてきたのかが判明するのである。

ところで、女性による財産所有を示すこれらの史料のもつ意味を初めて全面的に考察したのは高群逸枝であった（『招婿婚の研究』講談社、一九五三年、後全集【『高群逸枝全集』二、理論社、一九六六年】に収録。〔なお氏の業績は以下すべてこれによる〕。なお管見内では、氏以前にこれら史料から女性の財産所有権を適確に読み取ったのは、家永三郎「万葉時代の家族生活」〔『万葉集大成』5、平凡社、一九五四年〕のほか、一、二の論文があるにすぎない）。高群はその天才としての直感でエンゲルスの家族論が家族（更にはそれと不可分な女性の地位）の考察にとって最も有効である点、およびその家族論の中でも所有論が決定的に重要である点を見抜き、それに依拠して、女性が共有の枠内において所有を実現している日本古代においては、家父長私有に照応する家父長制家族は未だ成立していないとしたのである。

その際高群が女性所有権の証明のため使用した史料は、八世紀については、籍帳上の女性による奴婢所有例、売券等の古文書での女性の墾田・地・屋の所有例等、前述のように当時の研究者にとり周知のものばかりであった。なお、高群は平安中期以降の女性の財産所有権については、貴族の日記からそれを証明するという新たな作業を行なっている。そして、このように所有論から家父長制家族の未成立を論ずる高群の観点は、高群以後に提出された双系制家族論が所有論を欠落させているのと非常に対照的である。

ところで、このような高群の業績をふまえて八世紀の女性所有権を論じたのが、拙稿「古代における日本と中国の所有・家族形態の相違について―女子所有権を中心として」（【女性史総合研究会編】『日本女性史』1、東京大学出版会、一九八二年【のち前掲拙著『日本古代家族史の研究』上、所収】）で、それ以降の時代について考察したのが、服藤早苗「平安時代の相続について」（【家族史研究編集委員会編】『家族史研究』2、大月書店、一九八〇年）である。拙稿は女性の所有権を債務権、管理運営権をも含めて考察し、服藤論文は高群が古記録から実証した平安期での女性所有権を、『平安遺文』所収の文書という全く別の史料群の分析を通じて再実証しただけでなく、階層差と時代的推移による女性所有権の相違をも明らかにした。したがって高群以前の家父長制家族説は、女性所有権の存在を実証したこれらの作業を通じて克服されたといえよう。なお家父長制家族の未成立とは男による女性支配の未成立を意味する以上、その実証は日本古代社会が未だ男女対等性を残す社会である点を実証したことを意味するのである。なお、学説史的には高群説に次いで出された双系家族論では、一般庶民層での、自立した経営や家長に組織されたイへの未成立が指摘されている（吉田孝「律令制と村落」、『岩波講座　日本歴史』3、岩波書店、一九七六年【のち同『律令国家と古代の社会』岩波書店、一九八三年に改題して所収】）が、それは所有論と結合した上での家父長制家族未成立論としては提出されていない。

ところで右の女性による所有権の保持は、当然女性による所有財産の経営（管理運営）権と関連し、この両者相まって古代女性の経済的地位を規定するはずである。しかし、この点については所有権ほど研究者の関心を惹かず、高群は『招婿婚の研究』で、農業等において女性の労働が重要な役割をおっていたと指摘するに留まり（全集版同書、三二五頁以下）、また家永前掲論文も「万葉時代の女性の経済的独立能力」は、女性が「生産的労働力のにない手」であった点に求められるとの指摘以上のことには言及していない。

ところで右の女性の経営権を問題にする時見逃せないのが、河音能平「日本令における戸主と家長」（『史明』二・四号、一九六三、四年【のち同『中世封建制成立史論』東京大学出版会、一九七一年所収】）で、河音は『日本霊異記』の説話にペアで現われる家長《いえのおさ》・家室《いへのとじ》という歴史用語を問題とし、それは両者相まって富豪層の「家」を対社会的に代表するとともに、家長＝家産所有主体・家産の再生産責任者、家室＝消費用食糧の分配主体という異なる役割をもつと考えた。この河音説はそれまでの主流的学説をふまえ、財産所有権を男性に限定するという限界はあるが、それまでの研究者が見逃してきた家長・家室という用語を手がかりとして、当層での男女ペア的経営を先駆的に指摘した点で研究史上決定的意味をもつのである。

そして右の河音説が財産所有権を家長に限定する点を、家長・家室ともに保持すると訂正した上で、河音説の延長上に女性の経営権の問題を考えたのが拙稿「日本古代の豪貴族層における家族の特質について（下）」（【原始古代社会研究会編】『原始古代社会研究』6、校倉書房、一九八四年【のち前掲拙著『日本古代家族史の研究』下、所収】）である。そこでは河音の取り上げた富豪層だけでなく、貴族層女性の経営権保持を問題にし、家令職員令での家政機関の公置が「女も亦此《またこれ》に准《なずら》へよ」との規定のように女性にも認められている点、日本令独自のこのような法規定の背後には貴豪〔族〕層女性（更には広く女性一般）による経営の遂行の事実が存在した点を明らかにした。家令職員令の規定自体は江戸の国学者以来のすべての古代史研究者にとって周知の事実である点を考えると、先の女性所有権の場合と同様、家父長制的先入観がいかに物事の本質を見抜く目をくもらせるのかが判明しよう。

このように古代女性の財産所有権及び自己の財産についての経営権の保持の事実の証明を通じて、当時の男女のほぼ対等的な経済的地位が明らかにされ、したがって男性のみが所有権をもち、それを根拠に家族員を支配する家父長制家族の未成立が同時に明らかにされたのである。

次に家族の具体的形態を問題にするが、これについてはもっぱら、八世紀の戸籍・計帳記載の「戸」を材料として種々の説が提出された。研究史的にみて最初に出されたのは藤間・石母田以下の戸実態説（戸が当時の家族の実態とする説）だが、この説の論拠となる戸を今、七〇二年（大宝二）筑前国嶋郡川辺里戸籍から抽出し、その家族構成を図式化すると次のようになる。

戸主物部細戸の家族構成

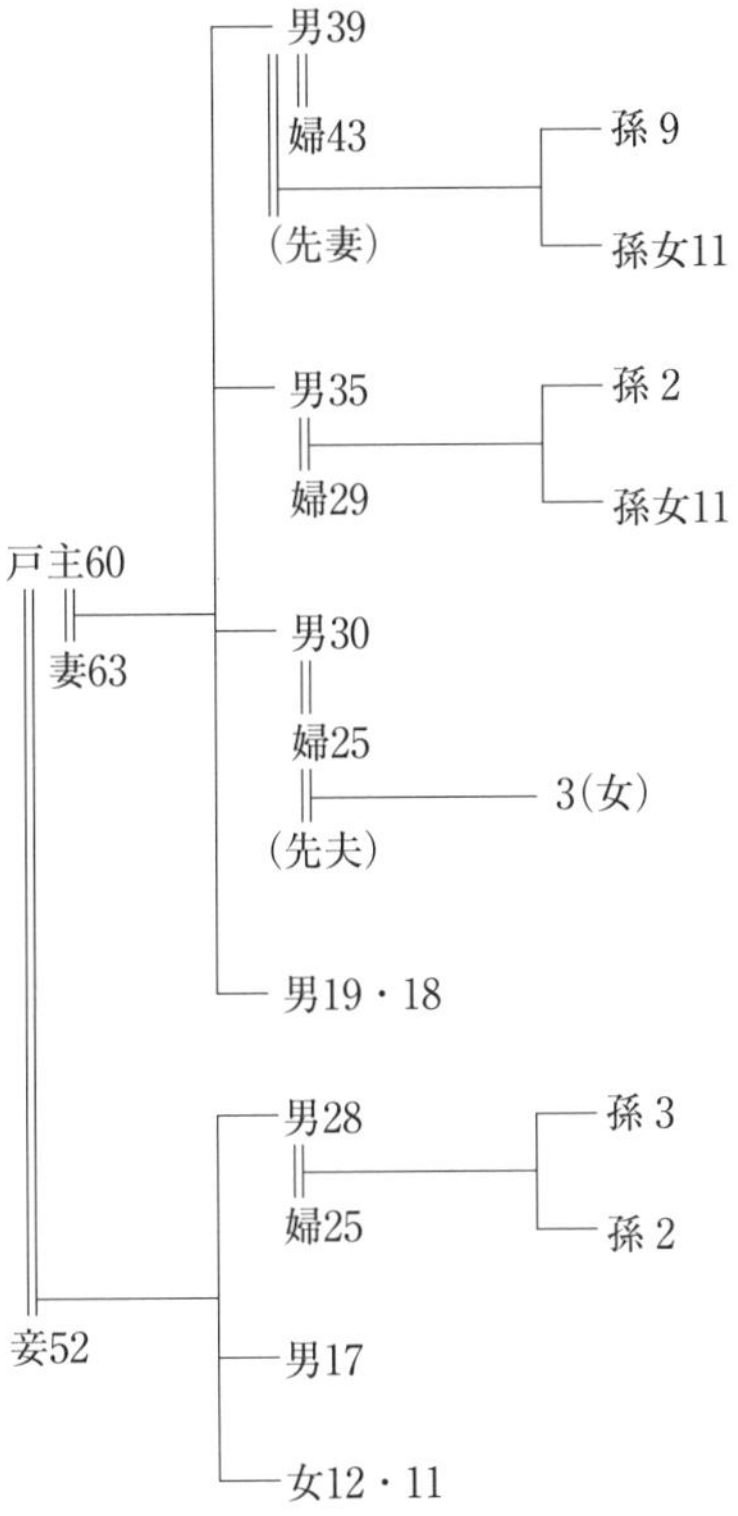

右図のような構成をとる家族は社会人類学でいう父系合同家族（複数の息子が結婚後も父母と同居する家族）であり、戸実態説は家族形態としてはこのような説を主張したことになる。そしてこのような家族形態が実はエンゲルスが『起源』で家父長制家族の最初のものとした家父長制世帯共同体の具体的家族形態と一致し、ここに、その本質を家父長制家族とし具体的形態を父系合同家族とする藤間・石母田説は、磐石の基盤に立ったかにみえたのである。

ところで、この説の主張する具体的形態を批判するものとして次に出されたのが、戸擬制説（戸は法的擬制の産物で、当時の家族の実態と異なるとする説）である。この説は、当時の家族を大家族とする戸実態説を批判し、後世日本の家族としてなじみの深い小家族が古代からすでに存在したとするもので、従って社会人類学上の父系直系家族が古代から存在したとする説だが、それは日本人になじみのない大家族説を感覚的に拒絶し、後世の日本の家族を古代にまで遡らせたという以上のものではなく、岸俊男による郷里制の変遷の解明を副産物とする以外、見るべき成果を挙げることができなかった。

ところで籍帳上の戸に関する見解では決定的に対立するこの戸実態説と戸擬制説は、古代の家族が父系家族であるとする点では共通するのだが、このような父系家族説を全面否定し、母系家族説を主張したのが高群逸枝であった。高群説の根拠は、平安貴族の日記から復元される家族と婚姻に関する実証的研究だが、高群は平安期の史実を最大の論拠としながらも、籍帳の戸の記載自体からも母系家族存在の証明を試みる。

すなわち高群は、籍帳には成人後も独身のまま自家の籍に附される男女（独籍）や、乳幼児をも含む子の記載はあるのに配偶者の記載を欠くもの（片籍）の割合が、結婚している男女（同籍）に比べて異常に多く、しかもその割合が時代が下るほど増加する事実に注目し、このような現象は当時の母系家族を父系家族に書き替えた結果であり、初期の戸籍ほど同籍率（妻を夫籍に付す率）が高く、後の時代ほどそれが低くなるのは、律令制実施直後の国家による強い要請の結果だとするのである（全集版前掲書二三六頁以下）。

今、高群のいう独籍、片籍例を前引川辺里の物部枚夫戸について、その家族構成を図式化してみると次の通りであり、高群は一見父系合同家族を示すかにみえる家族構成が、三四歳の長男の独籍や三〇歳の次男の片籍にみられるように、実は夫が妻家に通うか住むかする母系的家族を書き直したものであるとするのである（前掲書二四三頁）。

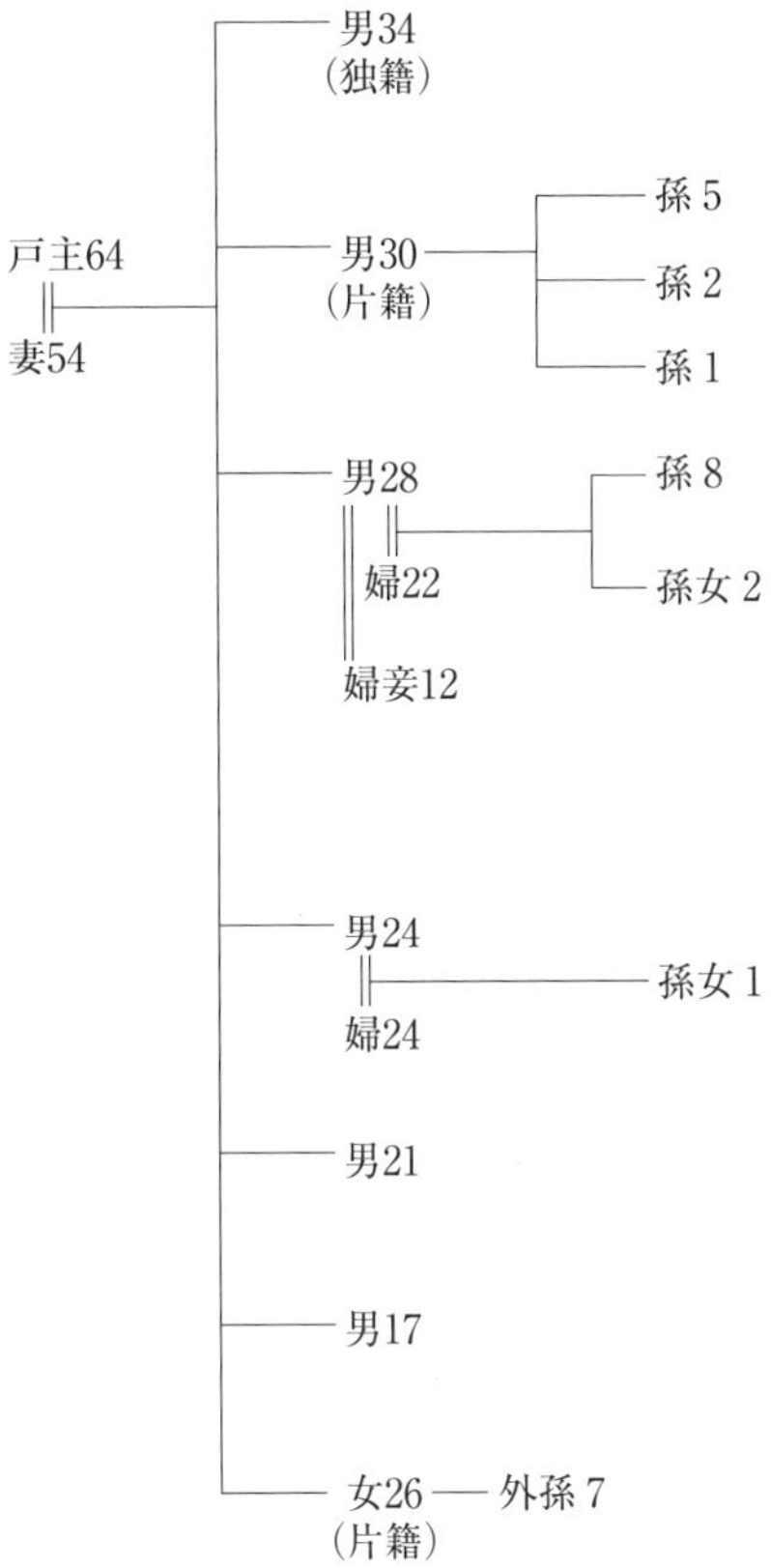

ところで独籍・片籍の割合は時代の下るほど増加し、逆に同籍率は減少するという、高群の指摘したこの事実は、時代の下る籍帳が畿内のものに集中する事実と考え合わせると、先進地帯ほど妻が夫の籍に付されない、すなわち父系家族、更には夫方居住婚を採らないことを意味し、ここに父系家族説は籍帳記載以外の史料からの再実証を迫られたのである（なお高群の母系家族説——更には訪婚及び妻方居住婚という婚姻の具体的形態——は、実は高群の主張した所のものであり、高群の実証した家族形態——更には婚姻居住規制——とは別のものであった点は後にみる所である）。

そして学説史的には双系家族説提唱後のことだが、この作業を行なったのが鬼頭清明「八世紀の社会構成史的特質」（『日本史研究』一七二号、一九七六年【のち同『律令国家と農民』塙書房、一九七九年に改題して所収】）である。

鬼頭は考古学からの、竪穴住居跡が小グループをなすとの提唱を踏えて、集落全体の再生産構造中での生産―消費の全循環過程において、竪穴住居跡の小グループと各竪穴住居がどの局面に関わっているのかという問題視角から考察を行ない、前者＝労働を集中的に行なう時期での協業単位・鉄製農具所有単位、後者＝消費単位とするとともに、後者から構成される前者を『起源』の家父長制世帯共同体に比定し、その畿内での共同体からの自立性の強さと、東国での共同体からの非自立性を指摘したのである。

　この鬼頭説は家族の本質としては家父長制家族の成立に地域差のある点を主張すると同時に、具体的家族形態としては藤間・石母田以来の父系合同家族を主張したことになるが、『起源』に依拠している点から明らかなように、各竪穴住居跡を結ぶ血縁紐帯についての新たな考察を行なっているわけではなく、当時の血縁紐帯が父系か否かは、依然父系家族論者により明らかにされていないと言えよう。

　ところで、前述の父系家族説は古代日本を父系制社会とする説と結合しており、高群説もまた古代日本を、父系制が成立しながらしかし前代での母系制が家族規模では存続しつづける（＝高群のいう「父系母所」）とする点で、その母系家族説はやはりその社会全体の母系制との関連下で提唱されている（前掲書四三頁の表参照）。そして、このような両者の関連は高群説の後に提出された双系家族説についてもまたみられる。高群の母系家族説を批判し、日本の古代社会が双系制であるとする説を、家族ないし婚姻との関係で最初に論じたのは管見内では鷲見等曜の「平安時代の婚姻」（『岐阜経済大学論集』第八巻第四巻〔号〕、一九七四年【のち同『前近代日本家族の構造』弘文堂、一九八三年所収】）である。しかしそこでは論文名からもわかる様に、日本古代社会の双系的性格は、当時での夫方居住居〔トル〕婚と妻方居住婚の併存という婚姻居住規制を第一の根拠として主張され（なお第二の根拠は兄弟姉妹間での均分的財産相続である）、家族論にはふれられていない。

この鷲見説は、右述のような視角から日本古代社会双系制論を最初に提唱したにもかかわらず、その言及が主として婚姻居住規制に限定された点、およびその発表が歴史学界外で行なわれた点でほとんど歴史研究者の目を引かず、その二年後に吉田孝の前引「律令制と村落」が出されると、そこでの日本古代社会＝双系制説、古代家族＝双系家族論に古代史学界の注目が集中した。そして確かに家族論としては吉田により双系説が最初に唱えられたので、以下氏の説を検討したい。

氏は親族呼称の双系的性格を論拠に、古代日本においては父系・母系の両者が絡みあって機能していた（＝二つの系〔双系〕が行なわれていた）として日本古代社会の双系的性格を指摘し、その下では夫婦と子どもからなる小家族が、生活の基礎的単位・農耕の日常的な単位として一般農民層に広く存在していたとするのである。この夫婦と子供により構成される小家族とは社会人類学での核家族に一致し、そこでは核家族の双系的性格が承認されている以上、吉田により提唱されたのは双系家族説であり、それは氏の古代社会を双系的社会とする見解と見合っているのである。なおこの双系的小家族について吉田は、前述のように家長の不在・経営の非自立性を指摘しており、そこでは本格的所有論への言及はないが、経済単位として非自立的な一般農民層での非家父長制家族の存在が指摘されているのである。

なお吉田の当論文での家族論は、当論文が著書（同氏『律令国家と古代の社会』岩波書店、一九八三年）に入れられた際、前述の考古学の提唱をふまえた鬼頭論文の論旨を摂取してかなり変更されており、夫婦と子供からなる小家族を各竪穴住居に比定した上で、考古学から提唱された複数の竪穴住居からなる小グループを小家族の集合体とし、この集合体の存在が有力な家長が代表する共同体の機能に依存して生活していたとして、小家族と共同体の中間に小家族の集合体を考えるのである。そしてこの集合体の構成原理も氏によれば双系的なものと理解されている。

なお吉田により提唱された双系制論は明石一紀により家族論、親族構造論として継承・展開され（同氏『日本古代の親族構造』吉川弘文館、一九九〇年）、また、義江明子により氏《うじ》の構造原理の両属性の問題へと発展させられている（同氏『日本古代の氏の構造』吉川弘文館、一九八六年）。

右の検討から、従来の定説たる藤間・石母田以下の家父長制家族・父系家族説は、新たな実証、理論の再武装なしに成立困難な状況に至っている点が明らかになったと考えるが、しかし、このことはこの説がもはや完全に止揚されたことを意味しない。

家父長制家族・父系家族説は、前述のように『起源』に依拠して人類史発展の体系の一環として位置づけられており、従ってこのような家族の発生は同時に階級社会、国家の発生を意味したとされているのだが、この点に規定され、藤間・石母田以来の家族論は、奴隷制論と不可分の形で考察され、だからこそその分析の中心は家族の内部に含まれる奴婢、寄口に向けられるのである。そしてその結果、それら奴婢等の存在形態のもつ古典古代の奴隷制との共通性・差違性から、典型的奴隷制の変型としての日本の奴隷制、したがって日本古代社会の特質が指摘されているのである（この点の詳細は前掲『日本古代の政治と文化』所収拙稿【「戦時中に達成された藤間生大・石母田正の家族・共同体論の学説史的検討」】参照）。このような奴隷制・古代社会論の理解の正否は別として、家父長制・父系家族論はこのような観点に立って構築されている以上、その真の克服のためには、非家父長制・非父系制家族論もそのような家族形態を必然的属性とする独自の古代社会論を提出する必要があるのだが、残念ながら今の所そのような作業は成功しておらず、この点が今後の最大の課題であると考える。

第二節　婚姻

婚姻についても、家族同様その発展段階（本質）と具体的形態（婚姻居住規制）の両側面が問題になるが、ここでは家族の具体的形態と直接関係する後者から先に取り上げる。なぜなら婚姻の具体的形態とは婚姻居住規制（新婚夫婦の居住場所がどこかという点についてのルール）を指すが、このうち夫方居住婚は父系家族、妻方居住婚は母系家族、新処居住婚（夫方、妻方のいずれでもない第三の新しい場所に住む婚制）は双系家族とそれぞれ内的関連下に存在し、したがって婚姻居住規制の検討は上述の父系、母系、双系家族説の検討と深く関係するからである。

婚姻居住規制の考察の際、最初に史料とされたのは家族の場合同様、籍帳の記載であった。そしてそこでは前述のように、夫婦同籍の場合は例外なく妻が夫籍に付されている以上、婚姻居住規制としては夫方居住婚以外析出されるはずがなく、事実古代での夫方居住婚は、家族形態については対立していた、戸実態説、戸擬制説の双方に何の疑いもなく受け入れられたのである。そして『万葉集』等にみられる夫の妻家への訪婚も、婚姻初期にみられる現象として処理され、結局両方の史料から、婚姻開始時には妻家に通うが、何年か後には夫は妻子を自分の家に連れ帰るとの説が樹立されたのである。そして、このような婚姻形態は柳田民俗学の発掘した資料にも合致する点から、古代の婚姻形態として定説的なものと考えられるに至った。

このような説を全面的に否定するものとして出されたのが家族形態の場合と同じく高群の説である。その要旨は日本古代の婚姻は一〇世紀以前は、生涯的な夫の妻家への通いと、通いを経た妻方居住婚の併存だが、一〇世紀以降は通いを残しながらも、初めからの妻方居住婚へと移行するとするもので、その証明のために書かれたのが前引『招婿婚の研究』である。高群は当書で平安貴族の日記を主史料として、当時の婚姻居住規制としては、(1)複数の娘による妻方居住婚、(2)一人の娘の妻方居住婚とその他の娘の初めからの新処居住婚の二形態が行なわれたが、後者での一人の娘による妻方居住婚は、やがては新処居住婚へと移行するとしたのである。

その際、(1)の複数の娘による妻方居住婚がそののち親・娘達夫婦それぞれの新処居住婚に移行する点は、ウィリアム・マカラにより証明されている（同「平安時代の婚姻制度」、同志社大学人文科学研究所『社会科学』二四、一九七八年）ので、両氏の研究を併せれば、当時の婚姻居住規制は、複数ないし一人の娘の妻方居住婚を経た新処居住婚、初めからの新処居住婚の併存と結論できるのである（この点の詳細は拙稿「日本古代の家族形態の特質について」、『女性文化資料館報』三、一九八一年[二]、【のち坂田聡編『日本家族史論集四　家族と社会』、吉川弘文館、二〇〇二年に再録】参照）。

右の事実を家族の具体的形態について言い直すと、母系合同家族（複数の娘が妻方居住婚を行う場合）ないし母系直系家族（一人の娘が妻方居住婚を行なう場合）を経た核家族と、初発からの核家族の併存が当時行われたといえるのであり、更にこの核家族は娘達の妻方居住婚の採用によって、母系合同ないし直系家族へと再び発展するので、当時の家族の具体的形態としては、母系合同ないし直系家族→核家族→次代の母系合同ないし直系家族という、サイクルを取る家族が析出されるのである。そしてこのような家族形態は、高群の研究からその主張を取りのぞき、実証した部分のみに依拠して私が再構成したところのものだが、これによれば先に紹介した高群の母系家族説とは、客観的にはその初期に母系的紐帯をもちつつ、最後には双系的核家族にまで分解するものであり、このような母系紐帯をもつ家族→核家族のサイクルをくり返す家族が、高群の実証した当時の家族の実態といえるのである。

ところで、この高群説以後の婚姻居住規制についての説が、先述の日本古代社会双系制論を婚姻居住規制の面から論じた鷲見説である。氏の説は日本古代の婚姻居住規制が夫方居住婚と妻方居住婚の併存であるとし、その論拠として高群の調査した『今昔物語集』、及び『日本霊異記』での両者の併存例を挙げる。

この鷲見説に続き、同じく高群の『今昔物語集』の調査結果を論拠に、当時の日本では夫方居住と妻方居住の双方が行われたとしたのが吉田孝である（前引「律令制と村落」）。なおこの吉田説は、その後刊行された氏の前引『律令国家と古代の社会』においては、現象的には夫方居住・妻方居住として現われる婚姻居住規制の「実質」は、新処居住的なものであると理解されるに至っており、また夫方居住については、それが高群が証明したように夫の父母と同居しない点で後世の嫁入婚とは異なるとされている。

なお吉田が高群説に依拠して否定した嫁入婚の存在を、古代日本に考えるのが江守五夫「日本の《嫁入婚》の歴史的位置」（【喜多野清一編】『家族・親族・村落』早稲田大学出版部、一九八三年【のち江守『日本の婚姻：その歴史と民俗』弘文堂、一九八六年所収】）、及び「婚姻形態と習俗」（【岸俊男他編】『日本の古代』11、中央公論社、一九八七年）だが、氏の説は氏自身も述べるように、仮説として提示されたもので、高群により息子夫婦とその両親の不同居・不同火が実証されている（管見によれば、高群が『招婿婚の研究』の名の下に実証したのは、日本社会での招婿婚——高群により妻問い婚と婿取婚＝妻方居住婚の両者からなるとされている——の存在ではなく、父系二世代夫婦、兄弟夫婦の不同居・不同火の事実である。なおこの点については拙稿「高群逸枝の古代女性史研究の意義について」、『女性史研究と現代社会』創刊号、一九八二年、参照）以上、その成立は困難であろう。

ところで右のような双系家族説と不可分の関係下に主張される婚姻居住規制説の特徴は、日本古代のそれが単一の婚姻居住規制では律されないとする点である（その典型は鷲見等曜『前近代日本家族の構造—高群逸枝批判』〔弘〔至文堂、一九八三年〕での、平安期の婚姻居住規制は「嫁取りの夫方居住、新居住、終生の妻方居住、一時的妻方居住」等が混在していたとの見解である〔前掲書一三五頁〕）。しかしこれに対して、古代日本には確かにいくつかの婚姻居住規制が併存したが、それは無秩序に混在したのではなく、そこに法則性が存するとしたのが拙稿「日本の婚姻」【（『東アジアにおける日本古代史講座』10、学生社、一九八四年、のち拙著『日本古代婚姻史の研究』下、塙書房、一九九三年に改題して所収）】である。

そこでは、高群が平安貴族の日記から自分の主張とは別に客観的に実証した婚姻居住規制に関する結論――妻方居住を経た新処居住と初めからの新処居住――が、通いの広範な存在を別とすれば八世紀の婚姻史料と合致する所から、高群の婚姻居住規制研究の成果を承認すると共に、高群の否定した夫方居住婚の存在を実証し、しかもそれは在地有力者層での遠隔婚と、男の身分・地位が女より高いという条件下で出現するとしたのである。そして八世紀での広範な訪婚が、結局は同居婚に帰着している事実をこれに併考すると、日本古代の婚姻居住規制は、（通い→）妻方居住→新処居住婚と、（通い→）新処居住婚が一般的であり、特定条件下では、（通い→）夫方居住婚が行なわれたと結論できるとしたのである。

次に婚姻の本質としてその発展段階については、日本古代が対偶婚的状況にある点の指摘は行なわれていても、それを本格的学問対象としたのは高群の前引『招婿婚の研究』のみである。しかしその書名自体が示すように、そこでの考察は婚姻居住規制（とそれと不可分な具体的家族形態）を主な対象としており、対偶婚に関しては、日本では単婚・家父長家族の成立する室町以前は対偶婚段階にあったとの指摘の他は、単婚下に初めて発生する姦通、売春の未成立が、事実として述べられるに留まっている。

ところで対偶婚概念については、私自身モルガン・エンゲルスにより定立されたその特徴（配偶者の性の非排他性〈＝姦通の不在〉と気の向く間のみ継続する結婚のあり方）の意味、並びにその問題点（特にそこでの未熟ながらも個人的性愛の存する点の否定）について考察しており（拙稿「対偶婚概念についての理論的検討」前近代女性史研究会編『家族と女性の歴史　古代・中世』吉川弘文館、一九八九年【のち拙著『日本古代婚姻史の研究』上、塙書房、一九九三年所収】）、また対偶婚の気の向く間のみ継続する結婚（好きになれば一緒になり、いやになれば別れる結婚）という特徴からは、男女双方による共同体規制内での結婚決定権（更には求婚権・離婚権）の保持、女性の意向に反した性結合の不在、買売春の不在等が論理的に析出せざるをえない点を指摘した（拙稿「日本古代における対偶婚の存在について」『総合女性史研究会会報』第四号、一九八七年）。またこの対偶婚→単婚への移行が、貴族層を主とする支配者層では一〇世紀、一般庶民層では一二世紀を画期として行なわれ、それが未熟な家族→家父長制家族への移行と照応する点もすでに言及したところである（拙稿「古代家族と婚姻形態」、【歴史学研究会・日本史研究会編】『講座　日本歴史』2、東京大学出版会、一九八二〔四〕年【のち前掲拙著『日本古代婚姻史の研究』上、所収】）。

従って婚姻の本質としての対偶婚をめぐる研究としては、その理論的検討を別とすれば、(1)姦通、(2)結婚決定権、(3)強姦、(4)買売春、の不死〔在〕の証明、及び、(5)個人的性愛の存否の検討等がテーマとして考えられる。しかし従来の男性研究者の多くには、それ等が研究テーマたりうるという自覚すら欠けており、高群以外にほとんど研究されていないのが現状である。

しかし高群以外の研究として、(1)については吉村武彦「日本古代における婚姻・集団・禁忌」（【土田直鎮先生還暦記念会編】『奈良平安時代史論集』上巻、吉川弘文館、一九八四年）があり、男性研究者による本格的考察という点で貴重な作業だが、しかし姦通は日本古代から厳罰に処せられたとの主張はその実証に成功しているとはいいがたい。次に(2)については高群による、当時の結婚の当事者間の合意と母によるその事後的承認という指摘以外に見るべきものがなく、⑶についても高群がその不在を指摘するに留まる。

⑷については中山太郎の大著『売笑三千年史』（春陽堂、一九二七年）があり、当書が氏の『日本婚姻史』（春陽堂、一九二八年）と姉妹編をなす点から明らかなように、そこでは買売春が単なる性風俗としてではなく、本格的な学問の対象として取り上げられている。特に氏の上記二書での史料の網羅ぶりは徹底を極めており、中山太郎の再評価は女性史の緊急の課題の一つと考える。しかし、その書名からもわかるように、氏は買売春を歴史の当初より存在したと考えており、買売春の不在を考える高群説によって克服されるのである。なお古代の買売春の問題は、『万葉集』に現われる遊行女婦の性格をめぐっても論じられ、それを売春婦とする滝川政治〔次〕郎の説（『遊女の歴史』至文堂、一九六五年、及び『江口・神崎』至文堂、一九七六年）と、それを否定する高群等の説が対立している。

⑸については古代の恋愛の種々相といった観点からの研究はあるが、性愛をその社会固有の歴史性から問題にしたのは、扱う時代はやや下るが、中村真一郎『色好みの構造』（岩波書店、一九八五年）が管見内ではほとんど唯一のものである。

なお、対偶婚は必然的に次代には単婚（一夫一婦制＝正妻制）へと移行するのだが、この問題を取り上げた論考としては近年、木下ユキヱ「『源氏物語』にみる婚姻・居住・相続」（『女性文化資料館報』7、一九八六年）、梅村恵子「摂関家の正妻」（前引『日本古代の政治と文化』【のち義江明子編『日本家族史論集八　婚姻と家族・親族』、吉川弘文館、二〇〇二年再録】）、工藤重矩「一夫一妻制としての平安文化〔学〕」（『文学』五五号、一九八七年【のち同『平安朝の結婚制度と文学』風間書房、一九九四年に改題して所収】）が出され、平安中期までには正妻制（ただしこれは単婚下の一夫一婦制ではなく、正確には一夫一正妻・副妻制と言うべきものである）の成立した点が実証された。

以上、婚姻の本質と具体的形態の研究中、後者については嫁入婚の存在そのものと夫方居住婚の普遍的存在が主張できない点がいえると共に、前者については⑴〜⑸の研究の立ち後れが課題として残された。しかし婚姻研究の最大の成果と課題は、成果については、貴族層では一〇世紀初頭には正妻制の成立を含めて対偶婚から単婚への移行が行なわれ、一般庶民層でも一二世紀初頭には同一過程が完了し、したがって日本社会全体では、単婚、更には家父長制家族（＝男への女の服属）への移行は一二世紀を画期として行なわれた事実（前引拙稿「古代家族と婚姻形態」）が明らかになった点である。

しかもこの事実を当該期が日本の古代→中世への移行でもある点と併考すると、一般的には未開→文明への移行に伴う女性の世界史的な敗北が、日本では文明社会内での古代→中世への移行に伴って行なわれた点が明らかになるのである。そしてこの事実は世界史一般と異なる日本の歴史発展の独自性を示すのだが、その解明こそは歴史研究自体にとりさし迫った課題であり、このような課題の存在を明示したところにこそ、女性史研究の成果と課題が集中的に示されているのである。

第三節　政治（祭祀を含む）

女性と政治の係わりについての研究はいわゆる『魏志倭人伝』に、鬼道に事《つか》える女王卑弥呼とそれを佐《たす》けて国を治める男弟の存在が記されている所から、祭祀＝女、行政＝男の性別役割分担による男女二重王権論としてまず提出された（高群逸枝前掲書、折口信夫「大倭宮廷の剏業期」全集一六巻、洞富雄『天皇不親政の起源』校倉書房、一九七九年）。そして記紀や風土記には、これと対応する所の、地名＋ヒコ・ヒメの名を持つ男女ペアによる統治方式が見られる所から、それはヒメ・ヒコ制とも言われ、古い時代の日本の政治の統治方式をこのように理解する説はほぼ定説化していた。

そしてこの定説を否定したのが考古資料に依拠した今井堯の説である（「古墳時代前期における女性の地位」『歴史評論』三八三号、一九八二年【のち総合女性史研究会編『日本女性史論集二　政治と女性』、吉川弘文館、一九九七年再録】）。今井は四世紀中葉から五世紀中葉までの前期古墳被葬者の骨の性別を調査し、成人男女二体がペアで埋葬される例の多い点、女性被葬者の副葬品には武具、生産具も含まれ、男性被葬者のそれと差のない点に注目し、それを根拠に当時の女性首長は、祭祀だけでなく、軍事、生産をも掌握しており、このような女性首長が男性首長と基本的に対等な関係で共に首長権をになうのが当時の男女二重王権の内容であるとした（なお森浩一「古墳にみる女性の社会的地位」〔【岸俊男他編】『日本の古代』12、中央公論社、一九八七年〕は、今井の挙げた例に加え、更に何例かの首長的女性の古墳埋葬例の知見を加えている）。

この今井説は男女二重王権を古墳被葬者の性別から確実に立証すると共に、それまでの女―祭祀、男―行政という王権内の性別役割分担を、古墳の副葬品という確かな資料により否定し、男女が流動的役割分担下で、相互補完的に王権を構成するとした点で画期的であった。そしてこのような今井の観点に立ち『倭人伝』を読み直せば、卑弥呼の役割は決して祭祀のみに限定されておらず、中国との外交主体は卑弥呼である以上、外交権を含む王権自体の掌握者は卑弥呼であり、男弟はそれを助ける存在である点がわかるのである（拙稿【脇田晴子他編】『日本女性史』吉川弘文館、一九八七年、一五頁以下）。

ところで今井により考察されたのは地域政治集団の首長権だが、このような中小首長権への女性の関わり方をその後の時代について追究する本格的作業は未だみられず、律令制下において郡司、更には里長、郡里の雑任に至るまでその地位を男性に独占される状態へとどのように移行したかを究明することが今後の課題であろう。

なお大王権については、『宋書倭国伝』の伝える倭五王が全員男性である点から、五世紀には既に男性が大王権を掌握しているのだが、女性と大王権の関わりを問題にする際、必然的に浮上するのが女帝（女性の大王ないし天皇、以下便宜上天皇と表記）の問題である。五九三年即位の推古を初出として、七六四年即位の称徳まで、短期間に八代六人の女帝の輩出した事実は古くから多くの研究者の注目を集め、その発生の理由が様々に論じられてきた。

すなわち女帝の前提に古い時代のシャーマン的なものをみる説、そのような前提を考えず天皇位の直系継承の採用の結果、中継ぎとしての女帝が出現したとする説、皇位継承上の困難な事情下では元皇后が即位するという古い慣行に由来するとする説等が出され、またこれらの説が女帝とその前身について時期的変遷を考える説と結合しており、女帝論は多岐にわたり論じられている（これらの説については小林敏男『古代女帝の時代』校倉書房、一九八七年、Ⅲ、Ⅴ参照）。

しかし現在、いずれの説も女帝の終焉までも含めての説明に成功していないと考える。六世紀末から八世紀後半というごく限定された時期に、なぜ女帝が現われるかという問題を解くためには、まず五世紀の倭五王の背後に、男王を補佐する女性の副たる王の存在を考える必要があり、更にその出現の時期がまさに当時の国際情勢と密接に関連する律令制国家成立期を含む点を考えると、その解明のためには王権自体の構造変化――未開的王権から古代国家下の王権への移行――の視点に立って考えることが必要とされよう（この点の指摘は前引『日本女性史』吉川弘文館参照）。

以上、三世紀前半の卑弥呼と男弟、四世紀以降律令制下に至る地方首長権への女性の係わり方、五世紀以降の天皇権と女性の関係をごく簡単にみたが、残された問題は律令制下の官僚組織、並びに地方首長下の村落規模の政治への女性の係わり方である。前者については、野村忠夫『後宮と女官』（教育社、一九八七年）に代表される女官の問題として研究が蓄積され、そこでは、律令制下において女性は官位を与えられながら、官位相当の官へのの就任から排除され、内廷的な性格の濃い後宮十二司という特殊な「官」にしか就任できなかった点が指摘されている。

そして最近、吉川真司「律令国家の女官」（【女性史総合研究会編】『日本女性生活史』1、東京大学出版会、一九九〇年【のち同『律令官僚制の研究』塙書房、一九九八年所収】）が出され、女官研究は一段と深められた。吉川は平安期の儀式から女官のあり方を復元し、それが律令制成立前のあり方と合致する点から、男官が天皇との君臣秩序下にあり、閤門外で奉仕する存在であるのに対し、女官は閤門内において天皇に近侍・奉仕する、君臣秩序から疎外された存在であるとしたのである。平安期の儀式書という、従来の女官研究では未使用の史料に立脚し構築された吉川説は、平安期史料の手堅い実証の点でも注目されるが、しかし「女官」の職業〔掌カ〕が閤門内での天皇への近侍・奉仕にのみ限定されるあり方が、律令制成立以前にまで遡る女官の本来的なものだったか否かは更に検討する必要があり、氏の画期的な説は、律令制以前については、今の所魅力的だが仮説に留まると考える。

なお村落規模の政治への女性の係わりについては、村落の統率者として村首と並ぶ「里刀自」の存在が指摘されており（義江明子「『刀自』考―首《オビト》・刀自《トジ》から家長《イヘノキミ》・家室《イヘノトジ》へ―」、『史叢』四二、一九八九年【のち同『日本古代女性史論』吉川弘文館、二〇〇七年所収】）、また当時、男女とも村で「公」的地位を占めえた点は、成人男女が村の祭祀に人別に設けられた座を占めて参加した事実から明らかにされている（拙稿「日本古代の家族形態と女性の地位」、『家族史研究』2【本書Ⅲ―第一章】）。

以上、近年の女性史研究の進展により、天皇（大王）権、首長権、村落レベルの統率権等と女性の係わりがかなり明らかにされてきた。特にその中でも今井の古墳被葬者の人骨の性別と吉川の平安期の儀式書をそれぞれ材料とした研究は、新たな資史料の使用による男性研究者の業績という点で注目されるのである。

しかし女帝論・女官論をはじめ、その研究は緒に着いたばかりであり、今後権力構造論との関連下にこれらを深めていく必要があろう。なお政治と女性の係わりを問題にする際、権力への係わりのみでなく、権力への抵抗への女性の参加の意味が同時に問われる必要があるが、勝浦令子「行基の活動における民衆参加の特質」（『史学雑誌』九一―三、一九八二年【のち同『日本古代の僧尼と社会』吉川弘文館、二〇〇〇年所収】）がこれに関する殆んど唯一の業績であり、今後の研究の進展を期待したい。

第四節　労働と経済

古代の女性労働の研究は、現代での男―外、女―内という性別役割分担への見直しが契機となり、当時の史料から女性労働を拾い出すというそれまでの研究は、古代の性別分業を究明するものへと発展した。そしてこのような作業として出されたのが、世界の諸部族の性別分業を踏まえて銅鐸の人物像から弥生時代の性別分業を考えた都出比呂志の「原始土器と女性」と、八世紀の文献から性別分業を解明した服藤早苗の「古代の女性労働」（両論文とも前引【女性史総合研究会編】『日本女性史』1所収）で、この両者により原始・古代の、非精神的労働での男女役割分担の大よそが明らかにされた。

特に本章で対象とした古代の時期の農業以下の性別役割分担については、ほぼ服藤論文で尽くされており、力仕事―成人男性、力はさほど要しないが技術の伴う仕事―成人女性、力も技術もあまり要しない仕事―子どもという、未開社会に共通する性と年齢による分業が日本にもみられた点が明らかにされている。そして古代の性別分業の下では家事はすでに女性の仕事だが、古代の性別分業の特色は、男と女の仕事の間に優劣の明確なランクづけがない点で、現代のような家事―無償、外での仕事―有償のような相違はないのである。また、更に生産力が極度に低く、殆んどを人力に頼らざるをえない当時において、技術はいるが体力を要しない仕事を女性が行なうのは、人々の生存のための必須の条件であり、それを生産力の高度に発達した現代の性的分業の参考とすることはあまり意味がないと考える。

なお当時の経済活動への女性の関与については、前述の女性による経営権の保持からも判明するように、女性は各階層のそれぞれ独自な形態の経営に参加しており、特に在地有力者層においては当層の二大経済活動たる営田と私出挙を女性が遂行している点が当時の史料から判明し（前引拙稿「日本古代の家族形態と女性の地位」）、このような女性が男性と共に家長・家室として当層の経営の統率者をなした点は先にみた所である。

しかし、この分野の女性史研究は右述のもの以外は進展しておらず、現代の家事とも係わる水汲み・薪拾い等の生活資料獲得活動の、古代社会に占める大きな割合が、当時の女性労働の評価とどう関わるのかという問題をはじめ、性別分業による各仕事の間のランクづけ、乳幼児・老人・病人・身体障害者等の扶養と女性労働の係わり方とその評価、国家への租税・貢納物に占める女性労働の位置づけとその評価等、多くの問題が本格的検討を経ずに残されているのである。

以上今後の女性史研究の発展を願い古代女性史の成果と課題を四項目にしぼり簡単にみてきた。しかし管見によれば女性史とは何より現実の課題を鋭く切り結ぶ所に成立し、成長してきた学問である。とすれば、このような特徴をもつ女性史での総括とは、単に研究上のあれこれのテーマの総括に留まらず、女性史を取り巻く現状そのものの総括こそが何よりも行われる必要があると考える。とすれば女性史の成果と課題という場合、女性史を周る状況の分析を欠落させては真の意味での総括を行ったことにはならないと言えるだろう。

このような視点から古代女性史の学問的状況をふりかえった時、その最大の課題は男性研究者による女性史研究の成果の無視という状況の克服であり、それなくしては古代女性史、さらには日本古代史の真の発展は望めないと考える。上述の簡単な研究史の検討からも明らかなように、女性史研究は少数の例外を除くと殆んど女性研究者により行なわれ、そこでは単に女性史に留まらず、古代史像自体の変更を迫るような重要な成果がもたらされた——例えば高群の女性の所有権の保持による家父長制家族の未成立の指摘——と考えるが、それが正当に評価、継受されていると言い難いのが現在の学界状況である。

性差別のある社会においては、人々は生れた瞬間からベビードレスの色、離乳時の食器の模様をはじめとして、その社会固有の性差別の意識下で育てられ、自己の意志にかかわりなく性差別意識をそのまま自己の意識に同化させながら成長する。従って男は女より強く、優れているという性差別意識を持つ社会で成長した男性が、自己の内なる性差別意識に気づき、それを克服しようとした時、どんなに困難な作業が待ちうけているかは、女である私にも想像はつく。それは血肉化した仮面を自ら剥ぎとるようなつらい作業であろう。しかしそれがどんなにつらく、困難なことであろうと、自分がその中で育てられてきた古い性差別意識の克服のためには自己変革は行なわれねばならず（これは全ての差別について言える）、それを経て初めて女性を自分と対等の人格を持つ存在として認めることができると考える。私は多くの男性研究者にこのような自己変革をしてもらいたいとの願いをこめて、拙稿「女性史からみた石母田史学の一断面」（『歴史評論』一九九〇年【本書Ⅰ—付論1】）を書いた。しかし私のメッセージは残念ながら男性研究者には全く届かなかったようである。

しかしそれではいつまでたっても、女の分類法としては一九八九年以降マスコミに愛用されたところのマドンナとオバタリアンしか知らず、自分と対等な人間としての女の範疇を持たないというみじめな状況から抜け出せないだろう。なぜならマドンナとは相手の人格・思想等への共感を欠落させたまま、その美しさのみを男が一方的に思慕する女性、オバタリアンとは男にとり性的対象としての魅力を失った女性＝男にとり存在しないに等しい女性のことであり、共に女性を自分と同じ人格の持ち主である点の認識を欠き、自分達の最も好ましい性的対象か、その対極のうとましい存在かで女性を分類したものだからである。

そしてこのような意識が男性研究者から払拭され、女性を自分と対等な人格として認識し、従ってその研究成果を偏見なく受け入れることができた時、初めて女性史研究の最大の課題が克服されたと言えるのであり、またそれこそが最大の成果でもあると言えるのではないだろうか。しかし、このような徴候はすでに現われつつあり、前述のような男性研究者による本格的女性史研究が出現し始めたことは、女性史を取り巻く状況が少しずつ、しかし確実に変わりつつあることを予感させるのである。

なお最後に、テーマを限定した上に、私自身の非力のため、多くの秀れた論文・著書に言及できなかった点、また趣旨を曲解した場合のあっただろう点をおわびしたい。


〈歴史科学協議会編『女性史研究入門』三省堂、一九九一年、原題「日本の女性史研究の現在と課題　古代」〉

付論1　女性史からみた石母田史学の一断面

石母田さんの論文に一九五九年発表の「日本神話と歴史」（『日本古代国家論』第二部【岩波書店、一九七三年】所収、以下引用の頁数はこれによる）があるが、その記述の中にどうしても見過ごすことの出来ない個所があり、この点を問題にしたい。

この個所は神語歌として知られる八千矛の神に関する四首の歌（日本古典文学大系『古代歌謡集』の古事記歌謡の二～五番、以下当歌の引用はこの番号により、読み下し文は当書に依る）を取り上げた部分（当論文第六節）だが、これらの歌は、その中の三番に「栲綱《たくづの》の　白《しろ》き腕《ただむき》　沫雪《あわゆき》の　若《わか》やる胸《むね》を　素手《そだた》抱き　手抱《ただ》き抜《まな》がり　真玉手《またまで》　玉手《たまで》さし枕《ま》き　股長《ももなが》に　寝《い》は寝《な》さむを」の如き表現を含み――なお五番にもこれとほぼ同文の表現が繰り返されている――、しかもこの部分は、結婚のため訪れた八千矛神に対する、沼河比売の返事として歌われたものなので、当史料を素直に解釈すれば、ここでは濃密な性愛への誘いが女性から行なわれていることになる。

一九七五年の国際婦人年とそれに続く七六～八五年の国連婦人の一〇年を経て、女性解放が一段と進み、女性を取りまく状況が急速に変化しつつある一九九〇年現在においては、かかる性愛のあり方は女性のものとしてごく自然で、私にとってのこの歌の史料性は、男女対等性に基礎をもつ対等的性愛が古代においても見られたという以上のものではない。

しかし男性研究者である石母田氏が一九五九年の時点でこの歌を取り上げた視点は、私の立場と全く異なるものであり、以下氏の説を見ると、氏は当歌群を、本来は八千矛神の行為を演技で再現することにより神を招く機能を果たしたもので、鎮魂の神事に際して行なわれた（一三四〜五頁）とした上で、右の引用部分について、橘守部の「あまりひたゝけて女の云べき詞とも聞えぬは、俳優《（わか〔ざ〕おぎ）》に用ひし故にこそ」との文章を引用し、この歌に演劇的な要素を指摘した守部の見解は卓見である（一三一頁）とする。そして氏は更にこのような「露骨な性的描写」をもつ歌謡の語り手または演技者（天馳使）は男性と考えられるとし、その男性たる語り手がヌナカハヒメに扮し、右述のような官能的歌詞を歌うところにこの歌謡がかもしだす笑いと面白さがあったと推測される（一三七頁）のである。氏のこの部分の記述は判りにくいが、氏はここで、日常生活の次元においては本来女性から口にすることのありえない「官能的な歌詞」が、演劇という非日常的空間で歌われており、しかもそれが実際の女性ではなく、女性に扮した男によって演じられる点において、そこでは二重の意味での日常性の転換が行なわれており、それ故にこそ「笑いと面白さ」がさそい出されると主張されていると解せよう。

しかも氏は当歌群の意味をこのように解した上で、「またそれ（当歌群の上演）を見、あるいは聴くところの祭りの参加者も、同じく男性であったのではなかろうか」とし（一三七〜八頁）、それを証明する史料として『万葉集』三四六〇番の「誰《たれ》そこの屋《や》の戸《と》押《お》そぶる新嘗《にふなみ》にわが夫《せ》をやりて斎《いは》ふこの戸を」をあげ、この歌は「戸毎の夫または男が村落の共同の祭に参加するのであって、妻女は家にのこっている慣習であったから、共同体の行事としての祭祀に参加するものは、この時代では主として男性であった」（一三八頁）と解釈されるので、「かかる場で歌いかつ語られる神語歌を想像すれば、その露骨な性の描写と歓喜咲楽の関連もおのずからあきらかであろう」とされるのである（一三八頁）。

すなわち氏は当歌群について、「あまりひたゝけて女の云べき詞」とは考えられぬ部分を含む故に、それは演劇として上演されたものであるとの、橘守部説に依拠した上で、このような「露骨な性的描写」をもつ神事歌謡の演じ手、観客は共に男性であると推定されるのであり、しかもこの推測は、当時の祭りには男性しか参加できなかった事実により証拠づけられるとして、『万葉集』の三四六〇番を引用されるのである。

かかる氏の見解は、私見によれば、第一に古代において女性からの積極的な性へのさそいかけを否定し、第二にそれを根拠の一つとして古代の祭りへの参加者を男性に限定して考え、第三にその例証として『万葉集』三四六〇番をあげている、等の点において誤謬を犯していると考える。

以下これら諸点について考察すると、第一点については、古代の女性が自分の方から積極的に求婚ないし、性関係への誘いを行なっている例はかなり存在するのであって（例えば古事記中巻の古事記歌謡五〇、『丹後国風土記』逸文浦嶼子条、『万葉集』一二六番左注、同三四六七番、同三七九一番、『日本霊異記上』三一、『伊勢物語』一四、『大和物語』二〇等、これが対偶婚の本質的特徴である点は別に論じた）、この事実を一九世紀の国学の成果に依拠して否定した一九五〇年代の氏の説は、何よりも古代の史実と反するのだが、かかる古めかしい女性観は、もはや女性観一般としても、女性をめぐる状況が劇的変化を経た一九九〇年の現在では共感をえられないであろう。

次に第二点については、古代の村での祭りには男女が共に参加した点は、儀制令春時祭田条古記説を根拠に既に論じたところであり（拙稿「日本古代の家族形態と女性の地位」『家族史研究』2所収【本書Ⅲ―第一章】）、この点は、かかる古代的状況から中世村落での祭りからの女性の排除への移行の問題として、中世史研究者によっても承認されている（河音能平「中世前期村落における女性の地位」【女性史総合研究会編】『日本女性史』2【東京大学出版会、一九八二年】所収）。以上、氏の見解は村の祭りから女性が排除された中世以降の村落のあり方を古代に押し当てた以上のものではないと言えるのである。

このような古代の祭りのあり方からいって、当然三四六〇番歌の解釈も氏のそれには従いえないのだが、当歌をめぐっては国文学での長い研究の蓄積があり、以下それを管見の範囲内でみることにより石母田説の問題点を明確にしたい。なお当歌と関連した歌に三三八六番「鳰鳥《にほどり》の葛飾早稲《わせ》を饗《にへ》すともその愛《かな》しきを外《と》に立てめやも」があり、この歌の解釈をも含めて、当歌の解釈を見る（ただし祭りの仕方に限定して）ことにする。

当歌の最も初期の解釈は、「我は人妻ニテニフナミニ行タル夫ノタメニ殊ニ祝テ戸ヲサシコメ有ニ」とする契沖説（『万葉代匠記』）であり、この説は夫の参加する新嘗の祭りの行なわれる場所についての相違はあるものの、加茂真淵（『万葉考』）、鹿持雅澄（『万葉集古義』一八九八年刊）、井上通泰（『万葉集新考』一九二八年）、鴻巣盛広（『万葉集全釈』一九五七年）、沢瀉久孝（『万葉集注釈』一九六五年）、『新潮日本古典集成　万葉集』（一九八二年）により継承されている（なお祭りの行なわれた場については、契沖・井上は村の特定の家、真淵は国庁、雅澄は里ないし郡家、鴻巣は村とする）。このように夫（男）が集落等の新嘗に参加し、妻（女）は家に残り物忌をするとの説を（Ⅰ）型とする。

右の一七世紀の契沖から一九八〇年代初頭に至るまで主張された（Ⅰ）説に対し、全く新しい解釈を提出したのは折口信夫であり、折口は当歌の新嘗の祭りを「主婦がにへなみの神を迎へる巫女の役」をして、男が「村共通の忌み籠り処」に出かけたと解するのである（『万葉集総釈』一九三六年、なお折口のかかる見解の原型は既に一九二六年発表の「古代生活に見えた恋愛」〔全集一所収〕にみられ、この見解は以後繰り返し述べられている）。この見解はそれまでの、男＝公共の場での新嘗、女＝家ごとの忌み籠りという見解を変更し、女＝家ごとの新嘗、男＝集落の場での忌み籠りとしたもので、（Ⅰ）型の祭りの主体を男女逆転しており（なお当説は女のいる場＝家、男のいる場＝家の外、集落の場とする点では（Ⅰ）と共通する）、かかる見解を（Ⅱ）型とするが、この説は『日本古典文学大系万葉集』（一九五〇年）、並びに小学館『日本古典文学全集　万葉集』（一九七三年）の解釈として継承されている（ただし両説とも男〔家族〕については、この夜は外出して神を迎えたとするのみで、共通の忌み籠りの場への言及はない）。

この折口による（Ⅱ）説の後に出されたのが、夫は集落の新嘗に参加し、妻は家の新嘗の祭りを一人行なうとする窪田空穂の説（『万葉集註釈』一九五一年）だが、この説が（Ⅰ）と（Ⅱ）の折衷型である点は明瞭で、前説からは夫＝集落等での新嘗、後説からは妻＝家での新嘗、の主張の部分を採用して一つの説として合成したものであり、この説を（Ⅲ）型とする。なお、この説は武田祐吉によっても採用されている（『万葉集全註釈』一九五〇年）。

＊ところで、このように江戸時代以来の通説としての（Ⅰ）説、（Ⅰ）説での新嘗担当者を男から女へ転換した（Ⅱ）説、両者の折衷としての（Ⅲ）説が出されると、これら諸説の複合型とも言える説も主張され、例えば土屋文明は、当歌の解釈には（Ⅰ）説を採用しながら、三三八六番の解釈では「男女いづれが（新嘗を）祭するかは、時に異るらしくはっきりしない様だ」として、（Ⅰ）型と（Ⅱ）型の双方の祭られ方が時に応じて行なわれたと考えており（『万葉集私注』一九七〇年）、水島義治は、三三八六番の解釈では（Ⅱ）説を採用し、三四六〇番では（Ⅰ）説を採用しながら、（Ⅱ）説の可能性もあるとしている（『万葉集全注』一九八六年）。

右のような研究状況は、当歌をめぐる解釈が（Ⅰ）の通説と、折口説の与えた衝撃の狭間でゆれ動いていることを示すが、折口の観点をさらに押し進めたともいうべき説が高野正美により提出された（「新嘗の東歌」『日本文学』一九八六年四月号）。高野の説の要旨は、集落を代表する女が集落の祭場に忌み籠り、新嘗の祭事を執り行なう一方、それ以外の集落の全員もこぞって自分の家で物忌みしたとするもので、(Ⅱ)説が(Ⅰ)説での祭りの主体を男から女に変更したものだとすれば、当説はその上更に新嘗の行なわれる場についても変更を行なっているのであって、当説では集落の新嘗に関与するのが女であり、男をはじめとするそれ以外の人間は家で忌み籠るとすることによって、(Ⅰ)説を祭りの主体・場の双方において完全に止揚しているのである。この、(集落を代表する)女＝集落の新嘗、男(を初めとするそれ以外の人間)＝家での忌み籠りとする説を(Ⅳ)型とするが、集落の新嘗に関わるのは女であるとするこの(Ⅳ)説が、祭りについて女の果たす役割を最大限に評価する説である点は言うまでもないだろう。

このようにみてくると、時代順に出された(Ⅰ)～(Ⅳ)説が、ほぼこの順序にそって祭りに果たす女の役割を大きく評価するに至っている(ただし(Ⅱ)と(Ⅲ)では(Ⅱ)の方が女性の役割を評価している)点が看取されるのだが、このような解釈の変遷の背後には、女性の社会的地位の向上とそれに基づく女性観の変遷が存在した点はあまりにも明瞭である。

ところで右の諸説をふまえ当歌をどう解釈すべきかは、それがわずか三一文字からなるものである以上断定しがたいが、当歌(更には三三八六番歌)を先入観なく虚心坦懐にみた場合、女が新嘗の祭りを行なっている事実——その場は『常陸風土記』筑波郡条を併考すれば家と考えられるが村の祭りである可能性もある——は動かしがたく、今日の研究水準でこの点を否定することはできないと考える(なお男については、女の〔家で行なう〕新嘗の祭りに関与できないという以上のことは当歌から読み取りえない)。とすれば、当歌を古代の祭りの参加者が男性に限定されていたことの例証とした石母田説が成立しないのはあまりにも明白である。

以上、当歌の研究史の検討の結果、石母田氏の解釈は一七世紀の国学の所産たる契沖説(代匠記の完成は一六九

○年）を源とする、最も初期の説と同一である点は明瞭であり、この点を氏が神語歌に関して、守部による「あまりひた丶けて女の云べき詞とも聞えぬ」との解釈を採用したことと考え合せると、少なくとも本論で問題にした箇所での氏の史料解釈は江戸時代国学者のそれと基本的立場を同じくすると言えるのである。そして氏にこのような江戸時代国学者と同一の立場を取らせたものこそ、江戸時代を経て一九四五年の敗戦時に至るまでの女性に対する家父長制的支配（そこでは女は公の場からしめ出される）と、その下での家父長制的女性観の存続の事実であり、この江戸時代から敗戦時に至る女性をめぐる状況の基本的共通性が、一九五〇年代の石母田氏をして前述の一～三点の誤謬を犯させたと考えられるのである。

そして歴史における社会制度や法等の変化に比べ、思想上の変化はおくれるものである以上、一九五〇年代の石母田氏が家父長制的女性観に影響され、その結果として上述来の誤りを犯したのは自然なことであり、そこから言えるのは、氏のような不世出の歴史学者でさえ歴史の制約から免れられなかったという一般的事実だけである。にもかかわらず、女性をめぐる状況が氏の説の出された一九五〇年代と決定的に異なる一九九〇年の時点で、氏の説をことさら問題にしたのは、石母田批判に主眼があるのではなく、石母田氏ですら歴史的制約から自由ではありえず、家父長制的女性観に立脚したための誤りを犯している点を、若い研究者に真剣に考えてもらいたいためであり、特に日本古代史においては（他の分野の人には信じられないことだろうが）、女性史を無視することが研究者としての質の高さを保障するがごとき風潮が蔓延し、それが一部の女性研究者（ないしその予備軍）さえもまきこんでいる悲劇的状況が厳として存在するからである。しかしこれは果たして悲劇的な状況であろうか？　恐らくそれは喜劇的なそれであろう。なぜならマルクスも言っているではないか？　歴史上の事件は二度現われる、一度は悲劇として、二番目は茶番として（『ルイ・ボナパルトのブリュメール一八日』）、と。

〔追記〕

本論は岩波書店の依頼により、『石母田正著作集』の月報のために書き上げ、同〔書〕店よりその掲載を拒否されたものである。しかし、女性史に関する看過できない問題を取り上げていると考え、『歴史評論』に投稿した。元来月報として書いたものなので、意を尽くせず読みにくい点があるかと思うが、その点のご寛恕を乞いたい。なお私がどんなに石母田先生を敬愛しているかについては、ぜひ『歴史評論』四三六号の拙文【本書Ⅰ―付論2】を読んでいただきたいと思う。

〈『歴史評論』四七九、一九九〇年〉

付論2　石母田先生と女性史

一月一八日午後、石母田先生が亡くなられたとの知らせを受け、急いで夕飯の仕度をすませて先生のお宅に向かった。途中の電車の中で涙が次から次へと流れ落ちた。自分でも思いがけなかった。物心ついてから人前で泣かないことを信条とし実行して来た私は、うろたえ、恥ずかしく、泣くまいと思いながらそれを止めることが出来なかった。そしてこの時石母田先生が私にとって最も尊敬する歴史家であったばかりでなく、先生のことが心の底から大好きだったのだということが初めて私自身にも判ったのである。

私が先生のお仕事とどのように私の研究者としての歩みの節目節目に出合ったのか、それについてはまた別に語る機会もあるだろう。ここでは私が先生と直接お目にかかった数少ない折に関連しての先生の思い出を書きたい。

先生に最後にお目にかかったのは昨秋一一月四日から五日にかけての箱根での先生御夫妻を囲む会においてであった。その席上で先生は——それがどのような話の続きとして言われたのか、私には思い出せないのだが——女性史などというのはおかしいという意味のことを言われた。むろん私としてはその場で直ちに反論したかった。しかしその時私を思い止まらせたのは、その前年のこの会での石上さんと私の改姓論争（私が一時現在の関口姓から結婚前の旧姓に名前を戻したことの是非をめぐる論争）を先生がよく覚えていらして、「去年のあの論争はすごかったね」とおっしゃったことであった。女性史を全面否定されたのでは、私としても先生の学問だけではなく生き方までも問う厳しい反論をせざるをえず、論争はとても前年程度では治まりそうになく、私の全存在をかけてのものになりそうであった。そしてそれはこの会をとても楽しみにしていらっしゃるとお聞きしている先生に対して失礼なことだとの思いが私の胸をよぎり、いずれ東京でお目にかかった折に先生の考えをうかがい、反論しようと思いとどまったのである（しかし亡くなる直前まで、私などよりずっと激しい知的エネルギーを持っていられた先生のことだから、もしかすると本当は論争をなさりたくて私を「挑発」なさったのかもしなれ《〔れな〕》い。そうだとすれば私は先生に大変すまないことをしたことになる）。しかしその機会を再び持つことなく、秋には前の年よりずっとお元気に見えた先生は逝ってしまわれた。

先生の告別式の行われた日、先生のお宅の留守番を仰せつかった私は、先生の書斎の座机（生前の先生が使われていたその大きな机の上には何冊もの本が所狭しと積み上げられていた）の真中の一番上に『世界』の一九八五年八月号が置かれているのを見つけた。それは「女が変える」と題された特集号で、「女たちのいま、そして未来は?」と題するシンポジウムを始めとして現代の女性問題についての対談・論稿等が収められていた。すぐ昨秋の女性史についての先生の言葉が思い出された。女性史に否定的だった先生は本当にこれをお読みになったのだろうか?《〔ママ〕》。そう思いながら手にした本には、一ヵ所折目がつけられていた。先生はこの本を読まれたのだ。どんなことを考えながら先生はこの本を読まれたのだろう、この雑誌のタイトルのように「女が変える」（＝女性史の視点が歴史を変える）とすこしでもお思いになりながら読まれたのだろうか、それともやはり女が変えることなどありえないとお思いになったのだろうか。いろいろな思いが胸に浮かぶと共に、先生がたとえ「女が変える」とお思いにならなかったにしろ、それはこのようなものを読まれての上のことだということが、そして先生が現在の女性問題にもきちんと関心をはらわれていることが私の胸を打った。

『中世的世界の形成』を読み、先生が古代の女性の土地所有権について、「古記のいう如く女子は嫡子の扶養に俟ったとするのが事実に近いのでなかろうか」（同書、一三四頁）と書かれているのに気がついたのは多分大学院の修士課程の頃だったと思う。それはやはり私にとって大きな衝撃で、先生さえも歴史における女性のあり方を正当に把握していないとの思いが私を打ちのめした。しかしそれから何年か後に大学で高群逸枝論を講義することになり、日本において女性史学という新しい学問分野を切り開いた高群が、あの「大東亜戦争」に足をすくわれ、今日の私には正視するに耐えないような文章を発表しているのを知った時、石母田先生に対する考えが変わった。歴史における女性を充分に評価したとはいえない面をもつと私には思える先生があの戦争の本質を戦時下に既に見抜き、それに抵抗しえたのに対し、歴史における女性のあり方に着目しえた高群がもののみごとに戦争中の支配イデオロギーにすくいとられた事実が私にさまざまの重い問いを残した。そしてこの時から私は女の視点にのみ立脚したが故に戦争協力の道へと進まざるをえなかった高群の精神的娘（これは平塚らいてうの高群逸枝への呼び方である）であるよりは石母田先生の精神的娘でありたいと願ったのである。

今、体調が良く、外出しない時には必ず向かう私の机のすぐ左手の本棚に、先生が最後に読まれた本の一冊であろう『世界』が飾ってある。その表紙は「女が変える」（＝女性史の視点が歴史を変える）と私に呼びかける。そしてそれと同時に私にはもう一つの先生からの問いかけが聞こえてくる。「本当に女が変えるのだろうか?」。やっと真理へ到る門の入口にたどりついたにすぎない一学徒としての私には、まだその問いかけに答えることは出来ない。しかしこれからもわずかずつでもその問いに答えるため研究を続けよう。真理か否かだけを唯一の基準として。そういう私を激励するために先生がこの本を私にくださったのだと私には思えてくる。女が変えるのか変えないのか。先生からの問いかけを毎日ききながら机に向かうことのできる至福さの下で、この問いに答えるため死ぬまで勉強を続けよう。そういう私を、「ところで答えはどうでたかな」と、あのやさしい、しかし眼だけは鋭く光るお顔で先生が私を迎えて下さる日まで。

〈『歴史評論』四三六、一九八六年〉

Ⅱ　性愛・家族と女性

第一章　古代の家族と結婚の歴史

はじめに

日本列島に人間が住んでいたことを示す考古学上の資料は、約三万年前位からふえはじめるといわれるが、私たちの祖先がどのような恋愛、結婚をし、また家族をつくっていたのかがかなりくわしくわかるのは、八世紀以降に編纂された文字資料によってである。そこでここでは主として、信頼できる文献の残る八世紀以降の恋愛、結婚、家族などについてみていくことにする。

ところで、七世紀末から八世紀のはじめにかけての時期は、日本の歴史上の大きな転換期であった。なぜなら、このころ日本は中国の律令制を手本として、日本で最初の本格的な国家である律令国家を成立させたからである。しかしこの国家のしくみは、それが中国の法や制度を受け継いだところから、男性優位の考え方に貫かれており、女性は政治の世界からしめだされ、納税の責任者も男性とされた。また中国の律令法は家父長制思想を基本としているところから、家父長制的な家族道徳も日本にもちこまれた。しかしこのような律令国家の成立にもかかわらず、日本の女性たちは、実際には男性とほぼ対等な関係のもとに生活していた。

そしてそれを可能にしたのは、第二節でみるように当時の女性が、男性と同じように財産を所有することができ、またその所有する財産を自分の考えで経営することができたからである。そしてこのような所有と経営にみられる、経済的地位の男女対等なあり方が、家父長制家族（男性の家父長が妻や子などを支配ないし統率する、男性優位の家族）や、その下での婚姻としての単婚（夫が妻を支配するところの一夫一婦制）を成立させなかったのである。このことは、当時の家族が非家父長制家族に、婚姻が単婚以前の婚姻である対偶婚――その特徴は妻の性が夫以外の異性にとざされていない点、婚姻が気の向いているあいだだけ継続する点――にとどまったことを意味する。そしてこの家父長制家族と単婚の未成立こそが、一・二節でみる男女対等のいきいきした恋愛や、妻が夫に従わない家族の基礎なのである。

しかしこのような経済上の男女対等性は、貴族層などでは九世紀を通じて、すこしずつくずれていき、一〇世紀初頭には明確に家父長制家族・単婚が成立し、すこしおくれて一般庶民でも一一世紀後半から一二世紀初頭にかけて、家父長制家族・単婚が成立するようになる。そしてそれにつれて女性はしだいに男性に従属するようになり、恋愛、結婚、家族内での男女対等性は失われていくのである。その具体的あり方を以下三節に分けてみていきたい。

第一節　性・愛・結婚

古代の性・愛・結婚のあり方を具体的にみる前に、その基礎をなす、対偶婚についてすこし説明しておこう。対偶婚とは先にもふれたが、現在私たちのおこなっている結婚である単婚（一夫一婦制）より一段階前の結婚で、一応一人の夫に対して一人の妻という一対の夫婦関係は成立しているが、（1）それは必ずしも夫以外の男性との性関係をさまたげず、（2）その関係は永続きしないというものである。この対偶婚の特徴は学術用語でいうと、①排他的同棲の欠如と、②当事者の気の向いているあいだだけ継続する結婚ということができる。そして対偶婚のこの二大特徴が、古代の恋愛や結婚のあり方を規定している点は、このあとみていくところである。

1　古代の恋愛の特徴

異性を好きになる気持ちは古代や封建時代でも、さらには二〇世紀も末の現代でも、違わないと思われがちである。しかしいつの時代にも共通する、好きな人と一緒にいたい、ふれあっていたいという感情も、くわしくみると時代によりかなりの差がある。そこで古代の恋愛の特徴が、どのように他の時代と違うのかをみていこう。

古代の恋愛の第一の特徴は、恋愛感情がそのまま性関係へと進む点である。

［史料1『古事記』上巻］

（葦原色許男命を）①其ノ女須勢理毗売《すせりびめ》、出で見、目合為而《まぐはひして》、相婚《ま》きまして（目と目を合わせて、結婚して）、還り入りて、其ノ父に白《まを》して言ひしく、「甚《いと》麗しき神来ましぬ」トいひき。……②於是《ココに》、其ノ妻須勢理毗売命、蛇《へみ》ノ比礼《ひれ》以《も》ちて其ノ夫に授《ソ》けて云《ノ》らししく（下略）。（読み下し文は日本思想大系による）

史料1の傍線①では、初めて家を訪れたアシハラシコヲノミコトに対して、スセリビメはみただけで（気に入り）すぐ性関係をもっている。このような関係は、むしろ現代の若者の「恋愛」に近いと思うが、このようなあり方は、古代より後の時代では次第にみられなくなる。とくに近世では「公事方《くじかた》御定書《おさだめがき》」により、女性の性関係は家父長の管理下におかれるようになり、愛し合っている男女間の性関係でも、家父長の許可がないと法的処罰の対象となった。

なお当史料では、傍線②の部分から、この男女の恋愛＝性関係が、そのまま夫と妻の関係になっていることがわかるので、古代では恋愛、性関係、結婚の三者がわかちがたい形で存在した点がいえるのである。このことは、古代では恋愛と結婚のさかい目が明確ではなく、永続きした恋愛がいつの間にか結婚に移行していることを意味している。したがって、現在の結婚が結婚式や披露宴により開始されるのとはことなり、古代の結婚は相思相愛の男女の関係が、いつの間にか本人同士のあいだで結婚と意識されるものであった。そして、その関係がやがて妻の両親をはじめとする、周囲の人たちにみとめられたのである。みとめられる際に儀式がおこなわれたかどうかは、史料が残されていないので何ともいえないが、支配者層では妻の両親が「百取机代物《ももとりのつくえしろもの》」（たくさんのお膳に用意されたご馳走）を用意し、婿の接待をおこなっているので、一般庶民層でも何らかの簡単な儀式がおこなわれたと推測される。

古代の恋愛の第二の特徴は、肉体的官能が素朴でおおらかな純粋さと結びついている点である。古代では男女の性関係は決して恥ずかしいもの、汚らしいものではなかった点は、『万葉集』の相聞歌《そうもんか》が「まばゆいばかりの性への賛歌」であった点に示されている。

［史料2『万葉集』］

ま愛《かな》しみさ寝《ね》に吾《わ》は行く鎌倉の美奈《みな》の瀬《せ》川に潮満つなむか　（三三六六番）

（あなたのことが心からいとおしいので、わたしは共寝をしにいく。途中にある鎌倉の美奈瀬川〔長谷から由比ヶ浜に注ぐ現在の稲瀬川〕は今頃潮が満ちていて、わたりにくいだろうか）

［史料3右同］

上毛野安蘇《かみつけのあそ》の真麻群《まそむら》かき抱き寝《ね》れど飽かぬを何《あ》どか吾《あ》がせむ　（三四〇四番）

（上野の国の安蘇地方に生えている、麻の群をだきかかえるように、あなたをかきいだいて共寝をするが、どんなにだき

あって共寝をしても、まだだきあっていたいこの気持ちを、一体どうしたらいいのだろう）

［史料4右同］

高麗錦《こまにしき》紐解き放《さ》けて寝るが上《へ》に何《あ》ど為《せ》ろとかもあやに愛《かな》しき　（三四六五番）

（高麗錦の紐をときはなって共寝しているのに、この上さらにどうしろというのか、あなたのことがこの上なくいとしい）

右の三首はいずれも東歌といわれるもので、史料2は相模国（神奈川県）、史料3、4は上野国（群馬県、ただし3の安蘇は今の栃木県に属する）でうたわれた民謡である。今の若者の性は、このような「まばゆいばかりの性への賛歌」にいろどられているのであろうか。

古代の恋愛の第三の特徴は、恋愛の相手に対する好みの広さと、それがあまり永続きしない点である。前者のあり方をもっともよく示すのは、会ったことのない相手を恋してしまう場合である。

［史料5『古事記』上巻歌謡］

八千矛《やちほこ》ノ　神ノ命は八島国《やしまぐに》　妻《つま》婚きかねて　遠々し　高志《こし》ノ国に賢《さか》し女を　在《あ》りト聞かして　麗《くは》し女を　在りト聞かして　さ求婚《よば》ひにあり発《た》たし　求婚ひに　あり通はせ（下略）。

ここではヤチホコノカミが、賢く美しい女性がいるとうわさを聞いただけで求婚をしに出かけている。そして後者は、気の向いているあいだだけ続く（好きになったら一緒になり、いやになったら別れる）という当時の対偶婚の特徴と関連している点は、いうまでもないであろう。

以上が古代の恋愛の特徴の主なものである。そしてこれらの特徴は、当時まだ家父長制家族が成立しておらず、婚姻も対偶婚の段階にとどまっていた点、したがって、男女の関係が対等であった点と関連している。つまり当事者にとって本当に望ましい恋愛は、男女対等性の上にしか開花しないのである。

2　女性による自分の結婚……性関係決定権・求婚権・離婚権の保持

古代の結婚が対偶婚段階にあり、その特徴の一つが、気の向くあいだのみ続く結婚という点にあったことは前述した。そしてこの特徴は、男女ともに、たがいに好きになれば結婚し、いやになれば離婚できることを意味するので、当時の男女は、ともに自分の結婚＝性関係を自分で決めることができ、離婚することもできたといえるのである。

このようなあり方は、現在の状況と一致しているので、一見当たり前のような気がする。しかし中国、インド、ギリシャ、ローマのような他の古代社会では、すでに女性の結婚の決定は家父長の権限に属し、女性は家父長である父の許可のない限り、自分の好きな相手と結婚することができず、またどんなに夫がいやでも、新たな家父長である夫の許可のない限り、自分から離婚できなかった。このことを考えると、日本古代のこのようなあり方は、特異なものである点がわかる。

女性が自分の結婚を決めている例には次のようなものがあり、これらの例には、女性が自分の結婚を自分で決めているありさまがえがかれている。

［史料6『古事記』上巻］

（「大国主神」の兄弟八十神が八上比売の所へ求婚しに行った時）於是《ココに》、八上比売、八十神に答へて言ひしく、「吾《あ》者《は》汝等之言は聞《き》か不《じ》。大穴牟遅神《おおあなむぢのかみ》に嫁《とつ》が将《む》」といひき。

（ヤガミヒメは「私はあなたたちのいうことは聞きません。オオナムチノカミ〔大国主命のこと〕と結婚しようと思いま

す」といった）

〔史料7『日本霊異記』中―八〕

（蝦《かえる》を飲みこもうとしている蛇に対し、蝦の命を救おうとした置染臣鯛女《おきそめのおみたひめ》は）大きなる蛇に誂《あとら》へて（たのんで）曰はく「是の蝦を吾に免《ゆる》せ」といふ。免さ不《ず》して猶飲む。亦誂へて曰はく「我、汝が妻と作《な》らむが故に、幸《さいはひ》に吾に免せ（自分に対して、釈放してくれれば幸いである）」といふ。

ところで女性による結婚＝性関係の決定権の保持といった時、それは当然女性による求愛・求婚権の保持をふくむはずである。なぜなら女性が本当の意味で自分の結婚＝性関係を決めることができるためには、ただ受動的に男性からの求愛・求婚をまつのではなく、自分の方から積極的に好きな男性に働きかけることができる必要があるからである。そして事実、古代の女性は結婚＝性関係決定権とともに、求愛・求婚権を保持していた点は、次にあげる諸史料によく示されている。

〔史料8『丹後国風土記』逸文浦嶼子条〕

女娘《をとめ》、語りけらく、「賤妾《やつこ》が意は、天地と畢《を》へ、日月と極《きは》まらむとおもふ。但、君は奈何《いかに》か、早《すみや》けく許不《いなせ》の意を先《し》らむ」といひき。嶼子《しまこ》、答へけらく、「更に言ふところなし。何ぞ懈《おこた》らむや」といひき。

（おとめがいうには「私の気持ちはあなたと永久に一緒にいたいと思う。あなたの気持ちはどうですか。イエスかノーか知りたい」といった。嶼子は答えて「それ以上いうことはありません。あなたのことを愛する心にゆるみはない」といった）

〔史料9『日本霊異記』上―三二〕

（従三位粟田朝臣《あわたのあそん》の女が）乃ち東人《あづまびと》（自分の病気を治してくれた男）に愛心を発し、終に交通《とつ》ぐ（結婚した）。

史料8は浦島太郎の話の元になったもので、「をとめ」（実は神女）が嶼子を好きになり、求婚した部分の引用だが、このの5神女は嶼子を自分の家につれ帰り、二人はそこで結婚生活を送っている。このような史料にみられる女性からの積極的求婚のあり方は、現代女性のそれを上まわっているといえよう。

なお女性から離婚している例は、古代では結婚と離婚の境目がはっきりしないので、史料をみつけにくいが、女性が自分のところに通ってくる夫（当時の結婚が「妻問《つまどい》」からはじまる点は後述）や恋人を追い帰している、次の史料10のような例の存在は、女性による離婚権の保持をよく示すと考える。なぜなら夫に対し、一時的な性結合を拒否できる女性は、夫への永久的拒否（離婚）もできると考えられるからである。

［史料10『万葉集』］

ぬばたまの昨夜《きぞ》は還《かへ》しつ今夜さへわれを還すな路の長道《ながて》を　（七八一番）

（昨夜はあなたのところへ通っていった私を、逢わずに帰したが、どうか今夜は帰さないで下さい、長い道を通っていくのですから）

このような古代女性の保持していた結婚（性関係）決定権、求婚権、離婚権は、のちにみるように家父長制家族と単婚の成立にともない失われていくのである。

3　女性の合意を前提とする性結合の慣行……強姦の不在

好きになれば一緒になり、いやになったら別れるという対偶婚の特徴は、前項でみたような状況をもたらすのだが、女性が自分の結婚・離婚を自分の意向で決められた、つまりいやな相手は拒否できたということは、当然当時の性結合は、男女双方の合意の上でおこなわれたことを意味するはずである。このことは別のいい方をすれば、古代では女性の意向を無視した性結合＝強姦《ごうかん》は存在しないということである。
そこで古代では本当に強姦がなかったのかみてみよう。古代での強姦の不在は、第一にそれを示す史料が存在しない点からいえる。すなわちともに仏教説話集である、九世紀初頭成立の『日本霊異記』と一二世紀初頭成立の『今昔物語集』をくらべると、後者には何例かみられる強姦例が、前者には一切存在しないのである。
強姦不在の第二の根拠は、女性が、自分の意向に反する性結合を拒否している史料が多くみられる点で、その代表的なものとして次のような史料がある。

［史料11『播磨国風土記』宍禾《しさは》郡安師《あなし》里条］
伊和大神《いわのおほかみ》（は安師比売《あなしひめ》の神に）、娶誂《つまどひ》（求婚）せむとしましき。その時、此の神、固《かた》く辞《いな》びて聴かず（固く拒否して伊和の大神の求婚をきかなかった）。ここに大神、大《いた》く瞋《いか》りまして（ひどくおこって）（下略）。

［史料12『右同』託賀《たか》郡都麻《つま》里条］
都太岐《つたき》といふは、昔、讃伎日子《さぬきひこ》の神、冰上刀売《ひかみとめ》を誂《つまど》ひき（求婚した）。その時、冰上刀売、答えて「否《いな》」といふに、日子神、猶強《し》ひて誂ひき（その時冰上刀売はいやだといったのに、日子神はなお強引に求婚した）。ここに冰上刀売、怒りていひしく、「何の故に、我を強《し》ふるや」といひき。即ち、建石命《たけいはのみこと》を雇ひて、兵を以ちて相闘ひき。ここに讃伎日子、負けて還り去《い》にしく（立ち去る際に）、「我は甚《いた》く怯《つたな》きかも（私はとてもよわいなあ）」といひき。故、都太岐《つたき》といふ。

なお右のような一般的慣行とは別に、外国との武力衝突の際には、女性の意向に反した性結合がみられた。

［史料13『日本書紀』欽明天皇二十三年七月是月条（巻一九）］
（日本と新羅《しらぎ》の戦闘の際、夫河辺臣《かはへのおみ》と共に出陣した甘美媛《うましひめ》が、捕虜となった夫の生命と引きかえに新羅の将に渡され、新

羅の）闘将遂に露《あら》わなる地にて其の婦女（河辺臣の妻）を奸《おか》す。

そしてこのような例外的場合を突破口として、次の時代での強姦があらわれはじめる。

4　必ずしもとざされていない人妻の性……姦通の不在

単婚以前の婚姻である対偶婚のもつ一つの特徴は、排他的同棲の欠如だが、これは、配偶者がたがいに相手以外の異性と性関係をもつことをさまたげないことを意味する。そして夫にとっては、いつの時代でも妻以外の女性との性関係は許されていた（たとえば妾をおく、性を売る女性を買う）ので、ここで重要なのは、妻の性が夫以外の異性に対してとざされていなかった点である。このような状況は、古代よりのちには、妻の性が完全に夫の管理下におかれ、もし夫以外の男性と性関係をもつと、社会的制裁の対象とされたあり方と対照的である。

古代での人妻の性がとざされていない状況を示す史料をみると、まず人妻に夫以外の男性が通っている場合がある。たとえば『伊勢物語』一五には「むかし、みちの国にて、なでうことなき（平凡な）人の妻に通ひけるに」とあり、また『大和物語』一二四では平貞文《さだふん》と藤原国経《くにつね》妻が「あひちぎる（男女の交りをする）ことありけり」とされている。

なお人妻との性関係そのものではないが、『万葉集』には人妻への性関係の要求があからさまにおこなわれている様子がえがかれている。たとえば三四七二番歌には「人妻と何《あぜ》か其をいはむ然《しか》らばか隣の衣《きぬ》を借りて着なはも」（人妻だからだめだと、どうしてそれをいうのだろう。それでは隣人から衣を借りて着ないのだろうか〔借りて着るではないか、だから人妻と共寝してもいいではないか〕）とうたわれており、人妻との共寝が隣人から衣類を借りるのと同じ気軽さでとらえられている。

なお『万葉集』の、人妻をうたった歌の中で注目すべきは、人妻を「妹《いも》」と呼びかけている例が三例みられる点である。いまそのうちの一例をあげる。

［史料14『万葉集』］

おぼろかにわれし思はば人妻にありといふ妹に恋つつあらめやも　（二九〇九番）

（いいかげんな気持ちで、私があなたのことを思っているのだったら、すでに人の妻である妹を、どうして私は恋しつづけているであろうか）

この史料で問題になるのは、この歌をよんだ男性が、相手の女性＝人妻を「妹」と呼んでいる点である。当時の「妹」は「結婚の相手として決まった女、妻、男が訪婚して結婚することを許した女」を意味している。したがって右の歌には、ある男性の妻である女性が、同時に他の男性の妹である関係（少なくとも性関係をもつ固定的相手である関係）がみられる。それは古代の妻の性が、とざされていない状況をはっきりと示すのである。

このように人妻の性がとざされていない事実は、当時の社会に姦通が存在しないことを意味する。この点を示すのが『日本霊異記』中―一一と、それを再話した『今昔物語集』一六―三八の比較である。

［史料15―①『日本霊異記』中―一一］

（自分の妻と僧との関係を疑った一人のわるものが）「汝、吾が妻に婚《クナカヒ》ス。頭《かしら》罰《う》ち破《わ》らる可《べ》し。斯《いや》下しき法師なり」といふ。

（「お前は私の妻と通じたな。そんな奴は頭を打ち割られて当然だ。品性の卑しい法師だな」といった）

［史料15―②『今昔物語集』一六―三八］

（夫が僧に対して）「汝ハ此レ、我ガ妻ヲ婚《トツガ》ムト為《ス》ル盗人法師也。速ニ、我レ、汝ガ頭《カシラ》ヲ可打破《ウチワルベ》シ」ト詈《ノリ》テ（下略）。

この二つの史料のうち、前者では妻と関係した相手（ただしこれは実際は誤解であった）への非難が、単に「斯《い》下《や》しき法師」とされ、道徳的な非難にとどまっている。それに対し、後者ではそれが「盗人法師」とされており、そこではははっきりと妻の相手は盗人、つまり夫の所有物たる妻の性を盗んだと意識されているのである。

このように、妻の性関係への非難が道徳的なものにとどまる前者では、いまだ姦通という考え方が成立する余地がなく、したがって、妻の相手を「盗人」と意識することは不可能である。それに対し、後者では、同じことが、盗み＝夫の所有権への侵害ととらえられている。したがって、そこでは当然、所有権を侵害した人間への処罰がおこなわれるのである（その具体的状況は次の項でみる）。

5　対偶婚から単婚へ

前項までにみたさまざまな事象は、対偶婚から単婚への移行（家父長制の不在からその成立への移行）にともない消滅し、別の事象があらわれる。この移行は貴族・豪族層では、九世紀（とくに中頃）から一〇世紀初めにかけておこなわれ、一般庶民層でも一二世紀初頭には、単婚が成立したと考えられる。そこで以下、単婚の成立にともない、前項までにみた状況が、どのように変わったのかをみていこう。

まず恋愛がそのまま性関係になるあり方は、女性の性が家父長の管理下におかれることにより消滅する。また恋愛がそのまま結婚になる状況も、存在しなくなる。このことをよく示すのは、貴族層での儀式婚の成立で、結婚は一連の繁雑な儀式により、その開始が社会に対して公けに示されるようになる。そして儀式婚の成立は、結婚が永続きするものへと変化したことを示す。なぜなら儀式により結婚の開始を社会に公けに示すことは、その結婚が永続きすることを前提としているからである。

なお素朴でおおらかな性愛のあり方も、単婚＝家父長制の成立によって男女対等性が失われることにより消えていく。本当に美しい性愛は、前述のように男女対等性の上にしか成立しないからである。

女性が自分の結婚（性関係）を決め、自分の方から求婚し、離婚できる状況も、単婚の成立にともないなくなる。単婚の下では女性の結婚を決めるのは家父長であり、このことはさきに述べた儀式婚の儀式が、「けしきばみ」（娘の父ないし後見者への求婚）から開始されることによく示されている。

また女性からの求婚（ないし求愛）は、この期には社会常識に反すると考えられるようになる。『今昔物語集』一四―三では、女性からの積極的求愛は「然レバ、女人ノ悪心ノ猛キ事、既ニ如此《カクノゴト》シ、此ニ依テ女ニ近付ク事ヲ仏強《アナガチ》ニ誡《イマシ》メ給フ」と記されており、仏教での女性罪業観《ざいごうかん》と結びつけて非難されている。

離婚についても、当時の離婚は男性からおこなわれており、女性からの離婚は困難であった。それを示すのが、女性が尼になることによる離婚の場合である。当時既婚女性による出家は、結婚の解消を意味したが、夫生存中の妻の出家は、夫の許可なしにはおこなうことはできなかった。このことは、離婚が夫の許可なしにはおこなうことができなかったことを物語っている。

次に女性の合意を前提とする性結合の慣行も、単婚下ではくずれていき、強姦が出現する。たとえば『今昔物語集』二九―二二では、野中にある寺まいりに出かけた女性が、出会った男に着ている衣類をはぎ取られ、強姦されており、同書には同じような話がいくつかみられる。

対偶婚下でみられた、人妻の性がとざされておらず、人妻が夫以外の男性と性関係をもったとしても、それはせいぜい道徳的非難にとどまっていた状況も、単婚下ではなくなり、人妻の性関係は社会的に制裁されるようになる。

姦通の成立を最初に示すのが、「みそか男」という姦通を示す言葉の出現である。たとえば九五一年成立の『後撰《ごせん》和歌集』一三〇〇番歌には「神無月のついたち頃、妻のみそか男したりけるを、見つけて」とある。このような姦通を意味する言葉の発生は、人妻の性関係が、新しい言葉の成立を必要とする、新たな社会的関係へと変化したことを示し、ここに姦通という概念が発生するのである。

この姦通に対する制裁は、貴族社会では一般庶民層にくらべて緩やかだが、前引『後撰和歌集』の場合、妻の姦通は離婚をひきおこしている。また『今昔物語集』二八―一二でも、姦通した殿上人の妻は、夫から「ヤガテ其ノママニ、家ニモ不行《ユカズ》シテ絶《タエ》ニケリ」という仕打ちをうけている。したがって姦通は夫による妻の離婚に終わっているのである。

しかも貴族層の場合には、妻の相手に対する暴力の発動をともなわなかった姦通の制裁は、一般庶民層の場合には、より厳しい暴力をともなってあらわれる。『今昔物語集』二六―四では、妻が「蜜《マ》〔密〕男《ヲトコ》」をしていると誤解した「下衆《ゲス》」の男は、相手の男性を刀で刺し殺そうとしている（ただしこれは夫の誤解であった）。また同書二六―二二では「雑色《ザフシキ》」の夫が、妻の「間男《マヲトコ》」を刺殺している（ただしこれは別人であった）。

このような例は、「下衆」や「雑色」のような一般庶民のあいだにおいて、妻の姦通は、相手男性を殺害してもいいという社会慣行が成立していた点を示している。前引『今昔物語集』二六―四例において、夫は、相手の男性が「若《モシ》人違《タガヘ》シタラムハ極メテ不便《フビン》ナルベキ事カナ」（もし人違いだったらとても面倒なことになる）と思い刺殺を中断しているが、このことは刺殺するのが妻の姦通相手であったら「不便」でないことを示す。ここからこの層では、姦通相手の殺害が社会的に承認されていたと考えられるのである。

このように対偶婚下にみられたさまざまな事象は、支配者層と一般庶民層では時期はすこしずれるが、単婚に移行すると消えるのである。

第二節　家族

1　古代の法制上の家族

律令国家は、その支配領域内の人々を把握するために、国―郡―里《り》という地方行政制度を作り、さらに人々を戸主を統率者とする「戸《こ》」に編成し、里に五〇の戸を所属させた。このような戸を里単位にまとめて作成された文書が「戸籍」である。そして、実は七〇二年（大宝二）作成の戸籍をはじめ、当時の戸籍（さらには計帳《けいちょう》）が、幸運なことに約一三〇〇年もたった現在にいたるまで伝わっている。いま、そのなかから七〇二年筑前国嶋郡川辺里の戸主物部細《もののべのほそ》の戸の家族構成を復元し、図示すると次頁の通りである。

八世紀初めの戸籍に記された物部細の戸は、この復元図からわかるように、妻と妾《しょう》（ただし当時実際には妻と妾の区別は成立していない）とのあいだに生まれた成人の息子は、すべて妻およびその所生子とともに、生家（自分の父母）の戸籍に付されており（なお未成年の息子・娘も生家の籍に付されている）、逆に成人の娘は一人もこの戸籍には付されていない。このことは、すくなくとも物部細の場合には、結婚した息子はすべて生家にとどまり、子どももそこで育てるのに対し、娘はすべて結婚すると夫の生家に入り、そこで子どもを産み育てるという居住形態をとっていたことを意味する。

このように息子たちが結婚後も妻子とともに父母と同居し、娘たちは嫁出して夫の生家に入る家族は、社会人

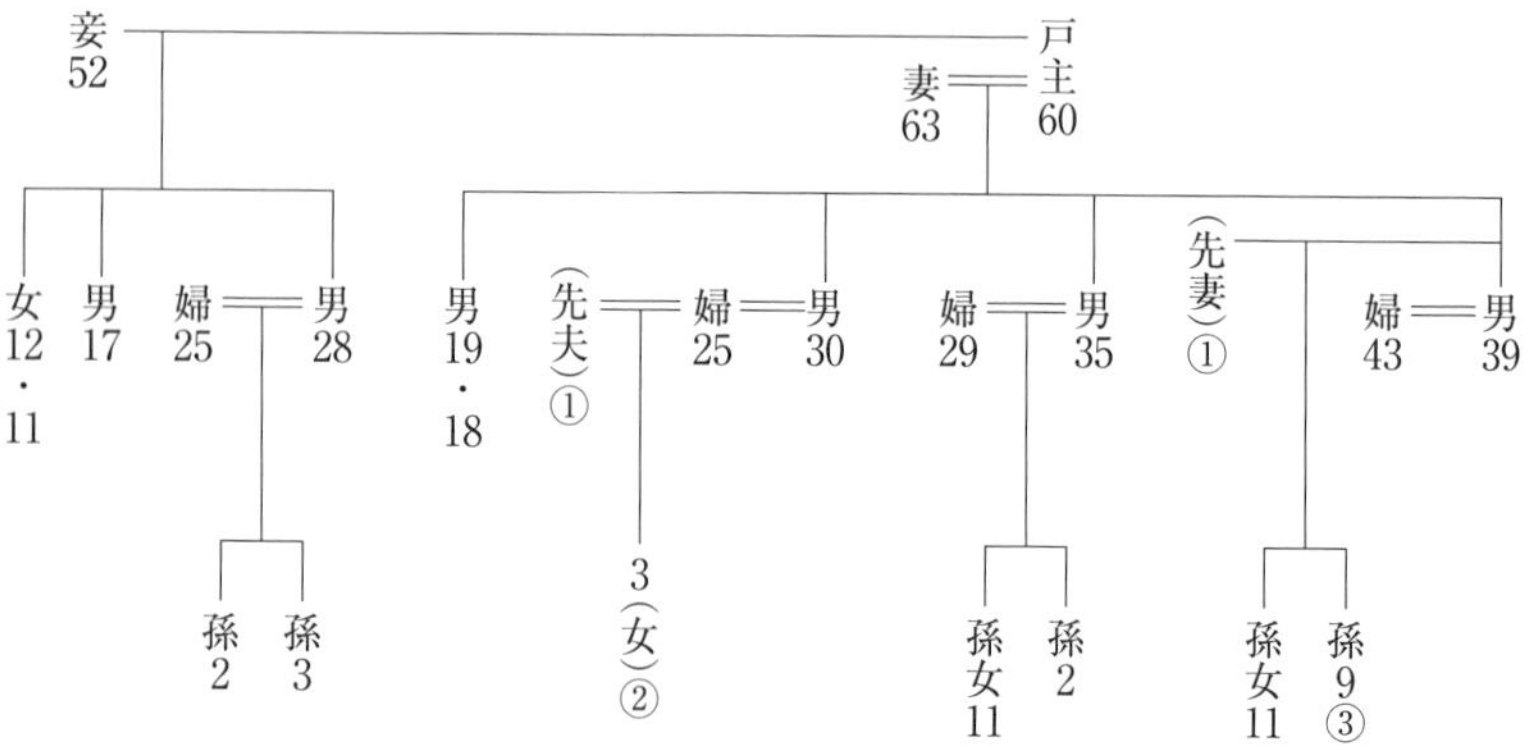

復元図Ⅰ　物部細の戸の家族構成

注①：（　）内の先妻・先夫は当籍に付されていない。
　②：三歳の先夫の娘は親族名称を欠く。
　③：孫とは内孫（息子の子）のことである。

類学上、父系合同家族と呼ばれている。したがって戸籍に記載されている戸が、当時の家族の実態そのままを記録したものだと考える研究者は、日本古代の家族を父系合同家族と考えていることになる。この説は、戸実態説＝父系合同家族（この家族の構造は次の頁参照）説ということができよう。

　ところでこのような説に反対して出されたのが、「戸」を国家により編成された法的団体と考える説である。この説は、日本の歴史上、古代の戸籍にみられるような大家族が存在したことはなく、後世の家族として日本人になじみの深い小家族が、古代からすでに存在したのだとして戸実態説を批判する。この説は日本人になじみのうすい大家族説を感覚的に拒絶し、小家族＝父系直系家族（この家族の構造は次の頁参照）を古代にまでさかのぼらせたという以上のものではない。このような説は戸擬制説＝父系直系家族説ということができよう。

　なお父系合同家族、父系直系家族の略図を次頁に掲示しておく（のちの参考のため母系合同家族、母系直系家族の場合もあげておく）。

　ところで「戸」について見解を異にするこの両説は、古代の家族が父系家族と考える点では共通する。そしてこのような父系家

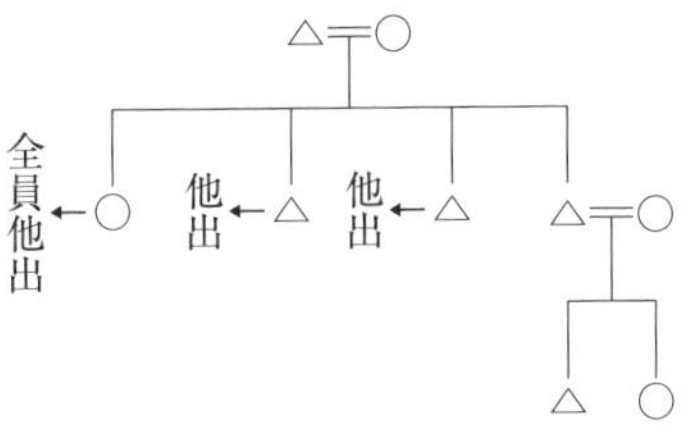

父系直系家族

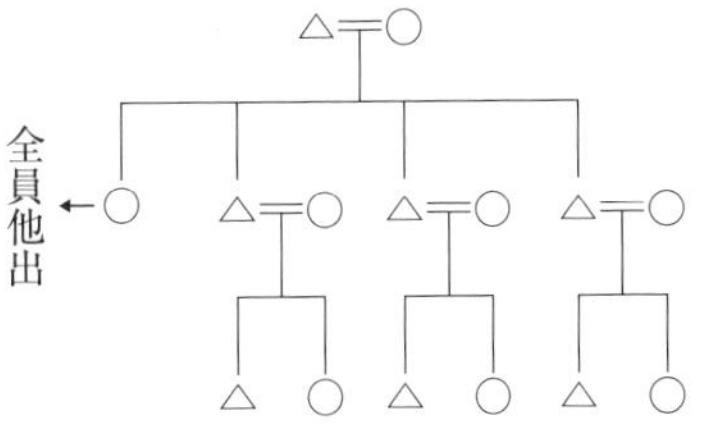

父系合同家族
（△は男、○は女、一応息子三人とする）

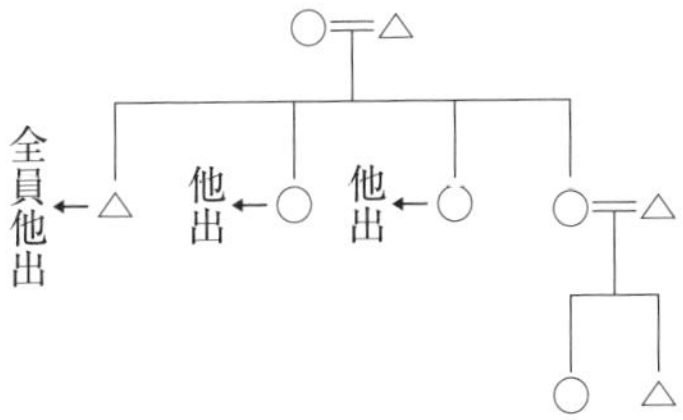

母系直系家族

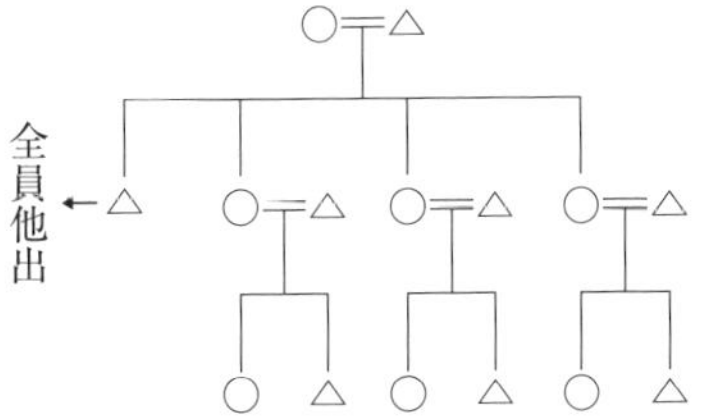

母系合同家族
（一応娘は三人とする）

族説を全面的に否定し、当時の家族を母系血縁紐《ちゅう》帯《たい》により結ばれた、母系家族であるとしたのが高群逸枝であった。高群説は、平安貴族の日記から復元される、家族と婚姻についての実証的研究だが、高群は戸籍の戸の記載自体からも母系家族の存在の証明を試みる。

高群はまず、当時の戸籍には、成人後も独身のまま生家の籍に付されている男女（独籍）や、乳幼児をふくむ子の記載はあるのに、配偶者の記載を欠く男女（片籍）の割合が、配偶者と一緒に記載されている男女（同籍）にくらべて非常に多く、しかもその割合が、時代が下るほど増加する点に注目する。そしてこのような現象は、当時の母系家族を父系家族に書き変えた結果で、八世紀初めの戸籍ほど同籍率（妻を夫の籍に付す割合）が高く、のちの時代ほどそれが低くなるのは、律令制実施直後の国家による強い要請の結果だとするのである。

そこでこのような高群説を、戸籍に記載された戸

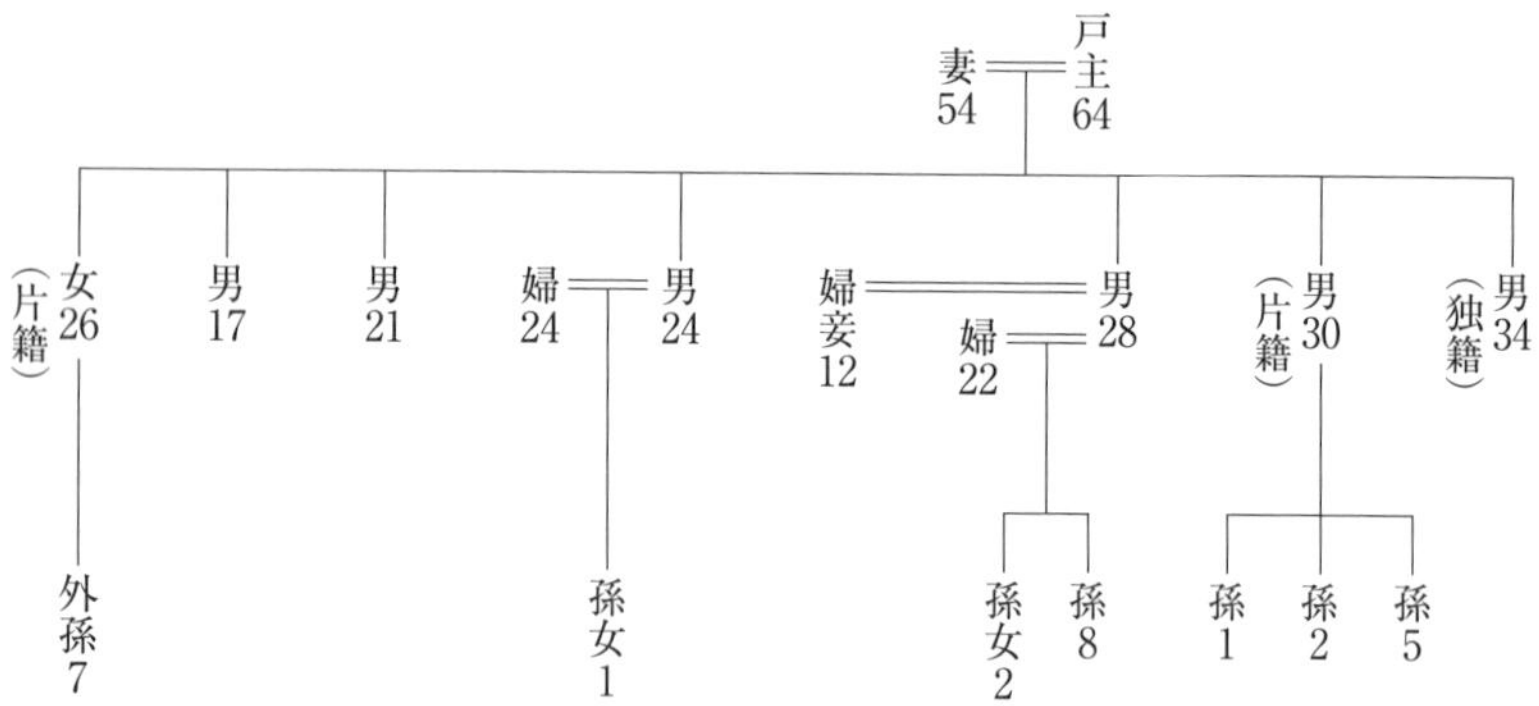

復元図Ⅱ　物部牧夫の戸の家族構成

について具体的に検討してみよう。そのための材料は、前引物部細と同じ大宝二年筑前国嶋郡川辺里戸籍に付されている戸主物部牧夫《ひらぶ》戸である。この戸の家族構成を復元し、図示すると上の通りである。

この戸籍のうち、三四歳の独籍の男性は、成人ののちも未婚ないし離婚している場合、妻のいない三〇歳の片籍男性は、子どもを残して妻が死んだか離婚した場合、二六歳の片籍女性は、夫と生死別して子連れで実家に帰った場合と解釈することもできなくはない。しかしそう解するにはこれらの例はあまりにも多い。さらには時代の下る戸籍（計帳）ほど、独籍、片籍は増加し、逆に同籍率は減少する。このことを考えると、高群のいうように、「戸」から復元される父系合同家族、ないしは父系家族は、当時の家族の実態を示していないといえる。

このように、当時の国家により法的に規定された「戸」は、たしかに父系合同家族的な家族を示す。しかし当時の実際の家族は、それとはことなるものであったと考えられる。では当時の実際の家族は、高群の主張するような母系的家族なのであろうか。これについては最近、古代の家族は、父系、母系双方の紐帯が機能しているものであったとする双系家族説も提出されている。そこで次に、当時の実際の家族がどのようなものであったかをみていこう。

2　日本古代の家族の実態

古代家族の実態を考えるために、最初に当時の婚姻居住規制（結婚した夫婦がどの場所に住むかについての規則）について考察したい。なぜならこの婚姻居住規制が、家族のあり方を決めるからである。古代において「妻問」という結婚の形が広くおこなわれた点は、よく知られている。この「妻問」とは、夫と妻が昼間は自分の家で暮らし、夜になると夫が妻の家に通い（妻が夫のもとに通う場合もあった）、子どもは妻の家で成長するというもので、普通「訪婚《ほうこん》」「通《かよ》い婚《こん》」といわれるものである。しかし古代の夫婦は一生通い婚をおこなったのだろうか。

『日本霊異記』には夫婦同居の例が多く出てくるので、古代でも夫婦は通い婚ののち同居したと考えられる。問題は、その同居が夫方居住（夫婦が夫の生家〔本拠地〕に住む）、妻方居住（夫婦が妻の生家に住む）、独立居住（夫婦が夫家〔方〕でも妻方でもない場所に住む）のいずれであるかで、「戸」がすべて夫方居住を採用している点は、復元図1・Ⅱから明らかである。しかし古代では、一部で夫方居住が採用された場合をのぞくと、『日本霊異記』に例が多くみられる、妻方居住が主流だったと考えられる。いま通い婚から妻方居住に移行した例として同書中―三四をみることにしよう。

［史料16『日本霊異記』中―三四］

（両親の生存中は裕福で、両親死後は落ちぶれた娘のもとに男が求婚して通ってくる。娘は）壮《おとこ》と交わる（結婚する）。明日終日《あくるひひねもす》に雨降りて止ま不《ず》。①雨に障《さは》りて避《さ》ら不《ず》して三日留《とど》まれり。（結局この夫婦は）②本《もと》の大きなる富を得、

……夫婦夭《なかなかになりぬること》無《な》く、命を全くし身を存《なが》へき。

右の史料中、傍線①では雨がふったために男は自分の家に帰ることができず、三日間妻の家に滞在したと記さ

れているので、この夫婦の結婚が、通い婚で開始されたことがわかる。また傍線②では、この夫婦が「本《もと》の大きなる富」をえることができたと書かれているが、この「本《もと》の大きなる富」とは、当然、娘の両親の生存中の莫大な富を意味する以上、この夫婦は妻の家に住んでいて、その家で妻の両親が実現していた富を回復したとしなければならない。なぜならそう考えないと「本《もと》」の意味が生きないからである。なお当話を再録した『今昔物語集』一六―八では「其ノ後《ノチ》、夫婦《メオト》トシテ此ノ家ニ住テ大ニ富メル事、祖《オヤ》ノ時ノ如シ」と記されており、この夫婦が妻の家に住みつづけたことが明記されている。このことは、当話での通い婚が結局妻方居住に終わった点をいっそうはっきりと示すのである。

このように『日本霊異記』からは、当時の一般的婚姻居住規制として、通いをへた妻方居住婚のおこなわれた点がいえると考える。そしてこのような婚姻居住規制が一人の娘によりおこなわれると、そこには母系直系家族が成立し、複数の娘によりおこなわれれば母系合同家族が成立することになる（この点、前述の母系合同家族、母系直系家族の略図参照。複数の娘が夫とともに生家に住む＝妻方居住をおこなえば、母系合同家族になり、一人の娘がそれをおこなえば母系直系家族になる）。

ところで右のような家族は、妻方居住婚が結婚生活の終了時まで続けられれば成立するはずである。しかし、古代の史料からわかる家族は、実は現在の核家族に近い小家族であり、このことは『日本霊異記』にあらわれる家族が、ほとんど夫婦とその所生子からなる点からいえるのである。

この二つの対立する事象をともに生かすためには、通いをへて妻方居住に移行する婚姻居住規制が、さらに妻方居住から独立居住に移行したと考えればよい。なぜなら妻方居住をおこなった娘が、その後独立居住に移るとすれば、それは結局、娘の親夫婦、娘たちの夫婦が、最後にはそれぞれ夫婦単位にまで分裂することを意味するはずだからである。八、九世紀には残念ながらこのような移行を示す史料は存在しないが、実は高群による一〇世紀以降の貴族の婚姻居住規制をふくむ家族についての考察には、このような移行が実証されている。

高群によれば一〇世紀以降の平安貴族は、通い婚を残しながらも、一人の娘に婿取り（妻方居住婚）をするのが一般的婚姻のあり方である。しかしこの婿取りは、決して娘の親夫婦と娘夫婦の永続的な同居を意味しない。この二組の夫婦は親夫婦が娘夫婦に邸宅をゆずり去る、娘の両親が娘夫婦に新居をあたえる、夫が新居を用意する、などのいずれかの方法でその居住を分裂させるのである。そして婿取りをする一人の娘以外の娘は、高群によれば、初めから新居居住をおこなうとされるのである。

以上の婚姻居住規制を家族についていいなおすと、一人の娘の婿取りにより形成される一時的母系直系家族が、核家族にまで分裂するとともに、他方ではそれ以外の娘たちによる、初めからの核家族が併存したことになる。なお高群は、当時一般的形態である一人の娘への婿取り以外に、複数の娘への婿取りもおこなわれていた点をも指摘している。このような複数の娘による婿取り＝妻方居住婚は、当然母系合同家族を成立させるが、この家族がその後どのような推移をたどるのか、高群は関心をはらっていない。

そしてこの点を考察したのがウィリアム・マカラであり、その考察によれば、娘の親夫婦と複数の娘夫婦の同居は、何年かのちにはそれぞれ独立し、結局最終的には、個々の夫婦単位にまで分裂するのである。このような家族のあり方は、一時的な母系合同家族をへて核家族にいたるものといえるであろう。

したがって高群の婚姻・家族の考察に、マカラによる研究成果をくわえると、一〇世紀以降の貴族の家族は、一時的に母系直系家族ないし母系合同家族をへた核家族、および初めからの核家族の併存で、これらの核家族は、その子どもが成長すると、再び一人ないし複数の娘に婿取りをして、母系直系家族ないし母系合同家族へと成長する一方、初めからの核家族の放出もおこなうというサイクルをくりかえすのである。

そしてこのような家族が八、九世紀に庶民層をふくめて一般的に存在した点は、前述の婚姻居住規制や核家族の普遍的存在からいえるのである。そしてこれらの事実に加えて、八、九世紀においては、家族を結びつける血縁紐帯が父系より母系の方が強かった事実を考えると、この点が一層確かにいえるのである〔十一〕。この母系紐帯が父系のそれより強い事実は、当時の人々が国家的負担などをのがれるために、血縁者同志でグループをつくって「逃亡」をおこなう際、母―娘、姉―妹の結びつきがその血縁紐帯の中心をなしていたところからいえるのである。

3　家父長制家族の未成立

家父長制家族とは、家父長が、家族の財産を所有ないし統轄することを基礎として、妻、子ども、隷属的家族員を支配する家族である。このような家族のもとでは、女性は当然財産を所有することはできないが、日本古代では女性も、男性とおなじように財産を所有することができた。この事実は、現代では女性も財産を所有できるので、特別なこととは思えないかもしれない。しかし、中国などの他の古代社会、ないし同じ日本の歴史の上でも、敗戦により新民法が施行されるまでの旧民法下までは、女性は原則として財産所有に関われなかった。このことを考えると、女性による財産所有は非常に注目すべきことなのである。いまこのような女性による財産所有を示す例として『日本霊異記』下―二六をあげよう。

〔史料17『日本霊異記』下―二六〕

田中《たなかの》真《ま》人《ひと》広虫《ひろむし》女《め》は、讃岐《さぬき》の国美貴《みき》の郡の大領、外《げ》従六位上小屋《をやの》県主《あがたぬし》宮手《みやて》が妻なり。八《やたり》の子を産み生《な》し、富貴にして宝多し。①馬牛・奴婢《ぬひ》・稲銭・田畠《たはた》等有り。天年《ひととなり》道心無く、慳貪《けんどん》にして給与すること無し。②酒に水《すゐこ》を加へて多くし、沽《う》りて多《おほ》くの直《あたひ》を取る。貸す日は小《ちさ》き升《ます》にて与《あた》へ、償《つくの》ふ日は大きなる升にて受く。出挙する時は小き斤《はかり》を用ゐ、大きなる斤にて償ひ収む。息利《イラシモノ》を強ひて徴《はた》ること、太甚《イトはなは》だし。非理に或《あ》るは十倍に徴り、或《あ》るは百倍に徴る。債《もののかひ》を人より渋《シブ》り取りて、甘心を為《な》さ不《ず》。多《あまた》の人方《まさ》に愁へ、家を棄て逃《のが》れ亡《に》げ、他国に跉跰《サスラ》フルこと、此《こ》の甚《はなは》だしきに逾《す》ぎたるは無し。（読み下しは日本古典文学大系による）

右の史料の傍線①をみると、大領《たいりょう》（郡の長官）の妻たる女性は、当時の基本的財産である馬、牛、奴婢、稲、銭、田畠のすべてを、夫とは別に所有していることがわかる。しかもその財産がいかに莫大なものであったかは、ここでは引用していないが、のちに東大寺に寄進された大領妻の財産の一部が、「牛七十頭、馬三十疋《ひき》、治田《ちでん》（墾田《こんでん》）二十町、稲四千束」である点に示されているのである。

もちろん当時の女性がこのような莫大な財産をもつ場合はまれで、墾田一段を売っている女性（『平安遺文』八七号）はまだいい方で、ほとんどの女性は財産らしい財産をもてなかった。しかし重要なのは、古代の女性が所有権を保持していた事実なのである。

このような女性による所有権保持と密接に関連する事象に、女性の財産相続権の保持がある。当時の財産相続は、両親の所有する財産を、息子・娘がそれぞれ均分に相続するのが慣行と考えられる。そしてこのようなあり方は、家の継承にとって欠くことのできない基本的財産をのぞくと、中世にまでうけつがれるのである（したがって中世の女性も一応財産を所有できた）。

ところで右の財産相続権をふくむ女性による所有権の保持は、自分の所有財産を自分の考えで管理・運営する権利と結びついていた。このことは旧民法下での、男兄弟がおらず、父の財産をゆずられた女性が、いったん結婚すると、夫の許可なしには自分の財産すら処分できないあり方とくらべると、その重要性がわかると考える。そして女性によるこのような財産の運営を示す実例が、史料19〔17〕傍線②であり、ここでは大領妻が自分の財産の稲や、稲を加工した酒を、自分の考えで「出挙《すいこ》」（物を貸し、元利合計をその物で返させる、今日の高利貸のようなもの）し、さらに自分の財産をふやしている様子がえがかれているのである。

このように女性による所有権の保持は、当時の所有が男女個人単位におこなわれたことを意味する。そしてこのような所有形態こそが、当時の男女が容易に別れられる＝離婚できることの基礎であり、また前述来の結婚、性関係をめぐるさまざまな慣行をささえた男女対等性を保障したのである。

なお所有の単位が男女個人である点は、当時の家族がまだ経済的な単位となっていないことを意味している。そして事実当時の家族は、いまだ経営単位として自立しておらず、共同体のもつさまざまな機能に助けられて、やっと生産と生活を維持できるものであった。そして対偶婚のもつ、一緒になりやすく別れやすいという特徴は、このような家族の不安定性をいっそう促進し、その結果、当時の家族は、不安定で流動的なものにならざるをえず、固定性、永続性を欠くものだったのである。当時の家族が家父長制家族以前のものである点は、所有が男女個人所有というあり方をとり、家父長に集中していない点から、もっともはっきりといえるのである。

以上のように日本古代では、所有の男女対等的あり方に規定され、家父長制家族は成立しておらず、また婚姻も対偶婚段階にとどまり、そのことが結婚、性関係の男女対等性を保障していた。このようにみてくると、日本古代社会は、男女間に支配―服従の関係の成立していないユートピアであるかにみえる。そして事実、古代社会をそのようにとらえたのが高群であった。しかし日本古代社会では、男も女も律令国家の支配の下に庸《よう》や調《ちょう》のような重い課役を負わされて隷属させられていた。したがって、このような状況下での男女対等的あり方とは、男も女も政治的にまったく無権利の下での対等性だったのである（このような社会を普通「総体的奴隷制の社会」という）。

4　非家父長制家族から家父長制家族への移行

女性が男性とほぼ対等に所有権をもつことが、家父長制家族の成立を阻止した点は前項でみた。しかし、このような状況は、婚姻の場合と同じように貴族・豪族層では一〇世紀初め、一般庶民層では一二世紀初めあたりを画期として変化し、家父長制家族が成立する。それをもっともよく示す一例が、男女間の所有のあり方の変化である。この時代においても、女性が財産所有権を保持した点は、前述のように中世でのその存続からもいえるのだが、問題は、この時期に男女間の所有に大きな格差が生じ、男性の所有が女性のそれを圧倒している点である。

家父長制の成立を示す第二の点は、女性が徐々に経済的活動（経営）から排除されていく点である。このことは、女性が自分の財産を運用し、それをふやす機会を失うことを意味し、このことが男女間の所有の格差を広げる作用をするのである。したがってこの期の女性は、特別な場合をのぞくと、親などからの財産相続以外に所有を実現できなくなる。息子より娘に多く財産をゆずる親があらわれるのは、このような当時の状況による。

このように女性が経済活動からしめ出され、男女の所有に格差の生じている状況（家父長制家族の成立）を以下みていくが、ここでは一〇世紀後半の地方の豪族層の例を具体的にとりあげて考察したい。

［史料18『宇津保物語』「吹上（上）」］

（1）①コレハ、種松《たねまつ》が牟婁《むろ》の家《いへ》（中略）家《いへ》の内《うち》、四面《めん》八丁、築地《ついぢ》築きいれたり。②垣《かき》に沿《そ》ひて、一面《ひとおもて》に大《おほい》なる檜皮葺《ひはだぶき》の倉《くら》、四十宛《よそぢづゝ》建《た》て廻《めぐ》り、百六十の倉《くら》なり。これは、北方の御《み》私《わたくし》物、綾《あや》、錦《にしき》、絹《きぬ》、綿《わた》、糸《いと》、縑《かとり》など、棟《むね》と等《ひと》しう積《つ》みて（倉の天井にとどくほど一杯積んで）、とり納《ヲさ》めぬる倉《くら》なり。

（2）これハ、政所《まんどころ》（経営の中枢機関）。家司《けいし》（家政をつかさどる人間）ドも三十ばかり有り。家《いへ》どもノ預《あづかり》（各地の経営の拠点におかれた管理人）、百人ばかり集《あつま》りて、今年《ことし》の生業《なりはひ》、養蚕《こがひ》（かいこを飼うこと）すべきこと定《さだ》む。炭焼《すみやき》、木樵《きこり》などいふものども、集《あつま》りてたいまつれり。

（3）これは御炊《みかしぎ》。銀《しろかね》ノ脚鼎《あしがなへ》、同《おな》じ甑《こしき》して、北方《きたのかた》、ぬしのおもの炊《かし》ぐ。

（ここはご主人のための炊事場である。銀製の三本足の食物を煮る道具と米などを蒸す器で、奥方が主人の召し上がる物を煮たきしている）

（4）これは寝殿《しんでむ》。北《（きた）》の方居《い》給へり。朱《す》の台《だい》四して、かねの坏《つき》（食器の一種）どもして物《もの》ま卄る（食物をさしあげる）。御達《ごたち》（女房たち）十人、童《わらは》四人、〈下〉仕《づカヘ》四人あり。

（5）こゝハ〈主《アルジ》〉の〈種松《タネマツ》〉のぬしいまそかり。御前《おまへ》に男《ヲノこ》ども二百人許《ばか》り卄て、物いひなどす。

これは紀伊国（いまの和歌山県）牟婁《むろ》郡に住む、神南備《かみなび》の種松《たねまつ》という長者について記述されたものである。（2）の部分から、政所、家司がおかれ、いろいろな「なりわい」がおこなわれていることがわかる。ここから明らかなように、種松は各地に経営機関をおき、大規模な農業経営をおこなうとともに、手工業生産をもおこなう当時の典型的な地方豪族であった。なお（1）の傍線①には「コレハ、種松が牟婁の家」とあり、また（5）には、「こゝハ主の種松のぬしいまそかり」と述べられるとともに、経営管理者たる二〇〇人の男たちが、経営内容を種松に報告している。これらの点から、この大経営をおこなう家の主人が種松であるのは明らかである。

一方種松の妻である北の方は、（4）では女房以下によって食物供給を奉仕される存在、（3）では夫に対して食物の供給を奉仕する存在としてしかえがかれていない。したがって、ここでは夫は経営主、妻は夫に対し家事の奉仕者（ただし自身は女房などから奉仕される）と、その役割ははっきり区別されている。

ただし注目すべきは、妻が経営から排除されてはいても、夫とは別の財産を所有する人間としてえがかれている点で、（1）の傍線②には、夫の所有する一六〇の倉に対して、北の方はそれとは別の「御私物」の倉をもち、しかもそこには高価な絹織物が天井までぎっしりと納められているのである。

ここでは夫婦別産を前提とし、それを合わせて夫による経営がおこなわれ、その結果えられた収穫物は、両者の所有と経営への関与の度合いを考えて配分されたと考えられる。妻の「御私物」とは、このような妻の収穫〔物〕をもっとも高価で、かつかさばらない絹織物に替えて蓄積したものと考えられる。

このように財産は所有できても、経営から排除された女性は、もはや自分の財産をふやす機会をうばわれる。その結果、経営権を握り、それを自己の所有の拡大に利用できる夫と、それから排除される妻との所有の格差は決定的にならざるをえない。種松の一六〇の倉と妻の唯一の倉の差は、このような状況を象徴的に示している。

このように豪族層では経営は夫に握られ、それを基礎に夫の所有が妻の所有を圧倒しており、ここでは経営、所有いずれの面からも、家族は確固とした経済的単位となっている。したがってそこには、家父長がその所有を基礎に家族を支配、統轄する家父長制家族が成立しているといえるのである。

なお、このようなあり方が貴族層にも成立していた点は、すでに述べたように家父長による娘の結婚決定にその一端がみられる。また、一般庶民層についても家父長制家族の成立（家族の経済的単位化）は、一一世紀後半以降に成立する在家役《ざいけやく》（住屋、園宅地、畠地を統一的に把握して課された課役）の出現からいえるのである。

第三節　生活

古代の人々がどのように生活をし、出産、子育てをしたかを示す史料は、ほとんど残されていない。そのうち史料からわかるものとして、出産をめぐる慣行と性別分業を取り上げる。

1　出産をめぐる慣行

古代には、出産や育児に関する史料がほとんど残されていないが、そのうち出産に関する二、三の慣行がわずかながらわかる。その第一は産屋《うぶや》をめぐるものである。産屋とは魔除けのために、出産の際に特別に作る神聖な建物のことで、古くから産屋のあった点は『古事記』上巻に、イザナミノミコトが、私は一日に一〇〇〇人の人を殺そうといった時、イザナギノミコトが「汝《なんじ》しかせば、吾《あれ》一日に千五百の産屋を立てむ」と答えた点からわかる。

また『日本書紀』神代下第一〇段（本文）には、豊玉姫が夫に対し、「妾《やつこ》すでに娠《はら》めり……請《ねが》はくは、我がために産室《うぶや》を作りて相待ちたまへ」といった例（同じ話は『古事記』上巻にもあり、そこでは「産殿」と記されている）がある。また『古事記』上巻には、コノハナサクヤビメが子を産む際に八尋殿《やひろどの》を作り、その「殿の内に入り」出産した例も知られている。これらの例から日本では古い時代から子どもの無事な出産を願い、産屋を作ったことがわかる。

なお『日本書紀』景行天皇二年三月条には、大碓皇子《おほうすのみこ》と小碓尊《おうすのみこと》が双生児として生まれた時、父景行天皇は碓《うす》に向かって叫んだとの記事がある。中山太郎によれば、これは難産の時、妊婦の夫が臼を背負って家の周りを廻る習俗と関係があるとされている。

次に出産に関係のある習俗として胞衣壺《えなつぼ》の場合がある。これは縄文時代にすでにおこなわれている、胞衣（胎盤）を竪穴住居の南入り口などに埋め、それをまたぐことで子の無事な成長を祈った埋め甕《がめ》の慣行に由来すると考えられる。

古代の胞衣壺の実例としては平城京の宅地から発掘された例があり、そこでは壺に、和同開珎《わどうかいちん》、筆管《ひっかん》、墨挺《ぼくてい》などとともに、胞衣が入れられたと推定される例、和同開珎とともに「胎盤に類する動物体」が納められた例が知られている。そしてこの胞衣壺の埋められた場所も、建物の出入り口付近や建物の吉方たる北西、南東が多く、この点でも埋め甕の習俗をうけついでいるのがわかる。なお筆や墨が納められているのは、平城京に住む官人が、子ども（男児）の無事な成長と官人としての出世を祈ったものと考えられる。

ところで古代においては、右の胞衣壺例のように、すべての子どもの無事な成長が願われたとは限らない。古代、さらに広くいえば前近代では、生まれた子どもがすべて育てられるとは限らないのであり、親が育てると決めた子どもだけが生存を許されるのである。この点を示す史料は『日本霊異記』下―一九にみられ、そこにはいったん生まれた子を「山の石の中」に捨てた「夫妻」が、七日後にそこに行き「父母取りて、更に乳を哺《ふふ》めて養《か》ふ」という状況がえがかれている。

すなわち嬰児《えいじ》を捨てるか育てるかは、父母の意向により決められるのだが、実はここにも家父長制の不在が示されている。なぜなら、家父長制家族の成立している他の古代社会では、子の遺棄権（生まれた子を自分の家族の一員として育てるか否かを決める権利）はもっぱら家父長がもつのに対し、日本古代では父母がそれをもっているのである。なお、古代において子どもが捨てられた事実は、『続日本紀』天平勝宝八才〔歳〕（七五六）十二月乙未条に「是より先に恩勅有りて、京中の孤児を収集して衣粮を給ひて養はしむ」と記されている点からわかる。そこでは生まれたばかりの子、いったん育てることを決めた子どもの双方が、おそらく捨てられたのであろう。

2　古代での性別役割分担

どのような社会でも、多かれ少なかれ性による役割分担があり、日本古代では、女性は政治の世界から基本的にしめ出されていた点は先にみた。では生産労働や家族内の労働では、性によってどのような役割分担がおこなわれていたのであろうか。古代の生産労働において女性固有の仕事とされているのは、酒作り、土器作りであり、残された史料による限り、この二つの仕事は女性がおこなっている。しかしこれらの仕事は、のちには女性がおこなうことはタブー視され、女性が再びこれらの仕事に関われるようになったのは、最近のことである。なお繊維生産に関わるのも女性であり、糸つむぎ、織布をはじめ、染色、製縫もすべて女性の仕事であった。『万葉集』一二八一番歌には「君がため手力《たぢから》疲れ織りたる衣ぞ春さらばいかなる色に摺りてば好《よ》けむ」とある。

当時のもっとも主要な産業である農業においては、田植えから稲刈りにいたるまで男女が協力して労働に従事し、非自立的で不安定な自分たちの経営を何とか保とうと努力した。ただし田起しのような力仕事は男性がおこない、脱穀は「稲舂女《いなつきめ》」という言葉がある（『日本霊異記』上―二）ように、女性の仕事であった。また漁業においては網を使ってする漁法は男性、小舟での漁法や磯釣りは女性がおこなった。

なお、いま家事と呼ばれる家庭内の仕事は、古代でも女性が主におこなっていたらしい。なぜなら『日本霊異記』中―二七では「（女性が）彼《そ》の里の草津川の河津に至りて衣洗う」と記されており、同中―三四では、女性が夫のためにかまどで食事を作ろうとしているからである。なお同話には、夫が妻に「絹は飄《はや》く衣被《きもの》に縫ひ、米は急《すみやか》に酒に作れ」といっている箇所があり、先に述べた製縫、酒作りが女性の仕事である点がわかる。

なお当時の子どもの仕事についてもみておくと、草刈りは『万葉集』一二九一番歌に「この岡に草刈る小子《ワラは》……」とあるので男児の仕事、水汲みは『日本霊異記』上―九に「其の家の童女、水を汲みに井に趣《おもむ》く。……亦村の童女、井に集りて水を汲まむとして……」とあるので、女児の仕事といえる。

このような古代における性による分業、さらに広く性と年齢による分業のあり方をみると、力も技術もいる仕事は成人男性、男性ほどの力は要しないが、高度の技術のいる仕事は成人女性、子どもの力でもでき、技術もさほどいらない仕事は子どもという役割分担になっている点がわかる。そしてこのような性と年齢による分業こそ、生産力の低い古代社会においてはもっとも望ましい分業の形であった。女性の仕事である酒作り・土器作り・衣類に関するすべてのこと・食事作りは、いずれも特別な力はいらなくても、高度の技術がいる仕事であった。

このように考えると、古代の性的分業は決して男尊女卑の観点から決められたのではなく、生産性の低い古代での、もっとも合理的な分業の形であったといえるのである。したがって古代の女性が食事作り以下の家事をおこなっているのも、決して現代社会での、男は外、女は内という性別分業と同じものではなく、当時のもっとも合理的な力の配分の結果であった。

以上古代の恋愛、結婚、家族などをめぐるあり方は、男女個人による所有を基礎として、ほぼ対等であり、単婚・家父長制（家族）も未成立であった点をみた。また、このようなあり方が支配者層では一〇世紀初め、一般庶民層でも一二世紀初めあたりを画期として、男女対等性がくずれ、単婚・家父長制に移行した点をみた。したがって家父長制が日本の全社会をおおうのは一二世紀あたりが画期なのだが、この画期は日本の社会が古代から中世へと移行する画期でもあった。

普通「女性の世界史的敗北」（世界史的にみて女性が男性の支配下におかれること）は、古代からといわれているのだが、日本の場合、それは古代から中世への移行にともなっておこなわれた点がいえるのであり、この意味では日本は、のちの時代まで女性の地位の高さが保持された、独自の歴史発展をとった社会なのである。

〔参考文献〕

飯沼賢司「女性史の史料」Ⅱ「中世」（『女性史研究入門』、三省堂、一九九一年、第2章）
今井堯「原始時代の生活集団と通婚」（総合女性史研究会編『日本女性の歴史―性・愛・家族』、角川書店、一九九二年）
ウィリアム・マカラ「平安時代の婚姻制度」（『同志社大学人文科学研究所　社会科学』二四、一九七八年、原論文の発表は一九六七年）
勝浦令子「既婚女性の出家と婚姻関係」（【前近代女性史研究会編】『家族と女性の歴史―古代中世』、吉川弘文館、一九八九年【のち勝浦『女の信心』平凡社、一九九五年に改題して所収】）
関口裕子「日本古代家族の規定的血縁紐帯について」（【井上光貞先生還暦記念会編】『古代史論叢』中巻、吉川弘文館、一九七八年【のち関口『日本古代家族史の研究』下、塙書房、二〇〇四年所収】）
関口裕子「古代における日本と中国の所有・家族形態の相違について」（【女性史総合研究会編】『日本女性史』1、東京大学出版会、一九八二年【のち『同右』上、所収】）
関口裕子『日本古代婚姻史の研究』（上・下、塙書房、一九九三年）
高群逸枝『招婿婚の研究』（講談社、一九五三年。のち全集第二巻〔理論社、一九六六年〕に収録）
永井路子『万葉恋歌』（角川文庫、一九七九年）

服藤早苗「平安時代の相続について」（【家族史研究編集委員会編】『家族史研究』二、【大月書店】一九八〇年）
服藤早苗「古代の女性労働」（前引『日本女性史』1）
吉田孝『律令国家と古代の社会』（岩波書店、一九八三年）

〈浅野富美枝他編『家族と結婚の歴史』森話社、一九九八年、原題「I　古代」〉

第二章　対偶婚の終焉と買売春の発生

はじめに

最初に従来「売春」「売笑」などの言葉で表されてきた女性の性の売買を、「買売春」という用語により表すことをお断りしておきたい。「買売春」ないし「売買春」といういい方は、私の知る限りでは近現代女性史で使われ始めたのだが、私がそのうちの「買売春」を採用するのは、女性の性の売買は買う男性がまず存在することによって初めて現出すると理解するからである。(1) ところでこのようにいうと、女性の性の売買は性を積極的に売ろうとする女性の存在を抜きにありえない以上、買う側をことさら前にもってくる買売春といういい方は、あまりに意図的であるとの反論が予想されるかもしれない。しかしこのような反論が成立しない点は、東南アジアでおこなわれている幼女の買売春(補注1)を考えればあまりにも明らかであり、この事実は買売春がまず、買う男性の存在を前提として初めて成立する事象である点を明示すると考える。

用語の確定を終わり、次に対偶婚の説明をおこないたい。なぜなら後にも言及するように、対偶婚の消滅こそが買売春発生を促す以上、買売春の発生の考察のためには対偶婚についての理解が不可欠と考えられるからである。

対偶婚とは、現在の私たちも採用している単婚（一夫一婦制）より前の歴史的発展段階に属する婚姻のことであり、その特徴は一対一の夫と妻の関係が一応成立している点で単婚に近いが、しかし、㈠その関係は好きになれば一緒になり、いやになれば別れるという、未だ永続性を獲得していないものであり、かつ㈡配偶者の性が相手以外の異性に対して必ずしも閉じられていない——ただし単婚下でも夫の性は常に妻以外の女性に開かれているので、このことが意味をもつのは女性についてである——という点で単婚とは異なるものであった。ところで㈠の好きになれば一緒になり、いやになれば別れるという特徴からは、結婚当事者双方による自己の結婚（および性関係）・離婚の決定権の保持が導き出されるが、このことは必然的にそこでの性結合が男女双方の合意下におこなわれることを意味し、したがってここからは対偶婚下には女性の意図に反する性結合は原則として存在しない点がいえるのである。

ところで買売春が女性の意向に反する性結合の最たるものである点は、あまりにも明白である以上、当然右のような対偶婚の状況下では買売春は不在ということになる。そして日本古代社会は管見によれば対偶婚の段階に属する（この点の論証は注(1)引用拙著を参照されたい）ので、ここからは日本古代での買売春の不在が論理的に導き出されるのだが、事実そうであったのか否か以下検証していきたい。

第一節　遊行女婦《うかれめ》とは何か[2]

日本古代の買売春を取り上げるさいまず問題になるのは、遊行女婦《うかれめ》と呼ばれる女性の存在であろう。遊行女婦はたとえば『万葉集』九六五〔～六〕番歌題詞〔左注〕に「時に卿（大伴旅人）を送る府吏の中に遊行女婦あり。其の字を児島と曰ふ」のように記されている女性のことである。そして遊行女婦は後述するように宴会に列席して歌を誦するという、後代の芸者に似た役割を果たすところから、彼女らが買売春婦であるか否かをめぐり研究者の間で意見が分かれ、それを買売春婦と考える滝川政次郎氏以下の説と、そうではなく漂泊する芸能者であると考える高群逸枝、柳田国男氏以下の説が鋭く対立してきた。しかし滝川氏も認めるように遊行女婦が買売春婦であることを示す史料は存在しない。そこで以下遊行女婦がどのような性質の女性であったかを、まずその遊行女婦という呼称の意味の分析を通じて明らかにしたい。

まず遊行女婦は日本語うかれめの漢字表現である点を確認しておこう。『和名類聚抄』（以下『和名抄』と略）の「遊女夜発附」項には「楊氏漢語抄云、遊行女児〔宇加礼女、已上本注　一云阿曾比、今案又有二夜発之名一、俗云二也保知一、本文未レ詳、但或説白昼遊行謂二之遊女一、待レ夜而発二其淫奔一謂二之夜発一也〕」との説明が加えられているが、傍線部分は八世紀に編纂された辞書『楊氏漢語抄』からの引用文である（この部分の証明は注(1)引用拙著参照）。この部分の意味は、『楊氏漢語抄』の「遊行女児」の項には宇加礼女という和訓がその注釈として付されているということであり、遊行女児は遊行女婦のことと考えられるので、結局ここからは八世紀の遊行女婦（＝遊行女児）という漢字は日本語のうかれめを表したものである点がいえるのである。

そしてうかれめは「うかれ」に女性を示すめを付したものなので、うかれの語義が問題になる。このうかれは「うかる」の連用形なので、うかるの意味をみると、それは浮きただよう、処が定まらずさまよう、ということを意味する。次にこのうかれめを漢字で表した遊行女婦の語義を検討すると、まず、女婦がめの、遊行がうかれの漢字表現である点は明らかである。そしてここでも問題は女性を示す女婦ではなく、遊行の意味にあるのだが、遊行とは中国の仏典で諸国を周り歩く意味で使われており、日本はこのような用法を転用して、周り歩く、あちこち歩く意味を表す漢字として遊行を使用しているのである。したがって以上の考察からは、日本語のうかれの語義、並びにその漢字表現としての遊行の語義の双方から、遊行女婦＝うかれめは方々をさまよい歩く女性を意味する点が明らかになったのである。

次に『万葉集』の記載からこれら女性がどのような役割を果たす存在であったかを明らかにしたい。遊行女婦が国衙役人の開催する宴会に列席して自ら歌を作った点は、「四月一日、(越中国の)掾久米朝臣広縄の館にして宴する歌四首」とあるなかの一首が、「右の一首は、遊行女婦土師作れる」と注されている[六](四〇四七番歌左注)点から判明し、しかもその自作の歌が歌われるものであった点は、四二三六・四二三七番歌左注に「右の二首は、伝へ誦めるひとは遊行女婦蒲生是れなり」とあるところから推測されるのである。なお後者の史料には右引のように伝へ誦めると記されているので、遊行女婦は自作の歌だけでなく、古くから人々により伝えられている歌を歌う女性であったこともわかるのである。

このように『万葉集』記載から判明するこれら女性の役割は、自作他作の歌を国衙役人のそれを含む各種の宴会で歌うことである。そしてこれに先の語義の考察から導き出された、方々をさまよい歩く女性という性質を加えれば、遊行女婦とは方々を周り歩き、宴会を始めとする場所で歌を歌うという自己の職能を披瀝する女性ということになる。そしてなぜ芸能者としての遊行女婦が方々を周り歩かねばならなかったかといえば、当時の社会には一カ所に留まっていられるほど芸能への需要が多くなかったからなのである。

ところで遊行女婦を右のように考えたさい問題になるのは、ではこのような存在としての遊行女婦が性を売ることがなかったかどうかであろう。この当否を決定するような直接的な史料は前述のように存在しない。そこで以下いくつかの史実を手がかりとして当時買売春が不在であった点の考察をおこないたい。このことの第一の論拠は、遊行女婦が買売春をおこなったことを明示する史料が不在である点だが、このような消極的論拠ではなく、彼女たちが買売春をおこなわなかったことを積極的に示すのがその名前のあり方である。『万葉集』には遊行女婦の名前として筑紫娘子《をとめ》〔娘子、字を児島といふ〕（三八一番歌題詞。なお九六七番歌題詞には単に児島として出てくる）、土師（前引史料・四〇六七番歌左注）、佐夫流（四一〇六番歌左注）、蒲生娘子（四二三二番題詞・前引史料）の四例がみられるが、このうち筑紫娘子、蒲生娘子は、中央の氏出身の女性を除く一般女性の人名表記として『万葉集』で採用されている「地名＋年齢階悌呼称（この場合は「をとめ」）」の表記法と一致する。(3)この「地名＋年齢呼称（をとめ）」の人名表記法は、その地名で示される地域（共同体）の一員で、年齢階悌制下のある年齢区分に属する、男ないし女を示す類別的人名表記であり、例えば筑紫娘子《をとめ》という人名表記は、筑紫地方に住む年若い女性という以上のことを示さない点で類別的人名表記といえるのである。(4)

このような類別的な人名表記は、共同体からの分離を完了していない類別的存在としての個のあり方に照応しているのだが、そのことはさておき、このような類別的人名表記から、ある一人の人間を特定するためにとられた人名表記が「地名＋年齢呼称」にさらに個人名（字、名）を付した表記法なのであり、筑紫娘子が「字を児島といふ」と注されているのはこの例なのである。そしてこのような人名表記は遊行女婦ではない一般女性についてもまたおこなわれており、豊前娘子紐児（一七六七番）、対馬娘子玉槻（三七〇五番）などはその例である。この人名表記は「地名＋年齢呼称」に照応する類別的存在としての個が、共同体からの分離をより達成したところに成立した人名表記法なのだが、筑紫娘子がその「字」を注されている事実が物語るように、当時芸能を職業としていた彼女たちは、すでに類別的存在から一歩脱したところの個として周囲から認識される場合が多かったのであろう。

そして実は先の遊行女婦の名前のうち、佐夫流、土師は、右の「地名＋年齢呼称＋個人名（字、名）」の人名表記から、上部の「地名+年齢呼称」の部分が脱落し、個人名たる字、名の部分のみが人名として示されている場合なのである。このようにみてくると遊行女婦は、その人名が「地名+年齢呼称」、ないし「地名+年齢呼称+個人名」（およびその上部部分が脱落したもの）により表されている点で、『万葉集』での中央の氏出身以外の女性の、一般的人名表記と共通する名前をもつ点が明らかになる。

ところでではなぜこのことが遊行女婦が買売春をおこなわなかったことの論拠となりうるのだろうか。このこととかかわるのが平安期の遊女がすでに「観音」、「中君」、「子馬《こま》」、「如意」、「孔雀」(5)のような源氏名的な名前をもつ事実である。このような名前がすでに一般の女性のそれと共通性をもたないものである点は一見して明らかであろう。

そして遊女がなぜこのような遊女固有の名前を名のる必要があったかといえば、それは遊女がすでに一般の女性たちと区別された特殊な社会的存在、すなわち買売春をおこなう存在であったからであり、一般の女性とは異なる特殊な社会的存在たる遊女は、それにふさわしい特殊な名前を名のらざるをえないのである。そしてこの遊女が遊女固有の名をもたざるをえない事実は、通過儀礼に伴う改名の問題と関連する。通過儀礼とは一人の人間が、ある社会的存在から他の社会的存在へと移行するさいにおこなわれる儀式のことだが、そのさい改名が伴う点は、成人式に伴う幼名から成人名、得度式に伴う俗名から僧尼名、葬式に伴う生前の名から戒名への改名などにみられる。そして右の遊女固有の名前こそ、ある女性が一般の女性＝買売春をおこなわない女性から、買売春をおこなう女性への社会的存在の転化に伴い、従来の一般女性としての名前を捨て、遊女固有の名前へと改名したことを意味しているのである。

したがって遊女が一般の女性名と共通性をもたない遊女名を名のる事実こそが、遊女たちが一般の女性＝買売春をおこなわない女性と区別された、特殊な社会的存在であることを物語るのである。このことは逆にいえば一般女性と共通した名前をもつ遊行女婦が、買売春をおこなう存在に転化していない点を明瞭に示すのである。

遊行女婦が買売春をおこなわなかったことを示す第三の論拠は、遊行女婦だけでなく、それをも含めて当時の日本に買売春の存在を示す徴証がまったく存在しない点である。それを何よりもよく示すのは、性的対象として売買される女奴隷が日本の古代社会にはみられない事実である。当時の社会には女奴隷である婢がおりその売買がおこなわれた点は、残された史料から知ることができるが、婢は男奴隷である奴とともに単なる労働力として売買されているのであり、それは婢の価格が奴より廉価であった事実により証明されている。このことは古代日本での女奴隷は性的対象に供する商品として売買されていなかった点を示しているとしてよいであろう。

なお古代日本において女奴隷が性的対象として売買されていなかった事実は、唐令と養老令の比較からも証明できる。唐戸令には「娶妾仍立婚契」という条文があるが、この婚契＝婚姻契約書が事実上人身売買書を意味する点は先学により明らかにされており[6]、また妾が売買される存在である点は、唐戸婚律二九条疏議「妾通売買、（妻と）等数相懸」の記述からもいえるのである。ここからは中国では女奴隷が性的商品として売買され、そのような女性を購入して妾とする場合のあったことが判明するのだが、これに対して日本では右引唐令条文を日本令から削除している。これが何を意味するかといえば、性的商品として売買される女性を欠く日本では、このような条文がまったく無意味だったからであり、ここには日本古代社会での性的商品として売買される女奴隷の不在が露呈されているのである。

そしてこのような性的対象として売買される女奴隷の不在が、なぜ当時の日本での買売春の不在を意味するかといえば、買売春とは女性の性の売買であり、それは一回ごとの性的商品としての女性の性の売買である――管理買売春のまだ出現していない古代においては、買売春はこのような特徴をもつ――のに対し、性的対象としての女奴隷の売買とは、女奴隷の購入によりその女性の性を長期的に買い取ることを意味するのだが、両者は一回限りか、長期的にかの相違はあれ、女性の性の商品化という点で一致しており、その本質は共通しているといえるのである。したがって性的対象としての女奴隷の不在は買売春の不在を証明すると考える。以上のように性的商品としての女奴隷の不在は日本古代の買売春の不在を意味するのである。

以上の考察から日本の古代社会には、遊行女婦をも含めて買売春をおこなう女性が不在であった点が明らかになったと考えるが、この節の最後に、配偶者の性が必ずしも閉ざされていない対偶婚下の当時において、遊行女婦が宴会後や遊行の途中で異性と性的関係をもつことは大いにあっただろうという点を指摘しておきたい。

第二節　遊行女婦から遊女へ

一節での考察のように古代日本では遊行女婦が買売春婦ではないのみでなく、そもそも買売春自体が不在であった点が明らかになった。しかしこのような状況は九世紀を移行期として一〇世紀初頭には変化し、買売春をおこなう女性がはっきりと姿を表〔現カ〕すに至る。そのことを明示する第一の事象は一節で瞥見した遊女（これが遊行女婦の後身である点は後述）が一般女性と異なる固有の名前をもつに至る点である。このような名前の初出例は一〇世紀初めに成立した『古今集』にみられるしろめの場合だが、この女性がうかれめ＝遊女（この点後述）である点は『大和物語』一四五に「うかれめにしろといふものありけり」と記されているところからわかる。また『元良《もとよし》親王（八九〇―九四三）御集』には「宮うかれめこきに住み給ふ頃」との記述がある。

右にみられるうかれめ＝遊女の名前としてのしろ（しろめ）やこきが、遊女固有の名前である点は一見して明らかであるが、これらの名前が一〇世紀初頭にはすでに現れている点は、この時期の前後が、日本の歴史上買売春発生の画期であることを物語ると考える。

ところで、この時期が買売春発生の時期であることを明示する第二の事象は、一〇世紀前半成立の『和名抄』の「遊女附夜発」項の記載（全文は一節に引用）である。当史料での遊行女児は前述のように遊行女婦のことだが、当史料からは、八世紀での遊行女婦は一〇世紀には遊女と記されている点がまず判明する。この遊女が買売春をおこなう点は、その遊女名のあり方からすでにみたところだが、この遊女名からの考察結果を別としても、当史料自体から遊女が買売春をおこなう女性であった点がいえるのである。それを示すのは当史料で遊女が夜発《ヤホチ》と一括記載されている事実である。この夜発は当史料に「待レ夜而発二其淫奔一謂二之夜発一也」とあるように、性の売買のみをもっぱらとする女性であるが、遊女がこのような夜発と一つの項目に一括して記載されているところに、遊女が夜発と共通する存在＝性を売買する存在であった点が示されているのである。

なお遊女が当時すでに買売春をおこなう存在である点は、『和名抄』よりやや時代が下る『本朝文粋』巻九、詩序所収の大江以言の「見二遊女一」、藤原明衡の『新猿楽記』、大江匡房の『遊女記』などから知ることができる[7]。一例をあげると『遊女記』には「（遊女は）上は卿相より。下は黎庶（庶民）に及るまで、牀第《ゆかむしろ》（閨房）に接《みちび》き慈愛を施さずといふことなし」と記されており、遊女が買売春をおこなう女性である点が明記されているのである。

ところで『和名抄』には八世紀の遊行女婦（女児）が一〇世紀の遊女へと変化した点、そのうちの遊行女婦の和訓がウカレメである点が記されていることは、前述したところである。では遊女の和訓は何かをみると、それは当史料に「宇加礼女、一云阿曾比」とあり、ウカレメとアソビであった点がわかる。すなわち漢字表現としての遊行女婦→遊女への移行は、和訓＝日本語としては、ウカレメ→ウカレメ／アソビの移行を意味したのである。このことを事実に即して言い直すと、八世紀のウカレメという日本語は漢字表記としては遊行女婦（女児）と書かれたが、『和名抄』成立時の一〇世紀前半までにウカレメはアソビという新たな和訓を獲得し、ウカレメ、アソビの二つの呼称をもつにいたった遊行女婦の後身を漢字表記したものが遊女であったということになる。そして問題はなぜ八世紀以来のウカレメが一〇世紀にはアソビという新たな呼称をももつにいたったかである。

　このことを考えるために「アソビ」の語義を考えると、それは「音楽を奏し歌を歌う」（『岩波古語辞典』「あそび」項）ことを意味する。そしてこのような意味をもつアソビが、ウカレメに対する新たな呼称として付与されたのは、当時性の売買のみをもっぱらおこなう女性（『和名抄』での夜発に当たる女性）が出現し、そのような女性から、八世紀以来の伝統を引き継ぎ芸能を披露する一方、一〇世紀には明確に性の売買をおこなうようになったウカレメを区別するためなのであり、単に性の売買のみをおこなう女性と区別されるウカレメの、芸能をもおこなう側面に着目した呼称がアソビだったのである。

　もし夜発のような女性が新たに出現せず、単にウカレメが八世紀の漂泊する芸能者から、一〇世紀には明確に性をも売買する女性に変化しただけならば、ウカレメはその語義を漂泊する芸能者から、芸能者であるとともに買売春をもおこなう女性を表すものへと変化させればすむことであり、アソビという呼称を新たに付される必要はなかったはずである。しかしそうはならずにウカレメがアソビという言葉を獲得しているところに、かつての芸能者たる遊行女婦の後身とは別の、性の売買のみをもっぱらとする新たな女性が発生した状況が看取されるのである。したがってウカレメ→ウカレメ／アソビの移行には、従来のウカレメ以外に、買売春のみをもっぱらとし芸能をおこなわない女性の発生が刻印されているのであって、『和名抄』の記載はこの間の事情を、遊行女婦の後身たる遊女にアソビの和訓を付すことにより正確に書き留めているのである。

以上のように『和名抄』は、夜発という性の売買のみおこなう女性が当時すでに出現している点、それにより従来からの芸能をもおこなうウカレメが新たにアソビという呼称を付与されるにいたった点を記録していると同時に、このことにより当時の買売春をおこなう女性には、芸能者を兼ねるものと性の売買のみをおこなうものの二種類が存在した点をも正確に記録しているのである。

ところで『和名抄』において、このアソビという言葉が芸能者兼性を売る女性の呼称として新たに成立したという事実自体が、実はアソビ成立以前における買売春の不在を物語るのである。すなわちアソビという言葉は、前述のようにヤホチのような性売買の専業者が出現したとき、それとは区別される、前代のウカレメの後身たる芸能者兼買売春婦を、その芸能者として〔の〕側面を強調して指し示すために社会的に生み出されたものだが、このような言葉が性売買の専業者の発生により出現したという事実は、逆に言えばアソビないしはそれに類似する言葉の不在は、ヤホチのような性売買専業者の不在を示すはずだからである。なぜならアソビという言葉が出現するためには、八世紀のウカレメの後身であるところの、芸能者にして性をも売るウカレメとは別に、ヤホチのような性売買の専業者の出現が必須の前提である以上、アソビの不在はヤホチのような存在の不在を意味するが、性の売買をもっぱらにする女性の不在とは、そのまま買売春婦の不在を意味せざるをえない。なぜなら買売春婦が必ず全員芸能者を兼ねているという社会の存在が想定不能である以上、買売春がおこなわれている社会には必ず芸能をもおこないながら性を売る女性以外に、性のみを売ることを専業とする買売春婦がいるはずであり、とすればヤホチのような性のみを売買する女性の不在は、そのまま買売春婦の不在を意味せざるをえないからである。

ところで前述来のように遊女の固有名としてのしろやこきがすでに一〇世紀初頭にはみられる点、買売春の成立を記録している『和名抄』の成立が一〇世紀前半である点を考えれば、一〇世紀には日本社会での買売春の存在が確認されるのだが、その成立時期は正確にはいつといえるであろうか。これに関する史料がほとんど残されていない現状ではそれを確定するのは難しいが、八九二年成立の『新撰字鏡』において「婬」に「宇加礼女」の訓が付されているのがこれを考える参考になるであろう。淫の字を説明するための訓がウカレメであることは、ウカレメの存在そのものが淫に当ると把えられていることを示すが、淫とは「みだら、道に外れて色情をほしいままにすること」（『大漢和辞典』）という意味なので、その存在自体が淫とされるウカレメは、すでに『新撰字鏡』の段階では買売春をおこなっていたと考えられるのである。そして辞書にこのようなかたちで定着するためには、それよりかなり以前からウカレメの買売春婦化が進行していたはずであり、このように考えると九世紀を通じてなかんずく九世紀半ばごろを一つの画期として[8]、芸能者としてのウカレメの買売春婦化は進行したと考えるのである。

このように日本社会での買売春は九世紀半ばごろを一つの画期として発生し、一〇世紀初頭には明確に成立したといえると考えるが、買売春の不在→発生の歴史をこのようにとらえると、それは日本社会での対偶婚→単婚への移行と対応している点が判明する。私は前引拙著で日本での婚姻の史的発展段階の対偶婚→単婚への移行期が、支配者層では一〇世紀初頭前後である点を考察したが、買売春のあり方はまさにこのような婚姻の発展と照応しているのである。そしてこの単婚の成立と買売春の発生の関連は論理的に必然なのであり、女性が結婚、性関係を自己の意向でおこないえなくなり、自己の意向による性結合の慣行も崩れたときに、女性の意向に反した性結合の最たるものとしての買売春がおこなわれ始めるのである。そして単婚の開始とは、家族についていえば家父長制家族の成立を意味すると同時に、それは男性による女性支配の成立をも意味するのであり、これらの点を考えると、買売春の発生は単婚、家父長制家族、男性への女性の従属という歴史的事象の開始と不可分な関係でおこなわれている点がわかるのである。この事実は買売春の消滅を考える上で多くの示唆を与えると考えるが、その検討はすでに私に与えられた課題を超えており、それについての考察は他日を期すことにして筆を置きたい。

注

（1）なお私はこのような観点から、拙著『日本古代婚姻史の研究』上・下（塙書房、一九九三年）でも一貫して「買売春」の用語を使用した。したがって吉田晶氏が拙著書評（『史学雑誌』第一〇三編第二号、一九九四年）において、「『売買春』（著者の造語）」（九六頁）としているのは、それが私の造語でない点をも含め二重の意味で誤っている。なお本章では「性の売買」と記述する場合には一般に使われている「売買」の言葉を用い、とくに、「買売」という言い方はしないことにする。

（2）以下の遊行女婦《うかれめ》の考察は、注（1）引用拙著上巻〔Ⅰ〕第二編第三章第四節参照。

（3）をとめが当時の女性の年齢階悌呼称としての、「をとめ《（青）》―をみな《（壮）》―おうな《（老）》」のうちの青年期の年齢呼称である点はすでに先学により明らかにされている。この点前注部分参照。

（4）なおこの場合の筑紫という地名が、類別的人名表記の地名としてあまりにも広い地域のものであるのは、中央の官人からみて、この女性が筑紫地方出身の娘子であるといえばこと足りたからである（なお九六七番題詞ではこの女性は京に帰る大伴旅人の見送り人の一人として出てくる）。類別的人名表記の本来的あり方は、たとえば上総国周准郡珠名地方の若い女性を示す、上総周准珠名娘子《をとめ》のような表記法だったのである（この点の証明は近刊の著書『処女《をとめ》墓伝説歌考』【吉川弘文館、一九九六年】でおこなっている）。

（5）これらは、一一世紀末〜一二世紀初頭に大江匡房により書かれた『遊女記』に遊女の名前として記されている。

（6）仁井田陞『支那身分法史』（座右宝刊行会、一九四二年、七二三頁）参照。

（7）この点の詳細は、注(1)引用拙著下巻一三五頁参照。

（8）九世紀なかごろが、女性の地位に関する一つの画期である点の一例として、西野悠紀子氏は「律令体制下の氏族と近親婚」（女性史総合研究会編『日本女性史』1、東京大学出版会、一九八二年、一四七頁）において女官の後宮化が九世紀中葉より進展することをあげている。なお家父長制家族がこの期あたりを転換期として成立してくる点については、注(1)引用拙著下巻〔Ⅰ〕第三編第一章第二節で言及した。

〔補注〕

〔補注1〕これについては、『カトリック新聞』一九九四年六月五・一二日号に「アジアの児童買春」（上・下）と題する記事があり、四歳の幼子までが、「売春」の目的で売られている点、買う側には「(九人の）子どもたちを裸にし、豚のようにつないで性行為を強要。それをビデオに撮影していた」日本人医師らのいた点が指摘されている。

〈『歴史評論』五四〇、一九九五年〉

付論1　原始古代の性・愛・家族

原始時代では、人々は支配する人間と、それに従う人間にまだ分かれていない。また男と女の間にも、どちらかがもう一方を支配するという関係は成立していなかった。人々は、ときには飢えに襲われながらも、原始的平等のもとに平和に暮らしていた。しかし生産性が高まるにつれ、武力による他集団の征服がはじまり、このような状態のもとで、政治的権力をにぎる人間が現れる。その人間は、武力との関連から、しだいに男性に限られるようになる。このように男性優位の傾向は、まず政治権力を男性がおもににぎるところからはじまり、愛・性・家族をめぐる男性優位のいろいろな動きも、まず政治権力者としての大王《おおきみ》（天皇の前身）や各地の首長《しゅちょう》を中心に見られはじめる。大王による、服属集団から差し出された女性との結婚や、一夫多妻制の開始などはその一例である。

このような政治権力をめぐる男性優位の集大成ともいえるものが、日本での最初の国家である律令国家の成立だった。それは、非常に早い時代に家父長制（＝男性による女性支配の体制）を成立させたところの、中国の国家のしくみと法を取り入れることにより成立したもので、そこには男性優位の考え方が強くつらぬかれていたのである。

律令国家の成立が当時の女性にもたらしたものは、中央・地方の政治組織からの女性の排除、男性を戸主とし、父系による人々の戸への編成（この戸主は形の上では、班田・納税の責任者だった）、家父長制思想の取り入れとその実施（たとえば節婦の表彰）がある。これらはただちに女性の地位の低下をひき起こしたわけではないが、徐々に男性優位の意識を人々にしみとおらせていくことになった。

しかしこのような律令国家の成立にもかかわらず、当時の村で暮らす女性たちは、男性と同じように村の祭りに参加することができた。また村の祭祀をつかさどるのが女性である場合も少なくなく、従来の男女対等のあり方が依然行われた。

このように、国家とかかわる場では、男性と肩を並べることのできなかった古代の女性は、実際の村の生活では、男性と対等の地位を占めていた。それが可能だったのは、当時、女性が男性と同じように、所有にかかわっていたからである。つまり、経済的に対等であることを基礎にして、村の生活での政治的・社会的な対等が保障されていたのである。

そしてまた男性と同じく所有権をもつことで、当時の女性は経営にかかわることができた。当時の豪族層では、夫と妻からなる家長《いえぎみ》と家室《いえのとじ》が共同で経営を行っていたことは、九世紀初めに成立した仏教説話集『日本霊異記』にみられる。また貴族層で女性が自分の財産を管理運営していたことは、家政機関の国家による設置が女性にも認められていることから知ることができる。一般農民層については、史料がないので確かなことはいえないが、共同体などに支えられた、自立していない経営を、夫と妻が協力して行っていたと考えられる。

このような所有と経営にみられる、経済的地位の男女対等なあり方が、家父長制家族（男性家父長が妻子以下を支配する、男性優位の家族）を成立させなかったのである。なぜなら、家父長制家族の家長の権力の基盤は、家長による家の財産の所有・管理にあるので、女性も男性とともに所有・経営にかかわるあり方のもとでは、家長一人が所有・経営権をにぎる家族にはならないからである。家父長制家族が成立していないということは、別の言い方をすれば、経済的単位としての家族（＝社会的単位としての家族）が成立していないということを意味する。夫と妻が自分のわずかな財産を持ちよってつくる当時の一般農民層の家族は、所有・経営権をつかさどる家長により統率された強力な経済的単位には程遠い、不安定なもので、たとえば、夫と妻が離婚すればたちまち消滅してしまうようなものだった。当時のこのような農民の家族は、共同体にたよると同時に、この家族をとりまく、父方母方両方の親族ともお互いに助け合いながら、その不安定な経営をやっと維持していた。当時の家族がどのような人々からなっていたかというと、夫の通い、母と娘夫婦の同居など、さまざまな形を経て、けっきょくは核家族的なものに落ち着くと考えられる。そのような家族を、父方母方両方の親族と共同体が支えているのが、当時の家族のあり方としてよいだろう。

最後に、愛・性・結婚をめぐる男女関係についてみると、古代の男女の恋愛は、男女対等な関係のもとで、お互いに気にいればすぐ性関係をもつというものだった。そこには単婚（現在の私たちの行っている、一人の夫に対して一人の妻がいる、結びつきの強い結婚）の成立とともに現れる、いわゆるプラトニックラブは存在しない。そしてこのような恋愛＝性関係のもとでは、女性の処女性は問題にならない。そのことは、当時の日本語に処女を意味することばがない点によく示されている。これまで処女を表すと考えられてきた「をとめ」は、当時はただ年若い女性を示すことばで、「をとめ」が処女かどうかは当時の人々にとって問題にならなかったのである。このような恋愛＝性関係の長続きしたものが結婚である。お互いを夫と妻として認め合った男女は、ある時期に妻の両親——さらには父方母方両方の親族や共同体——の承認を得て、周囲の人々からも夫婦として認められた。ここには、後の時代のように、娘の父の承諾のもとでの結婚というあり方はまだみられない。しかし、そこには現代の私たちの想像をこえた、結婚をめぐる共同体規制や、原始的なものの考え方によるさまざまの制約があった。

当時の恋愛・結婚は、家父長の承認を得る必要がなく、対等な関係にある男女の互いの性愛をもとに成立したが、それを近代の自由な恋愛・結婚と同一視することはできないのである。

〈総合女性史研究会編『日本女性の歴史　性・愛・家族』角川選書、一九九二年、原題「時代をみる――原始古代」〉

付論2　遊行する女たち

対偶婚

私たちが今行っている結婚では、一人の夫に対し一人の妻がいるが、このような結婚（単婚）は、それほど古くから行われていたわけではない。古代では、単婚より前の結婚のやり方である、対偶婚という、耳慣れない言葉の結婚が行われていた。一人の夫に一人の妻がいることは単婚と同じだが、単婚との違いは、この一対一の結びつきが気のむく間だけつづくというゆるやかなもので、したがって永続するとはかぎらず、また、夫婦のどちらかが配偶者以外の異性と性関係をもつことも、それほど非難されなかった。夫が妻以外の女性と性関係をもつことは、いつの時代でも許されているので、対偶婚のこの特徴は、妻が夫以外の男性と性関係をもつことが非難されなかったところに意味がある。

このような特徴をもつ対偶婚は、やがて単婚に移り変わっていく。その時期は大まかにいえば、支配者層で一〇世紀前後、一般庶民層で一二世紀前後と思われる。単婚のもとでは、夫婦の一対一の結びつきが固定化・永続化するとともに、妻の性は夫以外の男性に対しては完全に閉ざされ、もしそれに違反した場合は、姦通として厳しく罰せられる。逆にいえば、対偶婚のもとでは姦通はなかったことになる。実際に当時の史料には姦通を示すものがないだけではなく、姦通を表す日本語そのものがない。この事実は、古代の日本にはまだ姦通のなかったことを何よりもよく示している。

対偶婚のもとでは、女性は自分の性関係・結婚の相手を自分できめることができた。また、離婚も自分のほうからすることができた。なぜなら、対偶婚とは、前にいったように、気のむく間だけつづく結婚、男女双方が好きになれば一緒になり、どちらか一方がいやになれば離れることのできる結婚だからである。女性が結婚相手を自分で選べるということは、今考えるとなんでもないことのようだが、家制度のつづいた敗戦前までは、女性は自分で結婚の相手をきめられなかったことを思うと、それは非常に重要なことだった。そしてもっと重要なことは、古代の日本では女性の意向に反した性関係が行われなかったことである。これは、当時の女性が自分の結婚・性関係の相手を自分できめることができた（自分の望まない性関係を拒否できた）ことを考えれば、当然のことなのだが、強姦の危険に日常的にさらされている、現在の私たちからみれば、驚かされる事実だろう。

ところでこれらの事実（なかんずく当時、女性の意向に反した性関係が行われなかった事実）は、古代日本に買売春（売春という言い方は、買う側の男性をぬかした呼び方なので、両方をふくむ意味でここでは買売春ということばを使う）がない事実と対応する。なぜなら買売春とは、女性にとってその意向に反した性結合の最たるもの、当時の性慣行に最も反したものであり、そのようなものが行われるはずはないからである。

「時代をみる――原始古代」【本書Ⅱ―付論1】にも述べたように、当時の女性は男性と同じように所有権をもっている。姦通がないなど、対偶婚のさまざまな特徴は、このことと関係している。したがって経済的に対等に近い男女の間では、性愛（男女間の愛情）もまた対等であり、単婚のもとでのように、女性の性が男性の欲望の道具にされる状態（高群逸枝はそれを女性の性の性具化とよんだ）にはまだなっていない。そこでの性愛は、もっと素朴でおおらかなものだった。このような対偶婚のもとでは、当然買売春がなかったと考えられるのだが、では古代の日本にほんとうに買売春がなかったのかどうか、以下、具体的に見てみよう。

さすらう芸能人

古代には遊行女婦《うかれめ》とよばれる女性のいたことが『万葉集』からわかる。この女性が性を売る女性なのかどうかが問題である。彼女たちは、国衙《こくが》（今の県庁）の役人たちの開く宴会に出席して、自分の作った歌や昔から伝わる歌を歌い、暮らしのかてとしていた。その役割は明治以降の芸者によく似ている。そして明治・大正の時代に芸者が性を売ることは公然の秘密とされていたので、古代のうかれめも売春をしていたと考えられがちである。そこでこのことを考える手がかりとして、最初に、遊行女婦《うかれめ》左夫流児《さぶるこ》についての挿話を紹介しよう。

『万葉集』を編集した大伴家持が守《かみ》（国の長官）として越中（富山県）に赴任中、その部下に尾張少咋《おわりのおくい》という人物がいた。少咋は京に妻をおいて越中に赴任したのだが、現代でもときどき起こるように、単身赴任中、遊行女婦の左夫流児の魅力に迷い、とうとう同棲してしまった。そこで上司の家持は部下少咋に対し、そのような行いは、二人の妻をもつことを禁止している法律に違反すると教えさとしたが、少咋はいっこうに家持の忠告を聞かず、堂々と同棲先から出勤する始末である。そのうち夫の同棲を聞きつけた京の「先妻」（史料にこう書かれている）は、早馬に乗って夫の任地先に乗りこんだ。

これは『万葉集』（四一〇六―四一一〇）にみられる挿話だが、このあと少咋の争奪をめぐって京の先妻と左夫流児の間でどのような騒動が持ちあがったのか、残念ながら『万葉集』は伝えていない。しかしこの話は、遊行女婦との同棲を、当時の最高の知識人家持でさえ、妻をもつこと、つまり結婚と考えていること、左夫流児と同棲＝結婚すると、京の妻は先妻になってしまうことを示す点で、非常に興味深い。とくに、その時点で性関係をもっている女性（＝左夫流児）が妻であり、京の妻は自動的に先妻になってしまうところに、一緒になりやすく離れやすい、当時の対偶婚の特徴がよくあらわれている。

左夫流児に代表されるような遊行女婦は、性を売る女性だったのだろうか。実例からみると、「遊行女婦《うかれめ》土師《はじ》作れり」とある『万葉集』（四〇六七）の歌は、越中の掾《じょう》（役所の三等官）の館での、宴会の席上で詠われたものである。ここから遊行女婦は、宴会に出席して歌を歌う女性、つまり芸能人だったことがわかる。

また、遊行女婦はその名称からいって、漂泊する女性だったこともわかる。遊行女婦は、うかれめという日本語を漢字で書き表したものである。当時の日本人はかなが発明されるまで、文字としては中国の漢字しか知らなかったので、うかれに遊行、めに女婦の漢字をあてたのである。うかれめと、それを漢字で表した遊行女婦のどちらにしても、重要なのは女性を示すめ＝女婦ではなく、うかれ＝遊行である。うかる（うかれはその連用形）とは、「うきただよう、ところさだめずさまよい歩く」という意味、それを漢字で書き表した遊行は、「諸国を巡り歩く」という意味なので、うかれめ＝遊行女婦とは、あちこちめぐり歩く女性ということになる。宴会に出席して歌を歌う点と考え合わせると、遊行女婦とは漂泊する芸能人ということができるだろう。

このような性質をもつ遊行女婦は、けっして自分の性を売る女性ではなかった。このことは、第一にうかれめが自分の性を売ったことを示す史料のまったくない事実、第二にうかれめの名前のつけ方が、性を売ることのはっきりしている遊女の名前のつけ方とはまったくちがっている、という事実からいえる。なお当時、遊行女婦だけでなく、それ以外にも性を買売する女性がいなかった点は、性の商品として売り買いされる女奴隷がいなかったと推定される事実からもいえる。なぜなら男女の奴隷の値段をくらべると、女奴隷のほうが安かったからである。したがってこのころ、遊行女婦はもちろんのこと、それ以外にも性を売る女性はいなかったのである。

遊行女婦が性を売らなかったことは、彼女たちが宴会後に、そこに出席した男性官人たちと共寝《ともね》をしなかったということではない。人妻の性関係すら認められる当時、お酒が入った宴会の後で、男性官人と遊行女婦たちの間に何も起こらなかったと考えるほうが不自然だろう。ただしそれは買売春ではない。宴会後の共寝は、気にいった者同士の間で行われ、性の買売にともなう金銭やそれにかわる物の受け渡しは行われなかった。買売春では、性交渉の相手を女性が選ぶことはできず、また女性はそれによって生計を立てている。遊行女婦の共寝は、そういう買売春とはまったくちがっているのである。

遊行女婦から遊女へ

性を売らなかった八世紀の遊行女婦は、九世紀の間にしだいに性格を変え、一〇世紀の初めにははっきりと性を売る女性として姿を現す。そのことは、一〇世紀前半に成立した辞書、『和名類聚抄』の遊女の解説からわかる。

遊女（夜発附）　楊氏漢語抄《ようしかんごしょう》にいはく、遊行女児　宇加礼女《うかれめ》、あるひといはく阿曾比《あそび》。（中略）ただし或る説いはく、昼《ひる》に遊行するを遊女といひ、夜を待ちて淫奔《いんぽん》を発するを夜発《やほち》といふなり。

（遊女は『楊氏漢語抄』（八世紀前半成立の辞典）では遊行女児として載せられていて、その日本語はウカレメとなっている。それが現在（一〇世紀）では遊女とされ、日本語もウカレメのほかにアソビという呼び方も加わった（中略）。ある説によると、昼間遊行するのを遊女といい、夜になって性を売るのを夜発《やほち》という。）

ここからは、八世紀の遊行女児（女婦）は、一〇世紀には漢字で遊女と表わされるものに変わり、日本語でも、それまでの「うかれめ」に「あそび」という語が新しく加わっているのがわかる。そして実はこのことが、性を売らない女性から、売る女性への変化を物語る。また、遊行女婦の後身である遊女は、すでに性の売買だけを専門とする夜発と同じ項目に一括されているので、性を売る女性の一種に変化しているといえるのである。

なお、遊女が性を売る女性である点は、時代はやや下るが、一一世紀前半に成立した『本朝文粋《ほんちょうもんずい》』に収められた「遊女を見る」という漢詩には、「天下に女色を衒売《げんばい》する（みずからほめて自分で売る）者」＝性を売る者として描かれている事実からもわかる。

『和名抄』からは、昼間遊行する（そしてそれは自分の芸能人としての芸をみせるためである）遊女のほかに、性の売買だけを行う夜発のいたことがわかる。この夜発の発生が、それまでの「うかれめ」のほかに、「あそび」という新しい日本語を生み出したのである。つまり、性の売買だけを専門に行う女性が出てきたからこそ、それと区別するために、性も売買するが芸能も行う女性に対して、その芸能人としての側面を強調する必要が生まれ、そのために新しくつくり出されたことばが「あそび」だった。八世紀の遊行女婦・うかれめが、一〇世紀には遊女・うかれめ／あそびへと、日本語・漢字の両方で変化したこと、この変化の中に、買売春を行わない八世紀の遊行女婦と、それを行う一〇世紀の遊女の違いが映し出されている。

源氏名をもつ遊女たち

さきに述べたように、遊行女婦＝性を売らない女性、遊女＝性を売る女性の違いは、その名前のつけ方からもいえる。最後にこの点を見てみよう。

遊行女婦の代表的名前として知られているのは、筑紫娘子《つくしおとめ》（万三八一）、蒲生娘子《がもうおとめ》（万四二三二）などだが、これらの名前の特徴は、上が地名、下が娘子であることである。このような女性の名前は、たとえば、葛飾真間《かつしかのまま》娘子《おとめ》・陸奥可刀利乎登女《むつのかとりおとめ》・常陸娘子《ひたちおとめ》・播磨娘子《はりまおとめ》のような、『万葉集』に出てくる普通の女性の名前と共通する。この「地名＋娘子」型の女性の名前は、『万葉集』では、貴族層の女性以外の、一般的な女性の名前として使われている。つまり、遊行女婦の名前は、当時の一般女性の名前とかわりがない。

一方、遊女の名前は、一二世紀初めに成立した『遊女記《ゆうじょき》』によると、「観音、中君、小馬、白女、主殿、宮城、如意《にょい》、香炉、孔雀……」などである。このような遊女の名が、現在の「ホステス」とよばれる女性の源氏名《げんじな》にまで引き継がれる名前と共通していることは、ただちにわかるだろう。つまり一二世紀には、遊女の名前は、一般の女性の名前と共通性をもたない、遊女独特の名前へと変化しているのだが、このような変化こそ、遊女が一般の女性とは異なる、性を売る女性へと変化したことを示すのである。そしてこの点をふまえて、遊行女婦が一般女性と共通の名前をもつ事実を考えると、それは遊行女婦が一般女性と同じように、性を売らない女性だったことを物語り、したがって遊行女婦から遊女への移り変わりは、その名前のつけ方の変化からいっても、性を売らない女性から性を売る女性への変化だったのである。

遊女独特の名前としては、『大和物語』一四五の「うかれめにしろといふものありけり」とあるのが最初の例である。この女性は一〇世紀初めに成立した『古今集』にしろめとして出てくるので、一〇世紀初めには特殊な遊女の名前が成立していたことになる。また、『元良《もとら》親王（八九〇―九四三）御集《ぎょしゅう》』には「宮うかれめこきに住み給ふ頃」として、こきという遊女の名前がみられる。このしろめ・こきの二例が遊女の名前の早い例である。その時期が一〇世紀初めから前半であることは、『和名抄』の遊女の項の説明文から確認した、性を売る女性としての遊女の出現の時期と一致する。日本では、一〇世紀初めにははっきりと、性を売る女性が出てきたといえよう。

ではなぜ性を売る遊女が独特の名前を名のる必要があったのかというと、それは彼女たちが一般女性と社会的に区別される存在だったからである。普通、人間が社会的にある存在から他の存在へ移行するときには、移行儀礼と改名が行われる。たとえば、成人式にともなう幼名→成人名、葬式にともなう俗名→戒名、得度式《とくど》にともなう俗名→僧尼名など。それと同じように、性を売らない一般の女性が、性を売る遊女へと移行するときには、それまでの名前を捨てて遊女独特の名前を名のることが必要とされたのである。

このように日本では、一〇世紀初めにはすでに性を売る女性がいた。この事実を、江戸時代にやっと成立する遊廓《ゆうかく》が、中国ではすでに唐《とう》代（七世紀前半―）にあった事実とくらべると、日本での買売春がいかに遅れて発達したかがわかるだろう。日本では単婚の成立が遅れたことこそ、売買春の成立が遅れた原因であった。日本での単婚は、まず支配層で一〇世紀前後に成立する。それによって妻の性が夫に独占され、結婚が持続化・固定化するとともに、女性は自分の結婚相手を自分で選べなくなる。結婚において自分の意向に反した性結合を強いられることが一般的になったとき、その極限状況というべき買売春も発生する。買売春の成立が一〇世紀前後なのは当然といえよう。

〈総合女性史研究会編『日本女性の歴史　性・愛・家族』角川選書、一九九二年〉

付論3　女の強さと美しさ

大夫《ますらお》と手弱女《たわやめ》

『万葉集』に、「大夫の　情《こころ》は無しに　手弱女の　思ひたわみて」（九三五）と詠われているように、大夫と手弱女（幼婦《たわやめ》と書かれることもある）という言葉は対比した形で使われている。そして右の引用部分が現在の一般的注釈書で「男らしい強い心は無くて、たおやかな女のように思い屈して」と訳されていることからも判るように、古代にすでに、強いものとしての男に対し、かよわい存在としての女性像が作られていたかにみえる。そしてこの印象は、たわやめが漢字では手弱女・幼婦と書かれていること（ただし万葉仮名で多和也女《たわやめ》とも）により、よりいっそう強められている。では本当に古代の人々は、男＝強い性、女＝弱い性と考えていたのだろうか。この点を確かめるために、ますらお・たわやめという言葉が古代でどのような意味を持っていたのかを見てみよう。

ますらお（漢字では大夫）のますとは、マス（増・勝）から来ており、秀れている意味で、「ますらおの」が「手結《たゆい》」（武具）の枕詞である点を考えると、とくに武勇に秀れた男子をますらおといったと考えられる。一方たわやめのたわは、たわむ（加えられる力に耐えながらしなやかに曲がる、はねかえす力を秘めながら押されて曲がる）から来ており、それは決してかよわい女を意味せず、加えられる力に対し、しないながら折れない強さを持つ女性を表わしているのである。したがってますらおとたわやめは、剛《つよ》い男と勁《つよ》い女という、男女の強さの質の違いを表わした、支配者層の意識を示す言葉だといえよう。

しかしこの両者の決定的な違いは、ますらおが天皇に代々奉仕するものとしての官人意識と結合した言葉であるのに対し、たわやめはそのような意味をもたない点で、これは当時の女性が官人体系に基本的には組み込まれていなかった事実と関連するだろう。

男の美しさ・女の美しさ

最近やっと男の容姿も問題にされるようになったが、ついこの間まで外見の美しさが問われるのは専ら女で、男の美しさは問題外とされてきた。しかし古代では男の美しさが評価の対象とされており、大伴田主《たぬし》は「容姿佳艶」と表現され（『万葉集』一二六左注）、竹取翁は自分の若い頃の美しさを「蜾蠃《すがる》の如き　腰細《こしぼそ》に」（蜂のように腰が細く、『万葉集』三七九一）と自慢している。もちろん女の美しさも問題にされており、花のようににっこりと笑うと男たちはその方に慕いよってしまう程の美女とされる珠名娘子《たまなおとめ》は、「胸別《むなわけ》の　広けき吾妹《わぎも》　腰細の　蜾蠃娘子」（『万葉集』一七三八）として描かれている。

ここで重要なのは、蜂のように腰の細いことが男女両方の容姿の美しさの基準とされている点で、古代では美しさは男女ともに賞讃されるとともに、腰細という点でも共通の基準で評価されている（ただし史料の性格からいって貴族層の評価だが）のである。ところで珠名娘子の例では腰細とともに「胸別の広けき」ことが女性の美しさとして賞讃されているが、これはウェストが細くバストが豊かな現代の女性美と同じ評価が古代の女性に対し行なわれたことを意味するのだろうか？　問題は胸の広いことが具体的にどのような身体的特徴を表すものとして古代で考えられていたかだろう。これを解く鍵は『出雲風土記』の「国引き」の詞章に「童女《をとめ》の胸鉏《むなすき》取らして」とあることで、江戸時代の国学者本居宣長《もとおりのりなが》は、『万葉集』の「胸別之広吾妹」を根拠に、この詞章を「鉏の形の美女《おとめ》の胸の如く、広く直く平らかなるを云なるべし」と解釈する。

宣長説によれば、古代女性の胸は鉏のようにがっしりと幅広いことが美しいとされており、現代女性美の基準である豊満なバストとの違いは明らかであろう。そして女性の胸を農具の鉏に例えてその美しさを讃えるのは、おそらく女性の美しさに対する当時の農民の意識であろう。高橋連《むらじ》虫麿により作られたとされる珠名娘子の歌には、「腰細」という貴族の美意識とともに、農民の美意識も取り入れられていることになる。ここからは、働く女性の健康美が貴族層にまで共有されていること、貴族層特有の美の基準と思われる腰細も、女だけでなく男の美しさとして評価されていることが判り、古代では男の美的あるいは性的な欲望の対象のみを基準とした女性の美しさの評価はまだ成立していなかったとしてよいだろう。古代には平安中期以降に見られる髪の長さを女性の美しさの基準とするような状況はまだ見られず（高松塚古墳壁画の女性の髪型は短く折り返されている）、男性の鑑賞用としてのみの女性の美しさは存在していなかった。

評価される女の能力

人力以外の動力をほとんど期待できない古代では、大力こそが働く人々にもっとも評価される能力であった。ところで九世紀初めの『日本霊異記』には、大力の持ち主を主人公とする説話がいくつか見られるが、大力の持ち主は男に限られず、女性も大力の持ち主とされている。しかもそれは女のくせに大力があったというからかいの調子で書かれているのではなく、秀れた能力の持ち主として賞讃されている。たとえば、五百人力以上の大力の女性は、前世で僧に供養をしたので大力という秀れた能力を身につけて生まれることができたとされている（中—二七）。このように古代では評価される能力に男女差がなかったのが特徴で、それは「賢し婦《さかしめ》」が評価されている点（上―三二）にも現われているのである。

ところが『日本霊異記』と同じ仏教説話集で一二世紀初頭成立の『今昔物語集』では、すでに大力も賢さも女性にとって評価される能力ではなくなっている。『日本霊異記』の中―二七を再話した『今昔物語集』二三―一八では、女性の大力は「前世ニ何ナル事有テ此ノ世ニ女ノ身トシテ此ク力《か》有ム」と記されており、いったい前世でどんなことがあって、女なのに大力などを持って生まれたのかと、女の大力は奇異なこととして描かれているのである。また女の賢さも、『今昔物語集』二七―一三に「然レバ女ノ賢キハ弊《あし》キ事也ケリ」と記されている点から判るように、女性にとりマイナス評価されるものへと変化しているのである。そしてこのような話が一般民衆を仏教に帰依させるため広く語られたことを考えると、一二世紀が女性蔑視思想成立のひとつの画期であったことは確かだといえよう。

女性性器の呼び方

古代の女性観を全体として考えるとき、当時の社会では女性性器の名前がごく当たり前に使われている事実に注目したい。女性解放の進みつつある現代でさえ女性性器の名前を人前で口にできないが、これは女性の性が長い間男性の欲望の対象としてのみ考えられてきたためで、未熟ながら性愛が男女対等的だった古代では、女性性器の名前はごく普通に口にできるものであった。たとえば『古事記』には美和之大物主神《みわのおおものぬし》が丹塗矢《にぬりや》となり「美人《おとめ》之富登《ほと》」をついたとの有名な伝説が記されている。この女性性器を示すホトとは、ホ（秀）ト（処）の意で、身体の大切な処という意味でそう呼ばれたといわれている。またホトは鎮火祭の、神に対する神聖な言葉である祝詞《のりと》にも「御保止《みほと》」云々として現われており、古代では女性性器はむしろ神聖なものと考えられていた。そしてだからこそ『日本霊異記』では開《つび》・閪《くぼ》の女性性器名称が自然に使われており（中―四一）、「閉《まら》（男性性器）の閪《くぼ》に入るに随ひて」（下―一八）のような用例が見られるのである。

このように、ほぼ男女対等的な社会では、男女の性器名はともに普通に使われたのだが、女性が男性の従属下におかれ、対等な性愛が失われるとともに、女性の性は男性の欲望の対象として卑しめられ、女性性器の名も卑しいものとして口に出すことが憚《はばか》られるにいたるのである。したがって、本当の意味で男女対等的社会が実現したとき、女性性器の名も男性性器のように普通に言えるようになるであろう。

〈総合女性史研究会編『日本女性の歴史　文化と思想』角川選書、一九九三年〉

付論4　閉ざされていなかった人妻の性——万葉集より*

恋愛、性、結婚のあり方

八世紀後半に編纂された『万葉集』には、恋愛、性関係、結婚のあり方を示す歌が多数収められており、私達はそれらの歌を通じて日本古代の男女がどのような恋愛、性関係、結婚を行なっていたのかを知ることができます。そしてそれは、現在の恋愛などのあり方とかなり異なる特徴を持っているのですが、今回はそれらのうち、既婚女性（『万葉集』の用語では人妻）が、夫以外に、性関係をともなう恋人を持つことができたという点を取り上げてみたいと思います。

このことは別のいい方をすれば、古代では人妻の性が、夫以外の異性に対し閉ざされていなかったこと、したがって姦通という概念そのものが未成立で、人妻の夫以外の異性との性関係は、厳しい社会的制裁の対象とはなっていなかったことを意味するのですが、この点も合わせて検討したいと思います。

借り着と同等の気軽さ

人妻の性が閉ざされていなかったことをよく示すものとしては、『万葉集』での、人妻に対し性関係をせまっている歌をあげることができます。たとえば、二八六六番歌では「人妻に言ふは誰《た》か言《こと》さ衣《ころも》のこの紐解《と》けと言ふは誰《た》か言《こと》」と歌われていて、ここには紐を解けというストレートないい方で人妻に性関係をせまるようすが示されています。

そしてこのような状況が決して例外的なものでなかった点は、三四七二番歌「人妻と何か其《あぜ》をいはむ然《そ》らばか隣の衣《きぬ》を借りて着なはも」からもいえます。この歌では「人妻だからいけないとどうしてそれをいうのだろう。では隣の人の着物を借りて着ないだろうか（着るではないか）」（訳は日本古典文学大系『万葉集』による、以下の訳も同書による）と歌われているのですが、人妻との性関係が、隣人からの借り着と同等の気軽なものと考えられているところに、当時人妻が、夫以外の異性と性関係を持つことが禁止されていない状況をみることができます。

人妻を妹と呼ぶ意味

ところで『万葉集』にみられる人妻との性関係を歌った歌のなかで、特に注目されるのは、人妻を妹《いも》と呼んでいる場合です。妹という言葉は、単なる女友達や一時的な性関係の相手をさす言葉ではなく、「結婚の相手として決まった女、妻、男が訪婚して結婚することを許した女」という限定された意味で当時使われているのですが、このような意味を持つ妹という言葉が、人妻に対し使われている点が問題だと考えます。

いま人妻を妹と呼んでいる例として二九〇九番歌をみますと、「おぼろかにわれし思はば人妻にありといふ妹に恋つつあらめや（なまなかに私が思っているのだったら、すでに人妻であるという妹に、私が恋しつづけているであろうか）」と歌われており、ここには、すでに或る男の妻である女性が、この歌のよみ手である別の男の妹でもあるという関係が示されています。この歌には、ある女性がAという男性の妻でありながら、同時にBという男性の妹でもあるという状況が示されているのです。

妻と夫の性関係の違い

このように一人の女性がある男性の妻であると同時に、他の男性の妹でもありえたという関係が、日本古代に存在したことは、別のいい方をすれば、当時姦通という考え方も、それに対する社会的制裁もなかったことを何よりもよく示しているのです。しかしこのことは、人妻の性関係が全く何の制約もなく、社会的に許容されていたことを意味するわけではありません。

人妻の性関係を示す日本語として当時使われていたのは「かだむ」ですが、この言葉は「いつわる、あざむく」という一般的な意味で使われており、そこには姦通という特別な意味は含まれていないのですが、しかし人妻の性関係が全く正常なこととは考えられていない状況を示しています。

このことは、妻に許されるのが性関係をともなう恋人であるのに対し、夫は複数の妻を持つことが許された事実とあいまって、当時すでに貴族層では男性に比べて女性の性関係が閉ざされはじめたことを示すと考えられます。

＊　高木市之助・五味智英・大野晋校注『万葉集』一〜四、日本古典文学大系、一九五七〜六二年、岩波書店。

〈西村汎子他編『文学にみる日本女性の歴史』吉川弘文館、二〇〇〇年〉

付論5　性を売る女性の発生——大和物語より*

「うかれめ」しろという女

平安中期に成立した『大和物語』は、当時の貴族社会の花形的存在であった、皇族や上級貴族などを主人公とし、その挿話をおもな題材として構成された歌物語です。したがってそこには天皇、皇后をはじめ、小野小町や、当時の色好みとして有名な平中などが挿話の主人公として登場しますが、そのような中で異色なのは一四五・一四六段に現れる「うかれめしろ」でしょう。

この「しろ」という女性は一四五段では、譲位後の宇多天皇（宇多が譲位したのは八九七年で、没年は九三一年）が淀川河口に出かけた際、召されて自作の歌を詠み、大変ほめられたと記されています。また一四六段では同じく譲位後の宇多が離宮で宴会を開いた際、大勢参上した「うかれめども」の中で特に声のよい女性がおり、それが「大江の玉淵がむすめ」であったと語られています。

一四六段では大江玉淵のむすめの名は記されていませんが、この女性が一四五段の「しろ」と同一人物である点は、『尊卑分脈』（諸氏の系図を記したもの）の大江玉淵の女の項に「白女、古今集作者」などとある事実からわかります。

「うかれめ」の仕事

『大和物語』でのこの両段からは、うかれめが宴会に呼ばれて自ら歌を作ったり、また歌（自作、他人の作を問わず）を美しい声で歌ったりする女性であったことがわかりますが、ではうかれめが行なうのは、このような行為だけに限られていたのでしょうか？

うかれめは漢字で表すと遊女である――この点は一〇世紀前半成立の『倭名類聚鈔』（今の辞書のようなもの）の「遊女」の項に宇加礼女《うかれめ》の訓が付されている所から明らかです――ことを考えると、このような疑問が生じるのは当然でしょう。そして結論を先にいえば、うかれめ＝遊女は、性を売ることをも行なう女性なのですが、そのことが何を根拠としていえるのか、また日本でこのような性を売る女性が現れたのは、何時、何を原因としてなのか以下考えてみましょう。

「源氏名」の現れる理由

『万葉集』には、漢字で遊行女婦と表記され、ウカレメと訓読された女性たちがおり、彼女たちの仕事も、官人たちの開く宴会に出席して歌を作ったり、自作の歌や古くから伝承されている歌を歌ったりすることでした。このように八世紀の遊行女婦と一〇世紀の遊女は、その漢字表記は異なりますが、ウカレメという日本語と、宴会で行なう仕事の内容は共通します。しかし両者のあいだには、遊行女婦は性を売る女性ではなく、遊女は性を売る女性であるという大きな違いがありました。そしてこのことをもっともよく示すのが彼女たちの名前です。

遊行女婦の名前は、例えば筑紫《つくし》娘子《をとめ》のように、地名にヲトメのような年齢階梯呼称を付したものでしたが、これは当時の一般女性の名前の表記法と同じです。しかし遊女の名は、小馬《こま》、如意《にょい》、香炉《こうろ》、孔雀《くじゃく》のような、すでに一般女性の名前と共通性を持たない、源氏名的なものに変化しているのです。そして遊女がなぜ一般女性とは別の特殊な名を名のる必要があったかといえば、それは遊女が一般女性と区別される社会的存在だったからです。

一般に人間がある存在から他の存在へと社会的身分を移行する際には、改名をともなう通過儀礼が行なわれます（例えば成人式と幼名の改名）。したがって性を売らない一般女性が、性を売る遊女へとその身分を変える際には、それまでの一般女性としての名を捨てて、遊女特有の名を名のることが必要だったのです。前述の「しろ」という名が、一般女性の名と共通性を持たない源氏名的なものであることは、一見して明らかでしょう。

性を売る女性の登場

このような性を売る女性は、「しろ」の話が一〇世紀初頭前後のこととして語られている点からもわかるように、その頃を境として歴史に登場します。そしてこの時期は日本社会において、女性の男性への従属が本格的に開始された時期にあたります。このように買売春（性を買う男性に視点をおき、このような言葉を使う）は、「女性の世界史的敗北（文明段階で世界史的規模で起こる男性への女性の従属）」と同時に発現しているのです。ただ一〇世紀ではまだ「管理売春」は行なわれておらず、また買売春を一区画におしこめることによって成立する、遊廓は現れていない（中国では唐には成立している）点で、後世の買売春ほど発展した形を取っていないのです。

＊　阪倉篤義・大津有一・築島裕・阿部俊子・今井源衛校注『竹取物語・伊勢物語・大和物語』日本古典文学大系、一九五七年、岩波書店。

〈西村汎子他編『文学にみる日本女性の歴史』吉川弘文館、二〇〇〇年〉

付論6　平安時代に始まった買売春

性の売り買いは人間の歴史が始まると同時におこなわれた、このような俗説を信じている人がみなさんのなかにもいるのではないだろうか。しかし、男性が女性を従属させていない社会では、男性が女性の性を買うことはおこなわれていなかった。とくに日本では文字を使用するようになってからも、男女の関係は比較的対等だったので、文字資料から買売春のなかったことがいえるのである。普通、文字が発明された社会では、すでに男女対等性がくずれ、男性が女性を支配する社会的体制（これを家〔父〕長制という）が成立しているので、買売春の不在を示す文字資料の残っていることはまれである。そしてこのまれな社会が日本であり、それは日本がまだ家父長制成立以前の社会であった（売買春が不在であった）時に、中国との国際外交をおこなうために中国語の文字（漢字）を使う必要にせまられたという事情による。では実際にどのような史料を根拠に売買春の不在がいえるのかみてみよう。

女奴隷は安価だった

日本古代社会において、性を売る女性がいなかったことを最もよく示すのは、性の売買の対象として取り引きされる女奴隷がいなかったことである。ほかの社会に比べてその数は少なかったが、古代日本にも奴隷は存在していた。当時の奴隷売買文書には、男女の奴隷は稲と交換する形で売買されていたことが記されている。このような文書で注目されるのは男女の奴隷の価段〔格〕が、男性のほうが高価であった点である（一般的に成人男性稲八〇〇束に対し、成人女性は稲六〇〇束。稲一束は当時の米五升、現在の米二升）。このことは当時の奴隷が単純な労働に対して使われたこと、すなわち女奴隷は性を売るために売買されたのではないことを示している。このような性を売る女奴隷の不在は買売春の不在を証明すると考える。買売春とは管理売買でない限り一回ごとの女性の性の売買であるのに対し、性的対象としての女奴隷の売買とは、女奴隷を購入することによりその女性の性を一生涯買い取ることを意味し、一回限りか、永続的にかの相違はあれ、両者は女性の性の商品化で共通する。したがって後者は存在するのに、前者は不在であるという状態はありえないと考えられるのである。

遊行女婦《うかれめ》は性を売る女性だったのか

ところで古代日本には、役人の開く宴会に列席し、歌をうたうことを職業とする、遊行女婦と呼ばれる女性たちがいた。当時の芸能人である。『万葉集』四〇六六番歌題詞と四〇六七番歌には、遊行女婦の土師《はにし》が当時の越中守《かみ》大伴家持の部下で掾《じょう》（国の役所の三等官）の広縄の家での宴会に列席し、自作の歌をうたうようすが次のように書き留められている。

　四月一日、掾《じょう》久米朝臣広縄《くめのあそんひろなわ》の館にして宴《うたげ》する歌四首
　二上の　山に隠れる　霍公鳥《ほととぎす》　今もなかぬか　君に聞かせむ
　右の一首は、遊行女婦土師作れり

この遊行女婦は、従来多くの男性研究者により性を売る女性と考えられてきた。遊行女婦の、宴会にでて歌をうたうという職業が、明治以降の芸者と似ており、芸者が性を売ったことを考えれば、遊行女婦も性を売ったに

ちがいないと考えられたのであろう。しかし、遊行女婦が性を売る女性でなかった点は、第一に、先に述べたように女奴隷の不在が当時での売買春の不在を示す事実から指摘できると考える。同じことは第二に、遊行女婦佐《さ》夫流《ぶる》のあり方からいえると考える。そこで次に、佐夫流に関連する史料をみてみよう。

『万葉集』四一〇六番歌題詞には「史生尾張少咋《をくひ》に教へ喩《さと》す歌一首」とあり、そこでは、こののち述べる京の妻と遊行女婦佐夫流の関係が「妻有りて更に娶《めと》る」関係としてとらえている。そして四一〇六番歌（長歌）では、京に妻をおいて越中国に単身赴任し、そこで遊行女婦佐夫流に夢中になってしまった書記の尾張少咋に対して、上司の越中守大伴家持が教喩を加えているありさまがうたわれている。次にそれに対する反歌の一つとして次の四一〇八番歌が付されている。

里人の　見る目恥づかし　左夫流兒《さぶるこ》に　さどはす君が　宮出後風《みやでしりぶり》

（里人の見る目を考えると恥ずかしい、左夫流児に迷って左夫流児の家から出勤するあなたの出勤の後ろ姿は）

さらに、四一一〇番歌の題詞と歌には次のように記されている。

先の妻《め》、夫《せ》の君《きみ》の喚使《つかひ》を待たず、みづから来りし時に作る歌一首

左夫流兒が　斎《いつ》きし殿に　鈴掛けぬ　駅馬《はゆま》下《くだ》れり　里もとどろに

（左夫流児が大切にしている御殿（二人が同居している家）に、駅鈴をつけていない少咋の妻の乗った馬が下ってきた、里中鳴りひびくような大きな音をたてて）

右の一連の史料で問題なのは、大伴家持が部下尾張少咋と遊行女婦の関係を、四一〇六番歌題詞にみられるように、「妻有りて更に（妻を）娶る」ととらえている点で、ここでは佐夫流との関係が京の妻との関係と同じく、正規の結婚として考えられている。このように、その関係が京の妻と同じ関係としてとらえられる遊行女婦は、

性を売ることを職業とする女性ではありえない。性を売る女性との性関係を、妻との結婚と同じだと考えることがありえないからである。

第三に遊行女婦が性を売る女性でない点は、その土師、左夫流という普通の女性と共通の名前のあり方からもいえる。このことは、のちにみる性を売る遊女の名が主殿、香炉、孔雀などの源氏名的な名前をもつのと対照的である。

買売春の発生

ところで奴隷の売買文書や『万葉集』など、八世紀の史料からわかる買売春の不在は、九世紀を移行期として、一〇世紀初頭にははっきり変化する。性を売る女性がこの頃から現れるのである。それをよく示すのは一〇世紀前半に成立した『倭名類聚抄』巻一人厘部男女類「遊女夜発附」項の記載で、そこでは遊行女児（遊行女婦と同じ）＝遊女の説明をした後に、「いま案ずるに夜発の名あり、俗に也保知《やほち》という（中略）ある説に曰く昼遊行するを遊女といい、夜を待ちて淫奔を発するを夜発という」との記載がされている。ここでは昼間芸能をおこなうのが遊行女児＝遊女であり、夜になって淫奔を発するのが夜発であると区別されている。一〇世紀になると遊行女児＝遊女も、芸を披露して性を売る存在へと変化しているのだが、そのような女性と区別され、性を売ることだけをもっぱらとする女性が現れているのである。このことは当時すでに買売春のおこなわれたことを何よりもよく示すであろう。

このようにして発生した買売春がその後いかに盛んになったのかを示すのが、大江匡房《おおえのまさふさ》（一〇四一～一一一一年）が晩年執筆した『遊女記』である（次頁【史料】）。ここには、淀川支流神崎川河口など当時の水上交通の要所である神崎、蟹島、江口に集住した遊女が、旅人相手に性を売る状況（傍線部分参照）がみられる。この史料からは一二世紀初めには交通の要所を中心に、性の売買は、一般民衆をまきこんでおこなわれていたことがわかる。

買売春のなかった八世紀から、それが発生した九～一〇世紀以降の変化の背後にあるのは、男女対等的な社会から、家父長制社会への移行である。八世紀の日本では、女性も男性と同様に財産所有権をもち、自分の財産を管理、運営することもできた。この所有のうえでの対等性が、八世紀から九世紀半ばまでの日本社会の男女対等性の基礎であった。しかし徐々に女性の財産所有は制限され、また自分の財産を運営することもできにくくなり、女性は経済的に男性に従属していく。その結果成立したのが家父長制社会であり、そこでは買売春が発生するだけでなく、女性は自分の結婚の決定権、求婚権、離婚権を失っていく。女性の意向を無視した強姦もこの時期から発生する。女性が男性と経済的に対等になった時初めて、男女の関係が望ましいものになると考える。

【史料】（『遊女記』）

摂津《せつの》国に到りて、神崎《かむざき》・蟹島《かしまら》等の地《ところ》あり。門を比《なら》べ戸《こ》を連ねて、人家を絶ゆることなし。倡女《うため》群《たむろ》を成して、扁舟《へんしう》に棹《さお》さして旅船に着き、もて枕席《しむせき》を薦《すす》む。（中略）蓋《けだ》し天下第一の楽しき地《ところ》なり。江口は観音が祖《はじめ》を為《な》せり。中君《なかのきみ》・□・小馬《こま》・白女《しろめ》・主殿《とのもり》あり。蟹島は宮城を宗《むね》と為《な》せり。如意《によい》・香炉《かうろ》・孔雀《くじやく》・立枝あり。神崎は河《か》菰《こ》姫を長者《ちやうじや》と為せり。孤蘇《こそ》・宮子・力命・小児の属《たぐひ》あり。皆これ倶尸羅《くしら》の再誕にして、衣通姫《そとほりひめ》の後身なり。上は卿相《けいしやう》より、下は黎庶《れいそ》に及《いた》るまで、牀第《ゆかむしろ》に接《みちび》き慈愛を施《ほどこ》さずといふことなし。また妻《め》妾《をうなめ》と為りて、身を歿《ほつ》するまで寵《あい》せらる。

（訳）摂津の神崎・蟹島は遊女の家々が軒を連ねている。遊女が群をなして居り、旅人の乗る舟が来ると小舟で近づき、寝所にさそう（中略）。思うに天下一の楽しい所である。江口の遊女の最初は観音で、中君、小馬、白女、主殿が有名である。蟹島では宮城が最高で、その他の有名な遊女には如意、香炉、孔雀、立枚がいる。神崎では河菰姫が遊女の統率者で、孤蘇、宮子、力命、小児などがいる。この遊女たちは皆、声の美しさは倶尸羅《くしら》という鳥のようで、容姿は伝説上の美女衣通姫《そとほりひめ》のようである。公卿・宰相から庶民まで閨房にみちびき、愛情をそそがい〔ない〕なということがない。遊女のなかには、ある人の妻や妾となって一生愛された者もいる。

〈歴史教育者協議会編『学びあう女と男の日本史』青木書店、二〇〇一年〉

Ⅲ　社会の中の女性の地位

第一章　日本古代の家族形態と女性の地位

はじめに

従来の日本古代家族[1]の研究は、現存する八世紀の籍帳記載の「戸」を主たる史料として行なわれ、そこから「戸」を実態とする説＝大家族説と、「戸」を法的擬制とする説＝小家族説が対立して来たが[2]、前者は当時の家族を基本的に家父長制家族とする点で一致し、後者は前者の大家族説のアンチテーゼとして主張された関係上、家父長制への明確な言及を欠くが、その主張する小家族の内実は後世の家族形態たる父系直系家族と同一たる以上、当時の家族を家父長制的なものとする点で大家族説と共通するとしていいだろう。そして学界でのかかる一致した見解に対し、当時の家族が家父長制成立以前のものとまず主張されたのが高群逸枝氏[3]であり、次いで近年吉田孝氏からも同様な見解[4]が提出されている。ところで、かかる家父長制家族の存否をめぐる対立が、古代社会での女性の地位の評価と必然的に結合せざるをえないのは自明であり、事実それに関しては当時の女性の地位を高く評価する高群説と、それとは正反対の立場に立つ家父長制家族論者の説とが鋭く対立している。以下本章ではかかる対立をふまえた上で当時の「家族」の非家父長制たる点を明らかにすることを主眼とし、次いでかかる事象と結合する当時の女性の地位について大よその見通しを立てたいと思う。

第一節　律令社会における「家族」形態

家族の考察に先立ち従来古代家族研究の主史料とされて来た籍帳についての態度をまず明らかにすると、籍帳記載の「戸」は律令国家の人民支配の為に編成されたもので[5]、当時の家族形態研究には何らかの史料的操作を経た上でないと使用できないとするのが私の基本的立場である。従って本章では籍帳以外の史料により古代家族の考察を行なうことを方針とするが、既にかかる観点から当時の家族の考察を行なった吉田孝氏[6]によれば、古代には家族のすまいを意味するイヘ語の他に、空間的にはヤ・クラを含む一区画、機能的には経営（主として農業）の単位を意味するヤケの語が存在し、主として前者は「家」、後者は「宅」の字で表現されたこと、及び首長層のイヘが一つの経営単位として成長して来ると、そこではイヘはすまいを意味すると同時に従来ヤケの言葉の荷なっていた農業経営の単位をも意味するに至ったことが明らかにされている。即ち氏によれば、当時の家[7]には、首長層の如く農業経営として自立するには至らない、一般農民層での単なるすまいとしての家＝生活共同体[8]としての家と、首長層での、自立した農業経営単位でかつ生活共同体をもなす家の二種類の家が存在したことになるが、いま氏のかかる指摘をふまえて当時の史料にみえる家を検討してみると[9]、一般農民層、及び首長層中の豪族層[10]については氏の結論の正しいことが判明する。

即ち一般農民層の家は、「人民、家を作りて居り。故、家嶋と号く」（播磨国風土記揖保郡家嶋条）とある例、「極めて窮しくして食无く子を養うに便无く藤を綴る」ような女が「常に家に住」むとされる例（日本霊異記上巻十三話）に代表されるように、全てすまいとしての家以上のものを意味しないが、豪族層の家は、霊異記上巻二話で、

「女『聴さむ』と答へ言ひて、即ち家に将《ゐ》て交通《とつ》ぎ相住む」家が、他方ではこの層の経営主体を示す、「家長」、「家室」[11]からなる家としても使われており、そこではすまいとしての家が同時に経営単位をもなしているのであって、霊異記上巻二十三話で「己が家に住まらず」とされるすまいとしての家が、他方では「汝が家財《たから》に饒《ゆたか》なり。貸稲多くして吉《よ》し」として、出挙を行なう経営主体たる家としても使われているのも同様な例としてよいだろう。

　ところで吉田氏の言われる首長層とは豪族層と貴族層を共に包摂する概念だが、貴族層についても豪族層の様な、すまいとしての家＝生活共同体と経営単位の重複がみられるかどうかが問題である。そこで貴族の家について瞥見すると、貴族層においては生活共同体としての家と経営単位としての家が重複しない所にその特徴が存在するのであり、そこでは「家にあれば笥《け》に盛る飯《いひ》を草枕旅にしあれば椎の葉に盛る」（万葉集一四二番、詠者有馬皇子）、「わが背子が着る衣薄し佐保風はいたくな吹きそ家に至るまで」（万葉集九七九番、詠者大伴坂上郎女）のようなすまいの家としての用法がみられる一方、他方では「大納言藤原家　牒東大寺司務所」で始まり、「外従五位下行家令田辺史」の署名のある天平勝宝元年八月八日付文書（大日本古文書三巻二七三頁）にみられる如き家令職員令規定の家（＝公的家）の用法が存在するのだが、この公的家は、個人の有する位階によってその設置が国家から公認される点から明白な様に、個々人ごとに形成される家政機関たる所にその著しい特色が存したのである。[12]

　かくして、家政機関が個人ごとに形成される点から明白なように貴族層では経営単位は生活共同体と重複せず、経営は個人単位で遂行されたのだが、次に当時の家族の考察のために家族形態の規定的要因をなす当時の所有形態について必要な範囲内で瞥見しておく（なおこれについては後に詳論する）と、日本古代における所有が「氏族共有の枠内」での氏族員個々（男女個々）の分割私産としての本質をもつ点が高群逸枝氏により先駆的に指摘されている[13]。かかる高群説の基本的な正しさは当時の基本的生産手段たる土地所有が、共同体的所有を集約した国家的土地所有下の個人占有として表われる事実[14]からもいえるのだが、かかる基本的生産手段についての所有形態[15]に規定され、日本古代の所有は（共同体的所有を背後にもつ）個人単位の所有として必然的に現出せざるをえない[16]のである。そしてかかる個人単位の所有の現象形態の一つこそ高群氏が一貫して主張された夫婦別産事象[17]だが、当時夫婦間のみでなく親子・兄弟姉妹間も別産である点については私も考察を加えた所であり[18]、当時の「家族」とは個人産の所有主体たる男女が各自の私産を持ちより[19]婚姻することにより生活共同体を形成したものであった。

さて以上が当時の所有についての瞥見だが、前述の生活共同体と経営の関係に加え、かかる所有形態を導入して当時の家族形態を考えると、まず一般農民層では血縁を中心とする集団からなる生活共同体[20]としての家が存在し、その家は日常的な農耕の単位をもなしていた[21]が、それは首長層・富豪層に依存することによりかろうじて再生産可能なもので、自立した経営単位を形成しておらず[22]、従ってこの層では生活共同体構成員による個人単位の所有下に――おそらくは実際にはその所有を合せて[23]――日常的農耕を行なう自立経営に達しない生活共同体としての家が併存していたとしてよいだろう。次に豪族層では前述の如く、血縁を中心とする集団からなる生活共同体としての家が同時に経営単位をも意味する所にその特徴があり、かかる生活共同体及び経営主体としての家が個人単位による所有と併存していたのであり、貴族層では、血縁を中心とする集団を単位とする生活共同体としての家と、個人を単位とする所有並びに経営の主体としての家[24]が併存していたのである。従って豪族層と貴族層では経営単位が集団としての生活共同体と重複する（豪族層）か、個人単位の所有単位と結合する（貴族層）かに決定的相違が存するのだが、かかる相違の原因は国家的収奪機構に寄生してその経営を行ないえた後者[25]が、その経営を各自の所有に即して展開出来たのに対し、国家機構に寄生することなく自らの力で在地に自己の経営を展開せざるをえなかった前者においては、生活共同体構成員（主として夫妻）の個人単位の所有（現実にはそれを合せた形での所有）を基に、一つの強力な経営体を形成することなしに自らの経営を維持できなかった点にあると考える。

従って日本古代においては生活共同体・所有・経営の三者の、各階層個有の分裂と結合の独自の関連のなかにこそその階層特有の家族形態が存在しているのだが、総じていえば生活共同体が経済（所有・経営）の単位と分離している――経済単位と最も重複している豪族層においてすら生活共同体は経営単位とのみ重なっているに過ぎない――所に古代家族の著しい特徴がみられるのであり、当時の家族は総体的に生活共同体以上のものに発展していなかったとしていいだろう。

ところで当時の家族が遂にそれ以上のものに発展しなかった生活共同体については、その構成員の血縁紐帯は母系が規定的であり[26]、かつその様な血縁紐帯のあり方をもたらす当時の婚姻形態は、一定の条件下で現出する夫方居住婚を除くと通いを経た妻方居住婚である点[27]は既に考察した所であり、また一般農民層における生活共同体としての家の流動性、不安定性については既に吉田孝氏により指摘されているが[28]、当時の生活共同体の特質が経済的単位との分離にある以上、かかる属性は当然帰納されるのであり、それは一般農民層のみでなく程度の差はあれ全階層についてみられる特性であったと考えられる[29]。

かくして当時の「家族」（歴史用語としては家）は所有の未発達性――共有下での個人（男女）占有――に規定され、未だそれ独自の財産（家産）を所有する一個の経済的単位にまで発達せず、規定的には母系血縁紐帯で結合する、不安定かつ流動的な生活共同体以上のものではなく、従ってそれは、家産により裏付けられた一つの経済的単位でありかつ父系の固定的メンバーシップ保持者からなる永続的（超世代的）団体としての後代の日本の家族とは異なるもの[30]であった。

　では次にかかる家の内部における経営の具体的あり方はどのようなものだったのだろうか。ここでは、経営として自立するに至らない農民層、及び経営も個人単位で展開される貴族層を除き、豪族層におけるそれを男女(＝夫妻)の役割と地位に注意して考察したい。

　ところでこの層の経営形態については既に河音能平氏により、家長が家産所有主体、家室は家産分配主体(以上傍点引用者)という役割分担があったとの指摘が行なわれている[31]。しかし当時財産所有は前述のように個人を単位にしてのみ実現されたのであり、当然家族を単位とした財産所有たる家産は未だ形成されず、従って家室も家長と共に自己の個人産所有主体として存在したのである。そしてかかる自己産所有主体としての家長、家室がともに経営に関与した点は、『霊異記』中巻三四話でのこの層の経営の没落が父と母(即ち家長と家室)両者の死亡によりひきおこされている点[32]からも推測されるのだが、事実同書下巻二六話では讃岐国美貴郡大領妻田中真人広虫女が多量の「馬・牛・奴婢・稲銭・田畠」を自ら所有し、かつその所有を基礎にこの層の経営に特徴的な経済活動たる出挙を遂行しているのである。大規模な動産、田畠を女性が所有する例は他にも知られるが、それらの例をふくめ、特に近江国浅井郡の中嶋連大刀自古の様に積極的に買得による土地の大規模集積をおし進めている場合[33]には、自らの所有に基づく経営活動をも遂行していたことは確実と考えられる[34]。

　しかし当該層における経営の比重が既に男性に移行しつつあったのは確かで、霊異記においても前引美貴郡大領妻の場合を除き、出挙の遂行は男性に限られ[35]、霊異記の成立した九世紀[36]を移行期としてこの層の経営は急速に男性＝家長に独占されていくのであり、その帰結した形が宇津保物語「吹上(上)[37]」における神奈備種松の家における経営、並びに所有のあり方であった。即ち当時の豪族層級の大経営の内部構造を示す貴重な例として従来もとり上げられて来た種松例は、「所々の別当」の監督する、「作物所」「鋳物師の所」等における種々の手工業生産と、一〇〇人もの「家どもの預」による各地での農業経営の両者からなる巨大な経営だが、かかる大経営の主体は、「ここハ主の種松のぬしいまそかり。御前に男ども二百人許りヰて、物いひなどす」（傍点引用者）との記述から明らかな様に種松であり、彼の妻たる北の方は、女房等が「朱の台四して、かねの杯どもして物まヰる」ような、奉仕の対象としてのみ描かれているにすぎない。即ち一〇世紀中頃の成立とされる宇津保物語[38]では、九世紀初めに成立した霊異記における如き家長・家室的経営形態は既に消滅し[39]、「家長」一人による大経営の遂行が実現しているのである。しかし種松例で同時に注意すべきは、ここでも妻が夫と別の財産所有主体として存在する点であり、「家の内、四面八丁、築地築きいれたり。垣に沿ひて、一面に大なる檜皮葺の倉、四十宛建て廻り、百六十の倉なり。これは、北方の御私物、綾、錦、絹、絲、縑など、棟と等しう積みて、とり納めぬる倉なり」（傍点引用者）との記述から判明する様に、種松の百六十の倉とは区別される「北方の御私物」を納めた倉が存在するのである。即ち種松の場合、夫妻別産による各自の財産所有を前提としながら、現実には妻の所有財産を自己のそれに合せた上で夫による経営が行なわれ、その経営活動の結果えられた収穫物は夫と妻の所有に比例して配分されたと推測されるのであり、先の「北方の御私物」とは、かかる収穫物を軽貨物に変えて蓄積したものと考えられよう。

かくして当該層では八、九世紀の、別産に基づく家長・家室的経営から、一〇世紀の、別産を前提としながら既に経営を「家長」が独占的に行なう形態への移行が行なわれたのだが、経営権の掌握が土地集積を始めとする所有の拡大に決定的に有利である以上、それを行ないうる夫と、譲与により獲得した個人産以上のものを所有しえない妻との差は決定的で、事実種松例でも夫の財産所有は妻のそれに比べ圧倒的に大きく（前引史料における種松の百六十の倉と、北の方の倉を比べられたい）、夫による経営の独占遂行は夫妻間の所有形態をも大きく変化させるに至るのである。[40] 従って一〇世紀以降の当該層でのかかる所有と経営のあり方は、未だ女性の個人産所有がみられるとは言え、既にこの層の家族が家父長制への第一歩を明確にふみ出したことを示していよう。

以上、生活共同体、経営、所有の、三階層での独自な分離と結合のあり方をまずおさえた上で、生活共同体と経営の当該社会での特質を更に具体的に考察したが、最後に家族形態の規定的要因たる所有形態について、それが前述のような意味での個人単位のものであった点の論証を更に行ないたい。

そのための材料は出挙の債務主体の問題であり、以下それについての検討を行なうと、日本古代での出挙の債務主体は、「家資尽者、役レ身折酬」（雑令一九条）、「若家資尽。亦准上条（一九条のこと）」（同二〇条）との令規定や、「公私挙稲毎レ郡数多。至二于責徴一償財不レ足。即償二田宅一」（三代格天平六年五月廿三日太政官符）の如く出挙を「田宅」により償う例[41]等から一見家単位であるかにみえる。しかしこれは前者については唐雑令一七条条文をそのまま採用した結果であり、実際には出挙の債務主体は個人単位であった点は、当時の出挙の債権債務関係が父子間または母子間で成立する事実[42]から明白であり、更に備中国大税負死亡人帳（大日本古文書二巻二四七頁以下）において、国家から貸し付けられた出挙稲の負債額が個人ごとに記載されている事実は、当時の出挙の債務主体が個人であることを明示している。[43] 従って当時の出挙の債務主体は公私を通じて個人であったと考えられるのだが、更にこの点の考察を出挙銭[44]に関する文書の検討を通じて行ないたい。

これに関する文書は大日本古文書三巻三九一頁（以下第一文書と称する）、三九五頁（第二文書）、四〇五頁（第三文書）、四〇六頁（第四文書）にそれぞれ記載される四通[45]だが、債務者が個人たる第四文書を除く他の三通は夫妻と思われる男女（及びその所生子）が共同債務者として表われる点が注目される。[46] 即ち第一文書では「新田部宿禰入加、恵良古宇都久志女」が「二人生死同心」、第二文書では「高屋連兄胲、相妻矢原木女、女稲女、阿波比女[47]」が「□（右カ）人生死同心」、第三文書では「山道真人津守、息長真人家女、山道真人三中」が「右、件三人、死生同心」とされており、そのことによって出挙銭を借りているのだが、この「生死同心」（または「死生同心」）とは連帯債務を意味するもので[48]、従ってそれは血縁関係のない人間の間でも成立しうる関係であった[49]。とすればこの第一・二・三文書において「死生同心」（十）している夫・妻、更には所生子[50]は、それぞれ相互に独立した経済的主体として、血縁関係のない人間同志の場合と同じく共同債務者として関係しているのであり、かかるあり方は出挙の債務主体が個人である点において、債務者が出雲安麻呂一人であらわれる第四文書の場合と本質的に共通するのである。

ところで債務主体が個人たる事実は、別の表現をすれば家族を代表する家父長のみが債務の主体となりうるような段階に当該社会が未だ到達していないことを示すのだが、事実そのことは、当該文書において共同債務者が夫と妻（第一文書）ないし夫、妻、子（第三文書）[51]として表われ、家父長たる夫のみが債務主体たりうる形に至っていない点に明瞭に観取されるのである。

以上の考察から、当時の出挙の債務主体が個人である点、かつそのことから必然的に導き出される結果だが、出挙の債務主体が家父長に限定される形に到達していない点が明らかになったと考えるが、実は当時におけるかかる債務主体のあり方こそ前述の当時の財産所有形態（個人による所有を本質とし、その現象形態としての夫妻・親子・兄弟姉妹間の別産事象）に規定されているのであって、所有主体が個人だからこそ債務主体もまた個人として表われざるをえず、所有権が家族を代表する家父長一人に専有されない（即ち「家族」員間の別産）からこそ債務主体もまた家父長のみに限定される形に到達していない[52]のである。従って上述来の出挙の債務主体のあり方は、前述の財産所有形態についての私見を裏付ける有力な事実としてよいだろう。

　ところで日本での上記のような財産所有の特質は中国のそれとの対比から一層明らかであり、中国では財産所有は基本的に家産として存在し[53]、その家産は家父たる父の所有下におかれた（その法的権利主体は父にのみ属した）[54]のだが、その家産はいずれ女子をのぞく兄弟間に分割されるのである。即ち中国では財産所有が家産として表われ、従って家族が経済的裏付けをもつ確固とした単位をなす点、女子が財産所有から排除されている点[55]で日本と決定的に異なるのだが、かかる財産所有のあり方が出挙をもふくめた債務権のあり方を規定しているのであり、中国では――家父長型の家において――債務主体になりうるのが家父に限定される点、及びかかる債務権（借財権）のあり方が家父による全家産の専有と結合している点が既に指摘されている[56]。以上のように中国では家長たる父による家産所有権及びそれと不可分に結合する家父の借財権が他の家族員のそれからの排除と結合して確立しており、その結果として家族は家父所有の家産に裏付けられた確固とした経済的単位を形成していたのだが、日本では上述のように財産所有は女子をも含む個人単位で行なわれ、従って借財行為も「家族」構成員が独自に行ないえたのであり、その結果として「家族」が所有・経営（但し豪族は別）等の経済的単位と分離している所に日本古代家族の中国とは異なる特徴が存したのである。

　以上のように中国では家長としての父（妻からみれば夫）がいる限り家族員は財産所有並びに借財行為から排除されたのに対し、日本では生活共同体構成員の或る一定資格以上の者全員[57]がかかる主体になりえたのだが、日本古代の「家族」の特徴をこのように把握する時、個人単位の財産所有が集団としての生活共同体の場で現実にどう表われたかが問題である。即ち前引霊異記上巻二十三話では「汝が家財に饒《ゆた》なり」とあって一見家が財産所有主体の様に表現されているが、これは豪族層における家単位の経営が、家の構成員各自の財産を合せた所有の上で展開されていることを示し、この層においては個人単位の財産所有の原理の上に、現実には構成員の所有を集積して経営・消費が行なわれたことを示すだろう。そしてかかる事情は自立した経営単位を形成するに至らない一般農民層についても同様であったと考えられるのであり、養老雑令一九・二〇条の「家資」が唐令相当条文の継承たる点は前述の通りだが、それとは別に国家が一般農民の「家産」を実際に問題にしている事例[58]が知られており、かかる家産は上記のような事象例としてよいだろう[59]。

以上日本古代における生活共同体、経営、所有の、一般農民層、豪族層、貴族層三階層における独自な結合と分離のあり方、及び生活共同体、経営、所有の具体的考察を通じ、当該社会での「家族」が生活共同体以上のものに到達せず、従って家父が家産を専有する（兄弟型の家では家長が家産を統率する[60]）強固な経済的単位としての中国家族と決定的に異なる点をみて来た。ところで日本古代の家族を家父長制家族とする論者がその理論的根拠とするのは、エンゲルスの『家族・私有財産・国家の起源』だが、そこから析出される家父長制の本質は、私の理解によれば家父長による基本的生産手段の所有とそれに基づく生産物の分配の独占を物質的基礎とする家父権力にある[61]のだが、かかるものと、基本的生産手段たる土地の所有が共同体的所有を基礎とする国家的所有下の個人占有に留まり、それに制約されて財産所有は生活共同体構成員の個人産所有としてしか現象しないという当該社会のあり方が決定的に異なるのは明白である。従って日本古代の「家族」は家父長制家族に到達する以前のものとするのが本節での結論だが、ではかかる「家族」形態下において、女性の社会的地位はどのように規定されるのか次節で考察したい。

第二節　共同体・社会の非家族的構成と女性の地位

前節で私は当該社会での所有が高群氏の指摘のように氏族共有の枠内での男女私有以上のものに到達せず、従って「家族」が経済的単位を形成しえない事実を明らかにしたが、かかる経済的単位をなす家族の未成立は、必然的に社会的単位としての家族の未成立をも意味するはずであり、そのことは別の表現に従えば共同体（ないしその拡大形態としての社会）が家族によって構成されていないことでもあるが、所有形態から論理的に導き出せるかかる日本古代の共同体の非家族的構成を、[62] 以下当時の史料から直接実証したいと思う。

そのための材料は儀制令春時祭田条集解古記説[63]であり、以下その分析を行ないたいが、そこで最も注目されるのは「幷人別設レ食。男女悉集。告二国家法一。令レ知訖即以レ歯居レ坐。以二子弟等一充二膳部一。供二給飲食一」とある部分で、村ごとにある社の春秋二時の祭りに際しそれに参加出来るのは「男女悉集」（古記では「人夫集聚」）とあるように女も含まれるのだが、[64] この「男女」は子弟を膳部として飲食を供されるような、子弟とは区別されるある一定年齢層以上に属し、[65] しかも中国の郷飲酒礼における坐[66]に比定されるような村落身分秩序の表象としての座（「以レ歯居レ坐」ような座でかつ「人別設レ食」けられるような座）を占めることの出来る存在としての男女であった。即ち当史料から古代の村落祭祀への参加が家を代表する家父長によってではなく、一定の資格をもつ男女により行なわれた点が判明するが、このように共同体の再生産構造の一環をなす祭祀への参加が家単位でなく一定年齢以上の男女により行なわれる点にこそ村＝共同体[67]の構成が未だ家族を単位にするに至らない事情が明白に観取されるのである。

ところでこの様に考える時直ちに問題になるのは古記の「令下二其郷家一備設上」、一云の「毎レ家量レ状取二斂稲一」の家であり、祭りの費用の家による負担はこの村が一見家を構成単位としていることを思わせる。しかしこの家こそ先述した一般農民層の生活共同体としての家なのであり、個人産所有主体としての男女が婚姻により個人産を合せて形成する、寝、食、更には消費の単位としての家こそが当史料の家で、それは一つの生活共同体をなす限りで祭りの費用を負担する単位にはなりうるが(68)、それが決して家産を所有し家長に代表される確固とした共同体の構成単位にまで達しなかったからこそ、祭りの参加は家を代表する家長ではなく「男女」により行なわれるのである。

そしてかかる村＝共同体が家を単位に構成されていないことと表裏一体をなす、女も男と共に村落行事としての祭りに参加出来た事象は、女も男と共に共同体内で公的地位を占めたことを意味する（後述の土地占有権の保持も女性の共同体内のかかる地位に関連する事象であった(69)）のだが、かかる女性の社会的地位を伴う古代の村落祭祀のあり方は、自立した個別経営としての家族を構成単位とする中世村落祭祀が、家族を代表する家長からなる宮座によって遂行される事実(70)と対比する時、その独自性が一層明白だろう。

以上私は所有形態に規定された共同体の非家族的構成＝「男女」成員からなる構成(71)を論じたが、かかる日本古代の所有形態並びに共同体の特質と密接に関連するものとしてわが国の班田制をあげることができよう。即ち女子への口分田班給を伴うわが国の班田制は、共同体的土地所有下の男女成員による占有という共同体の慣行をふまえて律令法として規定されたものであり(72)、従ってそこには、共有下の個人による占有という上述来の所有形態と、共同体所有下の土地が家族ないし家族を前提とした単位にわりあてられる(73)のではなく男女個々人にわりあてられる事実から帰納される共同体の非家族的構成がともに観取されるのであり、中国の規定と異なる日本の班田制の独自のあり方自体が上述来の所有並びにそれに規定された共同体の日本的特質の存在の証明をなしていると考えられるのである。(75)

以上私は共同体の非家族的構成を論じたが、それが同時に家父長制家族の未成立を意味し、また一般農民層においては自立した個別経営の未成立をも意味した点(76)はこれまでの叙述から明らかだろう。そしてこのような「家族」の非家父長的形態、及びそれと表裏一体の関係にある当時の共同体の非家族的構成からは、当然家父長権に従属・包摂されず、共同体内において男とともに公的地位（それ自身独立した地位）を占める女性の存在が析出されるのだが、当該社会における女性のかかるあり方は律令規定自体にも反映しているのであり、女子班田を伴う口分田班給規定が共同体内における女性の公的地位と関連する点は先にも言及したが、わが国の律令規定において、官位に伴う諸特権が女性にも適用される事実もかかる女性の地位とかかわる事象であった。即ち日本では女性は自らの独立した存在に対し官位を与えられ、かつ官位をもつ限り男性有位者と同じく位田、位封・位祿、資人等の賜与や公的家の設置が認められたのに(77)対し、中国においては女性の官品は基本的に夫の官品に応じて他律的に規定され、(78)かつ男性有官品者に認められる諸特権も女性には適用されなかったのだが、(79)日本と中国との、官位（官品）とそれに附随する諸特権の女性をめぐるかかるあり方の相違こそ、女性が自らの独立した地位を共同体（ないし社会）に占めえた日本と、女性の存在が家父長権に包摂され、女性自らが独立した地位を占めえない中国との相違に基づいているのである。(80)

以上本章では日本古代における、所有形態に規定された家父長制家族の未成立、並びにそれと不可分の共同体（ないし社会）の非家族的構成とその下での共同体（社会）における家父長制家族に吸収されない女性の独自の地位の存在についてごく大まかな主張を行なったが、それは日本古代の所有を氏族共有の枠内での氏族員個々の分割私産であり、従って家族（家父長）による所有は未だ成立していないとする高群逸枝氏の秀れた指摘にみちびかれた結果にすぎず、本章はかかる氏の指摘を私なりにごく大まかに検証した以上のものではない。

注

（1）本章で古代という場合、その考察の中心を律令国家の存続期たる七世紀末より一〇世紀初頭に限定したい。上限設定については、この期以降に初めて確実な史料が存在するという技術的理由もあるが、より基本的にはこの期が古代（＝国家）の開始時期とする最近の説に依拠するからであり、下限については、同じ古代でもこの期を境に家族並びに女性の地位が変化し始めるのだが、それ以前の家族と女性の地位の実態の考察こそが本章の目的だからである。

（2）紙面の都合上詳細な学説史の検討は省略する。

（3）同【高群逸枝】氏『招婿婚の研究』【講談社、一九五三年、『高群逸枝全集』二、理論社、一九六六年】。

（4）同【吉田孝】氏「律令制と村落」（岩波講座『日本歴史』3【岩波書店、一九七六年、のち同『律令国家と古代の社会』同上、一九八三年に改題して所収】）。

（5）この点については注(76)参照。

（6）同【吉田孝】氏「ヤヶについての基礎的考察」（【井上光貞博士還暦記念会編】『古代史論叢』中巻【吉川弘文館、一九七八年、のち注(4)前掲書所収】）。

（7）以下、主として「家」で表記された当時のイへを家と表現する。

（8）すまいが家族員による食・住を共にする場である点を考えると、すまいとしての家とは生活共同体を指すとしてよいだろう。なお生活共同体が食・住、更には消費を共にする単位を意味する概念である点は、中根千枝『家族の構造』【東京大学出版会、一九七〇年】第一章第一節参照。

（9）当時の「家」の史料の更に詳しい検討は、拙稿「日本古代の豪貴族層における家族の特質について（下）」（『原始古代社会研究』6所収予定【校倉書房、一九八四年、のち拙著『日本古代家族史の研究』下、塙書房、二〇〇四年所収】）で行なっており、合わせて参照されたい。

(10) 豪族層及び貴族層についての定義は、拙稿「日本古代の豪貴族層における家族の特質について（上）」（『原始古代社会研究』5【校倉書房、一九七九年、のち右掲拙著所収】）の注(9)参照。

(11) 家長・家室とこの層の経営の関係については後述する。

(12) かかる公的家の特質については注(9)拙稿で検討を行なっており、ここではその結論のみ引用した。そのため論旨が判りにくくなっている点をおわびしたい。

(13) 同【高群逸枝】氏『女性の歴史』（全集版【『高群逸枝全集』四・五、理論社、一九六六年】）一六五頁。

(14) 女子への口分田班給を伴う日本の班田制の本質がかかるものたる点は拙稿「歴史学における女性史研究の意義」（『人民の歴史学』五二号【一九七七年、本書Ⅰ―第一章】）で指摘したが、後述部分でも言及する。

(15) 当時動産たる奴婢についても、その所有が「ウヂ的所有の枠内での分有」たる点が義江明子氏により明らかにされている（同氏「日本古代奴婢所有の特質―戸令応分条の分析を通じて―」『日本史研究』二〇九【一九八〇年、のち同『日本古代の氏の構造』吉川弘文館、一九八六年所収】）。

(16) 以下において個人単位の所有という場合、その所有の内容を全て共有の枠内での分有ないし占有と考えているわけではなく、完全な私有も動産の或物については成立していたと考える。従ってその所有とは占有から私有までを含むが、基本的生産手段の所有形態がこれらの所有のあり方を総体的に規定していたと考える。

(17) 高群逸枝注(3)著書参照。なお服藤早苗氏の未発表修士論文「平安時代に於ける相続制と女子相続権について」第四章二節は、高群氏の使用されなかった当時の文書から夫婦別産を実証されている。

(18) 注(10)及び(9)引用拙稿参照。なお個人単位の所有にもとづくかかる夫婦・親子、兄弟姉妹間の別産事象は、当時の兄弟姉妹間の均分的相続慣行と不可分だが、かかる相続法については服藤早苗「平安時代の相続について―女子相続権を中心に―」（【家族史研究編集委員会編】『家族史研究』二【大月書店、一九八〇年】）参照。

(19) ここでは所有の原理を問題としており、一般農民が現実にどの程度の財産所有を実現していたのかという点は一応捨象する。
(20) 当時の生活共同体としての家が容易に非血縁者をも含みこんだ点は注(4)吉田論文一五六頁参照。なお豪貴族層の場合、そこには奴婢等も包摂したことは勿論である。
(21) 注(4)吉田論文一五五頁。なお「防人に発たむ騒きに家（原文「伊敝」）の妹がなるべき事を言はず来ぬかも」（万葉集四三六四番）の家はかかる家の例としてよいだろう。
(22) 注(4)吉田論文一七三頁。
(23) この点については、豪族層の所有も同じくかかる形態をとっただろうことと併せて後述する。
(24) この層においては個人を単位とする所有を基礎にして個人による経営主体としての家が形成されたのだが、それについては注(9)論文で論ずることにし、ここではかかる両者の関係を示す一例をあげると、天平十年周防国正税帳に「割寄故左大臣藤原家封穀一百七十一斛七斗五升」（『大日本古文書』三巻一四三頁）との記載があり「故左大臣藤原家」は封穀の収納先として表われているが、かかる業務にかかわる家は経営主体としての家を示すとしてよく、またこの家が個人単位の財産所有と密接に関連するのは、外ならぬ封戸の国家給付が個人に対して行なわれる（祿令食封条）点から明瞭で、ここでの家は個人単位の所有とそれに基づく経営主体としての家を表わしていると考えられる。
(25) 例を挙げれば封戸の租・庸・調の国衙を通じての収取等。
(26) 拙稿「日本古代家族の規定的血縁紐帯について」（【注(6)前掲】『古代史論叢』中巻【のち注(9)前掲拙著所収】）。
(27) 拙稿「日本の婚姻」（『東アジア世界における日本古代史講座』十巻所収予定【学生社、一九八四年、のち拙著『日本古代婚姻史の研究』下、塙書房、一九九三年に改題して所収】）参照。但しそれが高群逸枝氏が一〇世紀以降の貴族について実証した（注(3)著書）ように、妻方居住婚から更に独立居住婚に移行したか否かは不明である。
(28) 同氏注(4)引用論文一五五、一七三頁等参照。
(29) 当時の婚姻形態が、夫と妻の離合の容易な対偶婚の段階に留まる事実（この点の論証は拙稿「律令国家における嫡妻・妾制について」『史学雑誌』81―1【一九七二年、のち注(27)前掲拙著所収】参照）は、かかる事象と関連しよう。

(30) 拙稿「律令国家における嫡庶子制について」（『日本史研究』一〇五号【一九六九年、のち注(9)前掲拙著所収】）で考察した当時の社会における家族単位の嫡子制の未成立はこの点とかかわる事象である。

(31) 同【河音能平】氏「日本令における戸主と家長」（『中世封建制成立史論』【東京大学出版会、一九七一年】所収）。

(32) この点については吉田注(4)論文一七四頁でも指摘されている。

(33) かかる女性についての所有例については注(14)引用拙稿参照。

(34) なお続紀天平十九年五月辛卯条に「力田外正六位下前部宝公授外従五位下。其妻久米舎人妹女外少初位上」とある例も、夫のみでなく妻も力田として農業経営にかかわっていることを示すと考えられ、家長・家室的経営が国家側の史料に記された貴重な例としてよいだろう。

(35) 例えば上巻二三話、三〇話、下巻四話、二二話等。

(36) 日本古典文学大系の同書「解説」参照。

(37) 以下同書からの引用は手元にある日本古典文学大系本によった。

(38) 右掲書（三）の「解説」参照。

(39) 霊異記の説話の再話をしている今昔物語において「家長・家室」という用語が一切みられない事実は、かかる経営が特定の歴史段階のものであることを示している。

(40) 当時かかる事態が一般的に進行していた点については服藤早苗氏により明らかにされている（同氏注(17)修論）。即ち氏によれば土地売買について九世紀までは女性の買人が売人に比し多く、しかも大規模買得者が存在したのに対し、一〇世紀を境に女性の買人が売人に比し少なくなり、かつ一町以上の大規模買得者が存在しなくなり、それは経済的活動からの女性の後退を示すのだが、当時の売券の分析を通じてのかかる結論は、当層での所有と経営のあり方の、八、九世紀から一〇世紀以降への変化を主張する管見を実証するものと考える。

(41) 個人による出挙の債務（後述）と、集団としての生活共同体のすまいの場たる宅・宅地・家地等がその質物とされることの関連については、後述の財産所有が家を単位にしているかにみえる事象とかかわって解明すべき点だが、それについては別の機会にゆずりたい。

(42) この点については注(10)引用拙稿で親子間の別産の事例として既に考察した。

(43) なおこの他に公出挙の単位が個人であることを示すものとして各国正税帳記載（例えば天平六年尾張国正税帳には「債稲身死伯姓二百五十三人、免稲九千九百卅七束」（『大日本古文書』一巻六一三頁）とある）や、天平九年河内国大税負死亡人帳の一部（大日本古文書二四巻六〇頁）等がある。

(44) 八世紀に中央官衙で行なわれた出挙銭については鬼頭清明「八・九世紀における出挙銭の存在形態」（『日本古代都市論序説』【法政大学出版局、一九七七年】所収）参照。なお氏はそこで竹内理三氏の指摘をふまえた上で月借銭と出挙銭の相違を明らかにされているが、本章では本来の出挙に当る後者に限り考察する。なお月借銭をもふくめた当時の債務のあり方についての全面的検討は別の機会に果したい。従ってここでの叙述はそのための素描にすぎない。

(45) なおこの文書の性質については鬼頭右掲論文注(10)（著書二三二頁）参照。なおこの四通と同系統の文書とされる大日本古文書四、二六一頁、二七三頁、五〇八頁記載の三文書については、月借銭解たる二七三頁の文書を除く二通とも個人による借銭の例であり、考察の必要がないのでここでは取り上げない。

(46) なおこの四通の文書の債権者については、それを造東大寺司とする鬼頭氏の説（注(44)前掲論文）、及び安都雄足との関係を考える吉田孝氏の説（「律令時代の交易」【〔】『日本経済史大系』Ⅰ【東京大学出版会、一九六五年】所収）の補注2・3参照）がある。

(47) 但しこのうちの女二人の特殊性については後注(51)で言及する。

(48) 佐藤進一『古文書学入門』【法政大学出版局、一九七一年】七六頁参照。

(49) 例えば大日本古文書一九巻三〇六頁では、山部針間麻呂と大友路麻呂が「仍二人等死生同心、状注具、以謹解」としてそれぞれ一貫文の借手として連名で解をさし出している。

(50) かかる債務主体としての所生子は管見にしたがえば後述のように財産所有主体としての存在であるわけだが、当時親が財産を生前譲与する場合の多かった点は注(17)引用服藤氏修論第一章二節で考察されている所であり、かかる財産と自己獲得物が所生子の財産所有の基礎をなしたと考える。なお所生子中男子は成人後父母とは生活共同体としての家を同じくしなかった点が高群氏により指摘されており（注(3)引用著書）、注(10)拙稿でもそれについての考察を行なっている。

(51) ところで第二文書については共同債務者が夫と妻か、夫、妻、子かは決し難い。今その全文を引用すると、

　謹解　申出挙銭請事
　　合請銭四百文
　高屋連兄胲　　質口分田二段
　相妻矢原木女　　女稲女　　阿波比女
　□（右カ）人生死同心、八箇月内半倍進上、若期月過者、利加進上、謹解、
　　若年不過者稲女　阿波比女二人身入申
　　　天平勝宝二年五月十五日

とあって、共同債務者は女二人を含むと一応は解される。しかし女二人は債務不履行の場合役身される存在であり、この二人は共同債務者として名を連ねたのではなく、債務不履行の時役身されることと関連して名を記された可能性が強い。そしてそのことは「□（右カ）人生死同心」とのみあって、この四人が生死同心＝共同債権を負うとは明記されていないことにもかかわると考えられるが、この点については今の私には断案がない。なおこの文書については、口分田二段が質物として置かれていることと債務不履行の際の女二人の役身の関係が不明であり、その全面的考察は他日を期したい。

(52) なお債権主体についても（私出挙の場合）、それが家父長に限定されない点は、前引霊異記下巻二六話の田中真人広虫女が出挙を行なっている点から明らかである。

(53) 滋賀秀三氏の『中国家族法の原理』【創文社、一九六七年】によれば、秦漢以降中国の家族の所有はかかるものとして存在した。家産以外に個人の特有産も存在したが、それが妻の持参財以外殆んど問題にするにたらなかった点は同書

五一三頁参照。

(54) 右掲書参照。なお同書によれば、かかる家父長型の家以外に兄弟型の家が中国では存在したのだが、そこでみられる兄弟間の家産に対する同等な権利は、未来の家長間でのそれであり、かかる家も、父に専有された家産の分割を経れば家父長型の家になるのである。従ってかかる家は家父長型の家の複合であり、滋賀氏はそれを複合型の家と呼称されたが、かかる家の本質は右述から終局的に家父長型の家と同じであるとしてよいだろう。従って以下の叙述は家父長型の家を基準としてのべる。その際の家父とは家長たる父のことである。

(55) なお女子は個人の財産としての持参財産をもつことができたが、それは通常嫁入道具のみであり、土地や多額の金銭が持参される場合は「極少」で（滋賀氏前掲書五一六頁）、かつかかる持参した土地ないし持参金で買われた土地についてはその名義は夫のものとされ、従ってその処分権も夫にあった（同書五二二頁）。従って中国では夫が生存する限り、妻が土地所有及び土地処分の法的主体とはなりえなかったのである。

(56) 滋賀氏前掲書二〇六頁以下。なお兄弟型の家についても、奴婢、田宅、その他の財物（＝家産）等の質入れ行為が、それらを売る行為と共に家長（長兄）に無断でなしえなかった点は唐雑令一六条から明らかである。

(57) 個々の人間がいつ独立した財産所有主体となりうるかは、注(50)での親からの財産譲与等とからみ難しい問題だが、平安貴族では妻家における婿の「政所始」が婚姻儀式の一行事化している事実（高群注(3)引用著書四四九頁）はこの点に何らかの示唆を与えるかもしれない。なおかかるいみでの財産所有権と後述の口分田班給規定から復元される共同体成員による共同体的所有下の土地占有権の間には年齢的ずれがあり（明石一紀「班田基準についての一考察」【竹内理三編『古代天皇制と社会構造』【校倉書房、一九八〇年】所収】によれば口分田班給には年齢による資格制限がなかった点が明らかにされている）、また前者と後述の村落祭祀に参加し座を占めうるのが一定年齢以上の男女であることとは対応するのではないかと考えられるが、かかる年齢をめぐるずれは当時の年齢階梯制の存在に規定されているのではないかと考える。

(58) 例えば日本後紀延暦廿三年五月廿三日条に「摂津国言。頻歳不ㇾ登。百姓乏ㇾ食。加以春夏水害。資粮亦盡。伏請正税

二万束。假二賑貧民一。令レ済二家産一。許レ之」とある例。

(59)　なお貴族層については所有主体が経営主体と共に個人であり、かかるいみでの「家産」は形成されなかったと考える。

(60)　注(56)参照。

(61)　『起源』における家父長制の本質がかかるものたる点についての論証は紙面の都合上省略せざるをえないが、別稿で家父長制を全面的に論じる際その論拠を示したい。ここではさし当り結論のみ引用しておく。

(62)　個々の男女成員以上の単位をもたない構成を意味するが、それと、その存在が推定される年齢階梯的構成（後述）は別のレベルの問題である。

(63)　全文は以下の通りである。「古記云。春時祭田之日。謂国郡郷里毎レ村在社神。人夫集聚祭。若放二祈年祭一歟也。行二郷飲酒礼一。謂令下二其郷家一備設上也。一云。毎レ村私置二社官一。名称二社首一。村内之人。縁二公私事一往来他国一。令レ輸二神幣一。或毎レ家量レ状取二斂稲一。出挙取レ利。預造二設酒一。祭田之日。設二備飲食一。幷人別設レ食。男女悉集。告二国家法一。令レ知訖即以レ歯居レ坐。以二子弟等一充二膳部一。供二給飲食一。春秋二時祭也。此称二尊長養老之道一也」。なお当史料が当時の日本の実態の反映である点については、義江彰夫「儀制令春時祭田条の一考察」（注(6)前掲『古代史論叢』中巻所収）の成果に従う。

(64)　従来この史料にみえる女性の祭りへの参加を問題にしたものに私の知る限りで肥後和男『宮座の研究』【弘文堂、一九四一年】（五六四頁）と高群逸枝注(13)前掲『女性の歴史』（一二九頁）があるが、前者では「ただそこでは男女悉く集まるとあって宮座の形とは異なるかに見えるが、……これを以て全く宮座の精神と背馳するものだとも定め難かろう」との指摘がされ、後者では、〝「男女悉集」と記される点が後代のお祭りとことなり、後代の宮座では、参加者が男女悉くではなく、主として男子だけである〟との言及がなされている。

(65)　この点から年齢階梯制の存在を推定することが可能だろう。なお飲食を奉仕する「子弟」は後代の宮座に附随する「若座」（但しそれは宮座の性格からいってむろん男子に限定されるが）と関連する可能性がある。なお「若座」については肥後右掲書参照。

(66)　春時祭田条集解釈説には「唐令云。懸禓祭月集二（郷カ）・之老者一。一行二郷飲酒礼一。六十以上坐レ堂。五十以上立二侍堂下一」とある。

(67)　春時祭田条集解古記説にみえる村が日本古代における重層的共同体構造の最下位に位置するものたる点は最近の古代史学界のほぼ共通した認識である。

(68)　なお注(63)引用史料で、祭りの費用の元本としての稲を出す単位は家とされているが、それを増殖するための出挙の対象が家とはされていない点に注目されたい（前述の債務主体との関連で）。

(69)　但し注(57)で言及したように、共同体祭祀への正式な参加権と共同体的土地所有の占有権の間には年齢についてのずれがあり、それは年齢階梯制の存在と関連すると考える。

(70)　宮座のかかる性格については肥後和男注(64)前掲書参照。なお男女が共に祭りに参加できる春時祭田条古記説にみえる祭祀のあり方と、中世以降の家長のみにより祭祀が行なわれる宮座とのあり方の相違の一端は肥後氏前掲書による次の様な指摘から明らかだろう。「男女すべてが宮座に出席する例は殆ど絶無であり男子のみがこれに参加することを原則とする。かくて宮座は第一に男子の組合である。女子は全くその陰にかくれてゐるがこれは我が国に於ける浄不浄の観念に基くところが多いであらう。（略）宮座が奉仕する神は最も清浄なるものであるが故に宮座も亦絶対清浄でなければならぬ。従って不浄なる女子が之に加わることは当然禁ぜらるべきである。されば座によってはその行事の準備にすら女子が手を加えることを禁ずるものが多い。（略）併し神の恩沢が全然女子に加らないかといふとさうではない。座には男子が出席するが、その際に分配せられる神饌の一部は概ね家にもちかへってこれを家族一同に分ち与へるのであり、それによって女子も神の恵みと加護とに浴し得るのであるが、それは常に男子を通じての間接的なものである」（一二〇～一二一頁。なお傍点引用者）。なおかかる神事からの排除と関連する女子不浄観が古代に存在しなかった点は古事記の倭建御子と美夜受比売の月経をめぐる歌のやりとり（日本古典文学大系本二一六頁）から明らかである。本来はかかる女子不浄観の未成立の問題をもふくめて古代女性の地位を全面的に論じるはずであったが紙数の関係で他の機会にゆずりたい。

(71) 当時の村の「男女」による構成を示す他の史料としては広瀬・龍田の祭りの祝詞があるが、これについては前引注(14)拙稿で言及した。

(72) 班田制のもつかかる性質については注(14)拙稿参照。

(73) わが国の班田制の母法と考えられている均田制における土地割りあてがかかる単位に対して行なわれる点については別稿で詳論したい。

(74) かかる班田制の本質についての管見は、我が国の班田制と均田制及び均田制類似制度との対比を具体的に行なった上で出された結論にもとづくが、紙数の制限上その発表は別稿で果したい。

(75) ところで日本古代の共同体の特質をこのように理解する場合、農業共同体範疇の日本古代への適用の正否が問題になる。なぜならマルクスの『ヴェラ・ザスーリッチへの手紙草稿』によれば、農業共同体とは耕地は依然として共同体的所有であるが同時にかかる共有を解体する「私有の家屋と耕地の分割耕作と成果の私的占有」がその固有の二重性として存在しているような共同体（国民文庫『資本主義的生産に先行する諸形態』所収「ヴェラ・ザスーリッチへの手紙」一〇〇頁）だが、この共有を解体する家屋の所有と分割耕作の主体が家族である点は、「個々の家族の排他的領域たる家屋と屋敷、分割地耕作およびその成果の私的占有が、より原始的な共同社会の組織とは両立しない個性をのばしてやる」（前掲書一二四頁）との叙述から明白である。またマルクスは耕地の共同体的所有を解体するものとして「家畜の形での富にはじまる動産的富の漸次的蓄積」をあげている（前掲書一〇〇頁）が、かかる富の蓄積が家族（＝家父長）により行なわれた点は、エンゲルスの『起源』七三頁（岩波文庫版）に明記されている。従って農業共同体が共有から私有への過渡期にあらわれる（前掲書一〇一頁）といわれる際の私有とは明確に家族による私有であり、従って農業共同体の構成単位は家族と考えざるをえず、そのことは前引一二四頁の叙述とも一致する。このように家族が所有の単位でありかつ共同体の構成単位でもあるような農業共同体を日本古代に適用できないのは上述来の事実から明らかだろう。なお同じく農業共同体の日本古代への適用に否定的な石母田正氏の説（『日本の古代国家』【岩波書店、一九七一年】三三〇頁以下）との相違については改めて論じたい。

(76) ところで一般農民層におけるかかる個別経営の非自立性を国家による収奪の単位との関係からみておくと、当時「家族」が生活共同体以上のものでなく、国家的収奪単位として把握することが不可能でありながら（これは前述のようにせいぜい村の祭りの費用の負担単位であった）、一方共同体自体も既にその再生産構造を崩壊させつつあり（この点の指摘については大町健「律令法と在地首長制」〔一九八〇年歴史学研究会大会報告【『歴史学研究別冊　世界史における地域と民衆（続）』青木書店、一九八〇年】〕第三章参照。なお共同体の崩壊化については村落の神社の荒廃から私も考えたことがある。拙稿「古代人民のイデオロギー闘争の諸段階」〔『【歴史学研究別冊】歴史認識における人民闘争の視点』【一九七二年】所収〕）、かかる状況下において律令国家は中国でのように現実の家族を収奪単位の戸として把握することも、新羅でのように村自体を収奪の単位として把握することもできず、そのことを一つの理由として収奪単位としての「戸」を権力による上からの編成として創出する必要があったと考える。なお八世紀に農民層における個別経営の自立ないし自立化を説く説が多いが、かかる説に立つと一〇世紀以降における名体制の展開がとけなくなるのではないだろうか。

(77) 位田については田令位田条に「女減三分之一」、位封・位禄については禄令食封条に「女減半」、資人については軍防令給帳内条に「女減半」、公的家については家令職員令一位条に「女亦准レ此」としてその女性への適用が規定されている。なおこれらは女性有品者にも適用された。

(78) 『訳注日本律令五』【東京堂出版、一九七九年】八四頁の滋賀秀三氏による名例律十二条の「解説」参照。

(79) なおかかる官位（官品）をめぐる特権の日本と中国との相違については日唐条文の逐一的検討を通じて既に考察を終っているが、その発表は後にゆずりたい。

(80) なお梅村恵子氏は「律令における女性名称」〔【人間文化研究会編】『女性と文化―社会・母性・歴史』【白馬出版、一九七九年】所収〕で、中国法とことなり我国の律令法には家族関係から独立した女性の用法がみられる点を指摘されている。

〈家族史研究編集委員会編『家族史研究』二、大月書店、一九八〇年〉

第二章　古代女性の地位と相続法

はじめに

ここでは古代の女性の地位について、政治的地位、社会的地位、経済的地位並びにそれと関連する相続法の順に検討し、最後にこれらの諸事象を総括する女性の法的地位を考察することにする。

第一節　古代女性の政治的地位

古代女性の政治への係わりを示す最も早い史料は『三国志』魏書東夷伝・倭人条（いわゆる『魏志倭人伝』）記載の、三世紀前半での邪馬台国の卑弥呼の場合である。そこには「鬼道に事《つか》え、能く衆を惑わす。年已に長大なるも、夫婿《ふせい》無く、男弟有り、佐《たす》けて国を治む」と記載されている点から、卑弥呼はシャーマン的巫、男弟はそれを佐《たす》けて国を治める行政担当者と解釈され、この事例を根拠に、当時の王権は女＝祭祀、男＝行政の性別役割分担による男女二重王権として理解されて来た。

そしてこのような中国側の史料とは別に、日本の古文献においても、例えば筑紫国菟狭の支配者について、「時に菟狭国造の祖《おや》有り。号《なず》けて菟狭津彦・菟狭津媛と曰ふ」（『日本書紀』神武天皇即位前紀甲寅年条）との記載があるように、地名を負ったヒコとヒメの男女ペアから構成される王権例が数多くみられる所から、男＝行政・女＝祭祀という二重王権論は支持され、かつそれはヒメ・ヒコ制ともよばれていた。

しかし『魏志倭人伝』において、中国から倭王として認められて魏に使者を送り、かつ魏の皇帝から金印紫綬や「親魏倭王」の称号を授与されているのは、男弟ではなく卑弥呼自身であり、卑弥呼こそが倭国を代表して外交を行っている以上、卑弥呼の持つ王権の内容は祭祀に限定されず、外交権を包摂した王権自体を掌握していたと考えられる。しかも同書では卑弥呼の前の王、及び卑弥呼の死後まずその後継者として即位したのは男性とされているので、このような王には男女双方が就任できたと考えられる。

そして最近の説によれば、従来女性支配者の担当とされてきた祭祀に男性も係わり、また後述のように女性も生産・軍事に係わる点が明らかにされてきているので、邪馬台国では国を代表する王で祭祀者的側面の強い女性と、それを補佐する男王が対《つい》で存在したと考えられる。

従って女＝祭祀、男＝行政ではなく、相互の役割分担の流動的な下での、男女の一人が主たる王、他方が副王というあり方が当時の二重王権の内実で、それは倭国連合としての邪馬台国、それを構成する諸国の双方の王権について見られたと考える。

このような卑弥呼とその男弟に見られる二重王権の存在は、最近の考古学の成果からも裏付けられる。すなわち地方首長の墳墓たる古墳のうち、四世紀中葉から五世紀中葉のものについて、その被葬者の人骨の性別を問題にした今井堯氏によれば、この期古墳の埋葬例には⑴女性単独葬、⑵女が主、男が従の合葬、⑶男女対《つい》の同格埋葬、⑷男が主、女が従の男女合葬、⑸男性単独葬の五類型が存在し、しかも副葬品から女性が祭祀のみならず、軍事・生産権をも掌握した例が知られる所から、当時の地域首長権の男女対等性、並びに従来説かれてきたような、支配に関する女＝祭祀、男＝行政の明確な性別役割分担の不在が析出されると結論されるのである。

以上のように外国史料・考古資料・古文献等の考察から、三世紀前半から五世紀中葉の地域首長の支配権は、単独首長の場合も含むが、基本的には男女対《つい》で、しかもその支配上の役割は相互移動的であったと結論出来よう。

右は主として地方首長の場合であるが、この期の大王権への女性への係わり方は、確実な古文献・考古資料がなくその詳細を明らかにすることができない（但し邪馬台国畿内説に立てば卑弥呼例は端初的大王のあり方を示すことになる）。

しかし中国史料に記されている、五世紀のいわゆる「倭の五王」が全員男性たる点は重要で、この期の大王権はすでに男性に移行していたと考えられる。しかしその場合「倭国王」ないし「倭王」たる男性の背後には、中国側史料には現われない女性の副王のいた可能性は充分考えられ、かかる女性副王の役割は、後の伊勢斎宮例から考えて祭祀を主として担当していたと推測される。なお大王権下のこのような男女役割分担は、後代の女帝の出現から考えて相互移動的なものだったと考える。

次に六世紀以降の地方首長権への女性の係わりを国造級首長についてみると、現存史料の国造は全て男性が任じられている。しかし国造の権力構造の一部を令制下に継承したと考えられる律令国造に、女性がしばしば任命されている点などを考えると、それまで男女対《つい》的であった国造級首長権は、六世紀の国造制成立以降は主王たる男性国造と、行政からしめ出された分、祭祀にその役割を傾斜させた女性の副王との二重王権的構成をとり、国造たる男性の背後には、史料には現われない、国造を補佐する女性が存したと考えられるのである。

従ってそこでは五世紀の大王権に見られる男性による主王の独占傾向が、六世紀以降の国造に波及している状況が観取されるのだが、それをもたらしたのは国造制が大和王権により創出された制度である事実であろう。

ところで次に同じ六世紀以降の大王権と女性の係わり方について見ると、推古以前はそれ以前同様確かな史料がなく不明だが、恐らく倭五王の場合の様な、主王たる男性とそれを補佐する従たる女性という対《つい》的あり方が、役割の相互移動性を保ちながら行われたと考える。問題はかかる状況から、推古以降八世紀後半に至る女帝の集中的出現の事象がなぜ生じたかだが、私はその原因を国際情勢に規定された大王権の構造変化に求めたい。

すなわち隋が、五八一年には北周、五八九年には陳を滅ぼして中国を統一し、それを契機に朝鮮三国の抗争が一層激化したのだが、このような国際情勢下にあって、日本は朝鮮三国とは異なり、隋の冊封体制から自立し、自らそれに対峙する小帝国化の道を歩むことを意図したのであり、そのためには、何よりも王権の構造を原始的王権の一形態たる未開的ヒメ・ヒコ制から、中国的唯一絶対者による王権へと開明化する必要があったのだが、この王権の構造の変化こそが女帝輩出の原因と考えられるのである。

なぜならかかる開明化された王権下において、唯一絶対者たる大王に男性が即位しえない政治事情の生じた時、それ以前の男＝主王・女＝副王の格差下での相互移行的ヒメ・ヒコ制の伝統をふまえて、ヒメたる女性が大王に即位した場合が女帝だからである。

このように当時の国際情勢に規定された王権の文明化による構造の変化が、六世紀末以降の女帝の出現をもたらしたのだが、ではなぜ八世紀後半に女帝が消滅するかについては、律令国家成立下の女性の政治的地位と係わるので、次にこの点の解明をも含めて、律令国家の官僚制下での女性の政治的地位について考察したい。

日本における最初の本格的国家たる律令国家の成立は、それをささえる律令が中国法の継受であることに規定され、女性にとっては政治への関与からの排除を意味した。すなわちいち早く文明段階に達し、家父長制を成立させていた中国においては、官人（職事官）になることの出来るのは男性のみであり、官品も女性に対しては、基本的には夫ないし子の官品に応じて他律的に与えられ、かつ男性有官品者に認められる諸特権も、女性には適用されなかったのだが、これは古代中国においては、女性は家を代表する家父長の権力に包摂される者としてのみ存在し、自ら独立した一個の存在としての地位を社会に占めえなかったことに規定されている。

このように社会において女性が公的地位を占めえなかった中国に対し、日本古代の女性は、家父長制家族の未成立の事実に規定され、それ自身社会において公的地位を持ちえたのであり（この点後述）、この点を反映して政治の世界においても、律令制継受以前においては、女性も少なくとも内廷においては男性と肩を並べて朝廷に出仕していたのだが、官人からの女性排除の原理をもつ律令制の継受は、従来のかかる同一官司での男女官人による奉仕というあり方を廃止し、女性は後宮十二司という、女性のために別置された特定の官司にしか任官しえないことになった。

しかしこのような官人からの女性排除を伴う律令法の継受にかかわらず、女性は日本の律令において、官位及びそれに伴う諸特権（位田、位封・位禄の授与、公的家の設置、帳内資人の班給）を授与される存在として規定されている。そして、日本令においては官位を持つことが官人になりうる前提条件である以上、このことは、官人からの女性排除という中国法の原則の導入にもかかわらず、女性も男性と共に律令国家の政治担当者＝官人になりうるという理念の存在を意味するのであり、同じ日本令の中に男女共に官人になりうる日本の古くからの伝統と、新しく持ち込まれた女性の官人からの排除の原理がせめぎ合っているのである。

そしてこの両者のうち現実に勝利をおさめたのは後者であり、それはそれ以前から進行していた大王権をめぐる、主王＝男・副王＝女という状況を一層推進させる役割を果たすのであって、結局政治担当の比重が男性に大きく傾きつつある時期に導入された、律令制における政治からの女性排除の原理は、それを一層強化させる結果となったのである。そして実は前記の天皇位からの女性の排除＝女帝の終焉もそのような結果として生じた事象と考えられるのである。

第二節　古代女性の社会的地位

当時の女性の社会的地位を規定する基本的条件は、日本古代における家父長制家族の未成立の事実である。当時の所有形態が共有下の男女占有以上のものに到達しない点は後述するが、この事実はそのまま経済的単位としての家族＝家父長制家族の未成立を意味し、従ってそれは女性が家父長権の下に包摂される以前の、男女対等的な社会状況を示すと同時に、同じことの別の表現だが、共同体が家父長制家族から構成されないあり方＝共同体が男女の成員から構成されるあり方、を示すのである。

家父長制家族の未成立に規定される、女が男と対等的に共同体への公的参加権を保持していたかかる事実を最もよく示すのは、古代の女性が男性と対等に村の祭りに参加していた点である。

すなわち儀制令春時祭田条集解古記には、村ごとにある社の春秋二時の祭りに際し、「幷人別設レ食。男女悉集。告二国家法一。令レ知訖即以レ歯（年齢）居レ坐。以二子弟等一充二膳部一。供二給飲食一」と記されているが、ここからは子弟とは区別されるある一定年齢以上の層の男女が村の祭りにおいて正式な「坐」を占めることが出来る点、しかもそれは膳部として奉仕する子弟から飲食を供される権利と結合している点が明らかになるのであって、古代の村落祭祀への参加は家を代表する家長によってではなく、一定年齢以上の成年男女により行われたと言えるのである。

このように村落祭祀への女性の参加の事実こそが、当時の村（共同体）が家父長制家族により構成されず、従って当時の女性が男性と共に村（共同体）の正式なメンバーシップを保持していたことを示すのであって、当時の社会での女性の地位は、家父長制家族の未成立（その前提としての私有の未成立）と、その結果としての家父長権に包摂されない女性の、男性と肩を並べての社会（共同体）への対等的かかわり方に基本的に規定されているのであり、貴族層の女性が男性同様自らの存在に対して官位を授与されることの出来た前述の事実も、実は基層的な民衆の社会におけるこのような女性のあり方に規定されて成立することが出来たのである。

従って当時の女性の社会的地位の要点は右述の点につきるのであり、男女対等性こそが、その特徴だったのだが、以下このような対等性が当時の恋愛や結婚に関してどのように貫かれていたのか一瞥しておきたい。

古代の日本の結婚の発展段階は、私有・家父長制家族の未成立に照応して、未だ単婚以前の対偶婚段階に留まっており、従ってそこでは、結婚は未だ単婚の特徴たる、一対の男女の永続性（一たん結婚した男女は容易には離れないこと）と排他性（結婚した男女は配偶者以外の異性との性関係を持てないこと、但しこれは実際には女性に対してのみ要求される）を獲得しておらず、結婚はお互いの気の向く間のみ継続するという特徴と、配偶者以外の異性との性関係を必ずしも排除しない（特に女性にとって）という特徴を有していた。

今これらの事象が具体的にどのような形で行われたかをみると、まず結婚の非排他性は、人妻による夫以外の男性との性関係としてみられるのであって、例えば『伊勢物語』十五には「むかし、みちの国にて、なでうことなき人の妻に通ひけるに」とあって、主人公と人妻との性関係はそれに対する社会的非難を伴わず、ごく淡々と述べられているのである。そして人妻の性が夫以外の異性に対し閉ざされていないという、この対偶婚の特徴は、妻の性が夫の独占的排他的所有下に置かれた時（すなわち単婚成立時）初めて発生する姦通が不在であることを意味するのだが、事実日本古代において姦通が存在しなかった点は『日本霊異記』（九世紀初頭成立）中―十一と、それを再話した『今昔物語集』（十二世紀初頭成立）十六―三八との対比から言えるのである。

すなわち前者では自分の妻と僧との関係を疑った「一凶人」が、「汝、吾が妻に婚《クナカヒ》ヌ。頭罰《う》ち破《わ》らる可《べ》し。斯下《いや》しき法師なり」と相手の僧を罵しったと記されているのに対し、後者では夫による僧への非難の言葉が、「汝ハ比レ、我ガ妻ヲ婚ムト為ル盗人法師也。速ニ我レ、汝ガ頭ヲ可打破シト」とされているのだが、ここで注意すべきは、前者では妻と関係した相手（実はこれは誤解なのだが）への非難が、単に「斯下《いや》しき法師」であるのに対し、後者ではそれが「盗人法師」とされている点である。

すなわち妻の性が完全には閉ざされていない九世紀の対偶婚下では、妻の相手に対する非難は「いやしい」という道徳的なものに留まるのに対し、妻の性が夫の排他的所有物と化した十二世紀の単婚下（十二世紀の婚姻の発展段階が単婚である点は後述）では、それは盗人、すなわち夫の所有物たる妻の性を盗んだ者として非難されるのである。

このように妻の性が完全には閉ざされていない対偶婚下においては、姦通は存在の余地がなく、したがって当然姦通を示す言葉自体も存在しなかったのだが、日本における姦通の成立を具体的に示すのが、「みそか男」という用語の出現であり、それは十世紀の貴族層にまず見られるのである。

次に対偶婚のもう一つの特徴たる気の向く間のみ継続する結婚とは、互いに気に入れば一緒になり、いやになれば別れるという離合の容易な結婚のことである以上、そこでは一時的な恋愛と、社会的に承認された固定的な男女の結合としての結婚との間に、明確な境界がないという特徴がみられるのだが、このことは当時未だ儀式婚が成立していないことを意味するのであり、事実日本での儀式婚は十世紀以降の貴族層において明瞭な形で現われるのである。

ところで気に入れば一緒になり嫌になったら別れるという、この対偶婚の特徴は、結婚の当事者たる男女双方が、自分の結婚と離婚を自分の意向で決定することが出来るという事実と結合している。なぜならこのような男女双方による自己の婚姻の決定権、離婚権の保持なしには、気の向く間だけ継続する結婚のあり方は存在しないからである。

そして事実当時の女性が結婚を自己の意向で決定している様子は、『古事記』上巻において、大国主神とその兄弟の八十神《やそ》が稲羽之八上比売に求婚に出かけた際、八上比売が八十神の求婚に対して「吾者《あは》汝等之言は聞か不《じ》。大穴牟遅神《おほあなむじ》（大国主神）に嫁《とつ》が将《む》」と答えている所から知ることが出来るのである。

なおこのような女性による自己の結婚決定権が十世紀以降の貴族層において失われている点は、平安貴族の結婚儀式がまず「けしきばみ」（娘の父による婿方への求婚）により開始されている点に明示されており、そこではすでに娘自身の結婚相手に対する選択権は基本的に失われているのである。

ところで対偶婚下では、右述のように男性はもち論、女性も自己の結婚ないし性関係を自己の意向で決定出来たのだが、このことは必然的に、当時の女性は自分自身の意向にそぐわない性結合を拒否出来ることを意味するはずである。

つまり古代日本においては性結合は女性の合意を前提としてのみ成立し、したがって今日でいう婦女暴行はありえなかったことになるが、この事実は当時の史料からも実証され、『播磨国風土記』託賀《たか》郡条では、冰上刀売に求婚されて拒否された讃伎日子が再び求婚し、怒った冰上刀売から武力でやっつけられる様が描かれているのである。

そしてこのような女性の合意を前提とした性結合の慣行も、十世紀以降には消失し、事実将門の乱の直後にかかれた『将門記』には、負けた側の女性が勝者側の兵士により陵辱される様が何箇所かに描かれており、更に『今昔物語集』では、十世紀では戦闘に際して出現した婦女暴行が日常の場で行われる様が見られるのである。

このように女性が自己の結婚、性関係を自己の意向により決定出来、その必然的結果として性結合が女性の承認下にのみ成立する慣行が当時存在したとすれば、女性の性が商品として不特定多数の男性に売られるという、女性の意向を無視した性結合の極致ともいうべき買売春は、必然的に存在の余地がないことになる。そこで日本古代での買売春の不在を史料から立証したいが、その際の手がかりは万葉集に現われる遊行女婦の存在形態である。

この遊行女婦については、それを性を売る女性と考える滝川政次郎氏の説と、村々国々を渉り歩く芸能を職業とする女性とする柳田国男・高群逸枝氏以下の説が対立している。私は後者の見解に賛成であり、以下遊行女婦は性を売ることを職業とする女性ではなく、したがって当時の日本には買売春は不在であった点を証明したい。

遊行女婦＝非売春婦説の第一の論拠は、万葉集四一〇五番歌〔六〕の大伴家持による「史生尾張少咋《をくい》に教へ喩す歌」以下の一連の歌に示されている状況である。家持はそこで、京に妻がいながら任地先の越中で佐夫流と同棲してしまった部下の少咋に対し、それは重婚罪に該当するとして教喩を加えているのだが、遊行女婦との性関係が重婚罪として、すなわち京に正式の妻がありながらさらにもう一人正式の妻を娶る関係として理解されている点に、遊行女婦が売春婦でなかった事情が集約的に示されていると考える。

遊行女婦＝非売春婦説の第二の論拠はその人名表記である。万葉集の女性人名の表記は基本的に、(1)氏名＋郎女《いらつめ》（女郎）（例えば石川女郎）、(2)氏名＋娘子《をとめ》（例えば県犬養娘子）、(3)地名＋娘子《をとめ》（例えば上総末珠名娘子。この時地名は単独のこともあるし、複数の時もあり、後者の場合、地名は広→狭の順に記載される）、に三区分され、それぞれそれは、⑴朝臣・宿禰の姓《かばね》名を持つ氏出身の貴族女性、⑵それ以下の姓名を持つ氏出身の女性、⑶貴族以外の、在地に本貫をもつ女性の、人名表記に対応している点が万葉集の分析から知られる（論証は既に別稿で行ってあるがここでは省略する）。

そして浦〔蒲〕生娘子、筑紫娘子等として表記される遊行女婦の人名表記は、それが「地名＋娘子」型である点でまさに⑶のそれに一致するのだが、このように遊行女婦の名前の表記が当時の貴族層以外の、在地女性の一般的な人名表記と一致する事実こそ、遊行女婦が在地一般の女性と共通する存在であり、それから区別された特殊な存在ではない点（すなわち性を売る存在ではない点）を明示すると考える。

そしてこの点を補強する事実が、十二世紀初頭成立の『遊女記』に典型的にみられる遊女の名前であり、そこには観音、中君、小馬《こま》、白女《しろめ》、主殿《とのもり》、宮城、如意、香炉、孔雀等が遊女の名前として挙げられているが、このようなものが遊女固有の名前（源氏名的なもの）である点は一見して明らかだろう。

そしてこのような遊行女婦の、一般女性と共通の人名表記から、遊女の、一般女性と区別された特殊な人名表記への移行が、実はそのまま漂泊する芸能者としての遊行女婦から、性を売ることを専らとする存在としての遊女への移行を示していると考える（遊女が性を売る女性である点は『遊女記』に明記されている）。なぜなら、遊女が女性になるに際して遊女固有の名を名乗るということは、彼女が性を売ることを職業とする以前の、一般的な女性（性を売らない女性）として存在していた時の人名を放棄したことを意味するが、遊女になる際このような改名が必要とされたのは、遊女への転化がそれまでの一般的な存在としての女性から、それとは決定的に異なる存在への転化を意味したからである。

すなわちある社会的な存在から、それとは異なる他の社会的存在への転化に際して通過儀礼が行われ、それに伴って改名が行われるのはよく知られた事実だが（例えば子供→成人の移行に際しての成人式の儀礼とそれに伴う幼名から成人名への改名、俗→聖への転化に伴う得度式と僧尼名の命名、生者→死者への移行に伴う葬式と戒名の命名）、遊女がそれ以前の名前を捨てて遊女の世界固有の名を名乗ることこそが、実はこの通過儀礼に伴う改名の一種なのであって、ではなぜ遊女になるに際してかかる改名が伴う必要があったかと言えば、それはすでに遊女の世界が、一般の社会と区別された、性を売ることを職業とする女性の特殊な世界＝苦界《くがい》だからであり、日常的な社会に生きる女性（性を売らない女性）から性を売る苦界に生きる女性への転化は必然的に改名を伴わざるをえなかったのである。

したがって遊女が一般女性名と共通性をもたない、遊女社会特有の名を持つこと自体が遊女が性を売る女性であることを明示し、逆に一般女性名と共通する名を持つ遊行女婦は、一般女性と共通の存在であるが故に性を売る存在ではないことを示すのである。

なお古代では、この遊行女婦以外に、性を売った、ないしは売った可能性のある女性の存在は一切知られておらず、売買〔買売〕春は不在であったと言えるのである。そしてこの遊行女婦が漂泊する芸能者でありながら性をも売る存在に転化している様は、十世紀前半成立の『和名類聚抄』の記述から知られるのであり、そこでは遊女を説明して「楊氏漢語抄云、遊行女児、（宇加礼女、一云阿曽比、今案又有夜発之名、俗云也保知、本文未詳、但或説白昼遊行謂之遊女、待夜発其淫奔謂之夜発也）」とあり、恐らくはこの頃を画期とする、遊行女婦の芸能者から性を売る存在への転化の過程において源氏名的名前が出現したと考えられるのである。

以上古代女性の社会的地位を結婚・性関係に限定して考察し、当時の女性が結婚・性関係を取り結ぶに際して男性と対等的である点を明らかにした。

そしてそれは最初に述べた共同体での男女対等性とまさしく照応するのだが、このような結婚・性関係をめぐる状況は、貴族層では九世紀の過渡期を経て十世紀初頭には家父長制家族の成立により打破され、一般庶民層についても十二世紀には家父長制家族が成立するに至り打破されるのである。

なお古代におけるこのような男女対等性の基礎には財産所有に関する男女対等性が存在するのであり、次にこの点について、当時の相続法と共に考察したい。

第三節　古代女性の経済的地位と相続法

日本古代での家父長制家族の未成立、婚姻の発展段階が単婚以前の対偶婚に留まる事実、これらに規定された男女対等性の保持については、既述の通りだが、これら諸事象は、日本古代における所有形態が未だ私有段階に到達せず、共有下の男女個人占有段階に留まる事実によって規定されているのである。そこで本節では、共有という枠内であれ、男女個人による所有がどのように実現していたのか史料に即して具体的に見ていきたい。

古代において女性が男性と共に財産所有権を保持することを示す史料は数多くあり、例えば女性が墾田・家地を所有している例は、『平安遺文』等に収められている墾田・家地の売券の存在から知ることが出来、また女性による奴婢所有例は、八世紀の戸籍に女性が奴婢所有者として現われる場合や、奴婢の売買文書に女性が売り手として現われる場合等から知ることが出来るのである。そしてこの田畑や奴婢に、馬牛や稲を加えたものが古代の基幹的財産なのだが、これら全てを所有している女性の存在も知られており、『日本霊異記』下―二十六にはるのである。

讃岐国美貴郡大領妻田中真人広虫女なる女性が多量の「馬・牛・奴婢・稲錢・田畠」の所有者として記されてい

ところで日本古代の女性所有権の特徴は、それが名目的形式的所有権に留まらず、現実に女性自身が自らの意志でその財産を処分・運営する権利と結合している点である。そして事実女性が自己の財産を処分出来る点は、先の田中真人広虫女が自己所有の稲を元本として出挙を行い、その財産を増やしている点から知りうるのである。しかもかかる権利は有夫女性に関しても保持されている点（例えば田中真人広虫女）からみて、当時の女性は夫を含む男性親族（父・兄）から何も制約を受けない存在（家父長権に従属しない存在）として、処分・運営権と結合した所有権を保持していたと言えるのである。

そしてこのような所有権の保持はまた、女性による債務権の保持と結合しており、日本古代においては、女性は所有権を持つが故に男性と同じく他から借財をすることが出来たのであって、そのことは、女性が男性と共に公的債務としての公出挙《くすいこ》貸し付けの対象となっていたり（その具体例は七三九〔天平十一〕年備中国大税負死亡人帳等）、私的債務の借り手となっている点（その具体例は七五〇〔天平勝宝二〕年五月六日付出挙銭解等）から知ることが出来るのである。

なおこのような古代女性の所有、経営権の保持と密接にかかわる事象として、家令職員令での女性に対する家政機関設置規定があり、日本令が女性に対しても自己所有財産の経営を担う中枢たる家政機関の設置を認めざるをえなかったのは、古代の女性が所有、経営権を保持している事実に立脚しているのである。

そしてまた古代のキサキが天皇宮とは別の場所に自分自身の宮を持ち、そこが自己所有財産の経営の拠点でもあった事実――例えば用明紀元年五月条での、用明天皇の池辺雙槻宮《いけのへのなみつきのみや》とは別の場所にある炊屋姫皇后《かしきやひめのきさき》の海石榴市宮《つばきいちのみや》は、別業《なりどころ》、すなわち経営の拠点とされている――も古代女性の上述の所有経営権の保持の上にのみ成立する事象なのである。

ところで、このような借財権、並びに処分・運営権と結合した女性による所有権の保持は、当時の財産相続法と密接にかかわっていた。当時の財産相続の実態が戸令応分条の規定とは異なり男女均分的であった点は『平安遺文』に収められる文書の分析から言える。

すなわちそこには、「処分状」「譲状」以下当時の相続状況を示す諸文書が収められているが、それらを考察すると、十一世紀以降の在地領主層の基幹的財産たる所職・一所所領の場合を別とすれば、当時の親の財産は男女諸子間に均分的に分け与えられたと結論出来るのである。

そして当時は男女ともに自己所有権を保持していたので、両親がそれぞれ別個に自己の財産を所生子に均分的に分与した――ただし基幹的財産については十一世紀以降父から嫡子へと譲られた――とするのが当時の財産相続法の正確な理解と言えるだろう。

なお平安以前の財産相続については史料が残らないが、そこでは未だ所職の父から嫡子への継承相続が成立していない以上、『平安遺文』から判明する相続法より、より一層男女均分的な財産相続が行われていたとしてよいだろう。

なおこのような男女均分的財産相続法は右述のように十一世紀の在地領主層において克服されていくのだが、このような相続法上での女性の権利の後退は、実は女性による財産上でのそれと照応しているのであって、先にみた古代での女性の財産所有権は一期分の出現する鎌倉中期以前まで一貫して存在するのだが、しかし十世紀以降次第にその所有権は運営権と切り離されるに至るのであり、そこでは自己の財産を自ら運営してその増殖をはかることの出来る男性と、財産の増殖の機会を持ちえなくなる女性との差が拡大するのである。

この事実は女性の財産獲得の機会が親など（夫の場合もある）からの相続に限定されていくことを意味するが、その相続においても前述のように女性相続分は男性のそれに比して次第に減少する以上、平安中期以降女性の経済的地位は男性に比べて著しく低下していくと考えられるのである。

第四節　古代女性の法的地位

未開社会では法が法として分離せず、法、道徳、伝統、儀式等が未分化のままに慣習という形で存在すると言われるが、古代の日本は基本的に未開社会である以上、そこでの法も右の状態以上のものに達することができなかった。そして当時の法のこのようなあり方を明示するのが、大化二年三月甲申詔での、贖罪が祓《はらえ》という宗教的外被をまとった行為により行われている事実や、大祓祝詞での、個人の犯罪がそれ自体として分離しておらず共同体の罪として共同体執行の宗教儀式により贖罪されている事実——そこでは更に、犯罪自体が病気や災害から未分化ですらある——である。

しかし日本の場合未開社会に照応するこのような法の未成立状況のところへ、当時の国際情勢に規定された早熟的国家形成の必要上から、中国の高度に発達した成文法（それは文明段階の所産である）の受容が意図されたのであり、このような状況下において、日本古代の法は基底社会での法成立以前の状況と、国家の形成・維持に伴う上からの成文法の導入という相反した様相の統一として存在せざるをえなかったのである。

このように日本古代での成文法の形成は、外部的要因を主要契機とする古代国家の形成・維持の必要からの中国法の継受として行われた以上、そこでの法は、現実の日本社会の生産様式＝土台をふまえ、それに規定されて成立する上部構造としては存在しておらず、そのことの必然的な結果としてそこには当時の基底的社会の実態から乖離した多くの条文が含まれるに至るのである。

そして当時のこのような法の、国家支配のための必要から要請される文明段階の法規定と、基底的な未開社会の実態との乖離を最もよく示すものの一つが、律令法での女性の地位を巡る規定であり、律令法での家父長制家族道徳をふまえた規定が当時の日本の実情と相反する点は周知の事実だが、律令法が文明段階（＝家父長制社会）の産物であるのに対し、当時の日本は家父長制家族成立以前の未開社会に属する以上、このようなずれは当然の結果なのである。

そして成文法として継受された律令法の持つ家父長制原理は、それが実効性を持たない規定に留まる限りではイデオロギー以上の意味を持ちえないが、前述の女性の官人からの排除にみられるように、場合によっては従来の日本固有の慣行を中国的制度に改変する例を含むのであり、その場合日本古代の女性の地位は、土台より一段階発展した、家父長制を先取りしたものとして現出されざるをえないのである。

しかし問題は右のような事例の一方では、中国法の持つ家父長制原理がついに日本固有の女性の地位を否定し切れず、中国とは異なる日本社会固有の女性の地位を中国法を変更してまで反映させている場合のあることである。

当時の日本での家父長制家族の未成立、及びそれと表裏一体の関係にある共同体の非家族的構成からは、当然家父長権に従属・包摂されない、男と共に共同体（社会）に公的地位（それ自身としての地位）を占める女性の存在が析出されるのは前述した所だが、このような女性の地位を反映した規定の一つが女子班田を伴う口分田班給規定である。すなわち男を基準として規定される女性としてではなく、女性それ自体に対して口分田が班給されるという、中国法にはない日本独自の規定（なお中国の班田制下でも女性が班給対象とされている場合があるが、それはあくまで夫と共に一牀の単位をなす妻、ないしは寡妻等としてであった）は、まさに共同体内での女性の地位を基礎として成立しており、当時の女性が男性と並び共同体の成員権を保持した事実が、前述の共同体祭祀への公的参加権の基盤であると同時に、共同体所有の土地に対する成員としての占有権保持の基盤でもあったのだが、口分田班給規定はまさにこの後者の事実を現実的基礎として初めて成立することができたのである。

そしてこのような在地共同体での女性の地位に基づく女性への口分田班給の事実と照応するのが律令法での貴族女性に関する規定であり、前述のように日本令では、男を基準として他律的にその位階が規定される中国とは異なり、女性は自らの存在自体に対して官位を与えられ、更には官位に伴う諸特権（位田、位封、位禄、帳内資人の賜与や、国家による家政機関の設置資格）も附与されたのだが、貴族女性に対するかかる処遇もまた、口分田班給同様、女性が共同体（社会）において家父長権に包摂されず、自らの存在に基づく地位を占めえた事実に立脚しているのである。

そして日本の官人制度では位階の保持が官人就任の大前提をなし、有位者であって初めて官人になりうるという構造にある点を考えれば、日本令は女性の官人からの排除（但しこれも完全には行いえず、別枠として後宮十二司を設置した点は前述）には成功したが、官人就任の基礎をなす官位保持から女性を排除することは出来ず、結局は家父長制家族の未成立に規定された、当時の女性の家父長権に包摂されないあり方を最終的には止揚することが出来なかったと言えるのである。

このように日本古代国家の早熟的成立にうながされ、大陸での高度に発達した文明段階の所産としての中国法を継受することによって成立した日本古代の法は、人々の現実的な生活基盤と切り結ぶ最も肝要な部分では、当時の日本の実状を踏まえて法規定を変更せざるをえなかったのであり、このことを通じて、文明の所産としての成文法たる日本古代法の中に、当時の日本の現実としての未開的状況――家父長制家族の未成立とその必然的結果としての男＝家父長に包摂されない女性のあり方――が明瞭に刻印される結果になったのであり、日本古代法の場合、土台に対する上部構造としての法という典型的な形は取りえなかったが、しかしその中にはやはり土台のありようがくっきりと反映されているのである。

〔参考文献〕
今井堯「古墳時代前期における女性の地位」『歴史評論』三八三号【一九八二年、のち総合女性史研究会編『日本女性史論集二　政治と女性』、吉川弘文館、一九九七年再録】
岡田精司「宮廷巫女の実態」【女性史総合研究会編】『日本女性史』1【一九八二年、東京大学出版会、のち岡田『古代祭祀の史的研究』塙書房、一九九二年所収】
服藤早苗「平安時代の相続について」【家族史研究編集委員会編】『家族史研究』二【大月書店、一九八〇年】
三崎裕子「キサキの宮の存在形態について」『東京女子大学　史論』第四十一号【一九八八年、のち前掲『日本女性史論集』2、再録】

〈武光誠編『古代女帝のすべて』新人物往来社、一九九一年〉

第三章　八世紀における采女の姦の復元

はじめに

日本古代史上、采女への性関係は姦として把握され、違反者が厳罰に処せられた点は、『日本書紀』以下の史料が残されているところから、先学により論じられ[1]、また私自身もすでに考察を加えた[2]。しかし律令国家成立後かかる姦がどのように変化したのか（またはしなかったのか）は、それに関する明確な史料が残らない点もあり、従来本格的に論じられてはいない。本章はこのような研究状況をふまえ、律令国家成立前の采女への姦が八世紀にはどのような形で存在したのか、残された史料から復元することを目的とする。

第一節　関連史料と「姦」「娶」

考察の初めに、八世紀の采女の姦を復元する手がかりとなる史料を、その参考史料と共に挙げると次の通りである。

(A)『続日本紀』天平十一年三月庚申条[3]

石上朝臣乙麻呂坐ㇾ姦二久米連若売一、配二流土左国一。若売配二下総国一焉。

(B)右同、天平十二年六月庚午条

[Ⅰ-a]宜レ大二赦天下一。自二天平十二年六月十五日戌時一以前大辟以下、咸赦除之。兼天平十一年以前公私所レ負之稲皆原免。[Ⅰ-b]其監臨主守自盗、盗レ所二監臨一、故殺人・謀殺人殺訖、私鋳銭作具既備、強盗・窃盗、姦二他妻一、及中衛舎人、左右兵衛、左右衛士・衛門府衛士・門部・主帥・使部等、不レ在二赦限一。[Ⅱ-イ]其流人穂積朝臣老、多治比真人祖人・名負・東人、久米連若女等五人、召令レ入レ京。大原采女勝部鳥女還二本郷一。[Ⅱ-ロ]小野王・日奉弟日女・石上乙麻呂・牟牟礼大野・中臣宅守・飽海古良比、不レ在二赦限一。

(C)『万葉集』巻一五目録

中臣朝臣宅守娶二[α]蔵部女嬬狭野弟上娘子一之時、勅断二流罪一配[β]二越前国一也。於レ是夫婦相二嘆易レ別難[γ]一レ会、各陳二慟情一贈答歌六十三首

(D)『万葉集』巻四　五三四・五三五番歌、左注

安貴王歌一首幷短歌

五三四

遠嬬　此間不在者　玉桙之　道乎多遠見　思空　安莫国　嘆虚　不安物乎　水空往　雲尓毛欲成　高飛　鳥
尓毛欲成　明日去而　於妹言問　為吾　妹毛事無　為妹　吾毛事無久　今裳見如　副而毛欲得

反　歌

五三五

敷細乃　手枕不纒　間置而　年曽経来　不相念者

右、[α]安貴王娶二因幡八上采女一、係念極甚、愛情尤盛。於レ時[β]勅断二不敬之罪一、退二却本郷一焉。于レ是[γ]王意、

悼怛聊作二此歌一也。

(E)『続紀』天平十四年十月癸未・戊子条

○冬十月癸未、禁二従四位下塩焼王幷女孺四人一、下二平城獄一。○戊子、塩焼王配二流於伊豆国三嶋一。子部宿禰小宅女於上総国。下村主白女於常陸国。川辺朝臣東女於佐渡国。名草直高根女於隠伎国。春日朝臣家継女於土佐国。

右の史料中、(A)の石上朝臣乙麻呂と久米連若売の姦の意味、及び(C)の中臣朝臣宅守と蔵部女嬬狭野弟上娘子の「娶」の意味については、(B)の分析と共にすでに注(2)引用拙著で論じた。いま以下の叙述の理解の一助として、そこでの結論を要約して記すと以下の通りである。

まず(A)の姦は、その関係者たる二人の名前が(B)に記されているところから、それが(B)中の「姦二他妻一」を指すと証明できれば、(A)の姦＝人妻への姦で、そこには何の問題も生じない。[4] しかし(A)の姦は、(B)中の「姦二他妻一」と直接関連しない可能性がかなりの確率で考えられ、以下この点を論証するために(B)の構造を問題にしたい。(B)はまず最初に「大二赦天下一」を述べ(I—a)、次にそれに該当しない罪名を列挙する(I—b)が、この部分が大赦の適用・適用外の指摘である。そして(II)は、この大赦の時点で実際に流刑中の人々を問題にした部分で、(イ)は赦の対象、(ロ)はその対象外の人名が列記されている。この際、(B)で(I)—(b)として挙げられた罪名のいずれかが、(II)—(ロ)の人々の犯した罪名に一致するといえれば、(II)—(ロ)に名の挙げられる石上乙麻呂は、「姦二他妻一」の故に大赦から除外された、すなわち(A)での石上乙麻呂の姦は人妻久米若売への姦であった、といえるだろう。[5] しかし同じく(II)—(ロ)に名前の挙げられる中臣宅守の罪名は、(I)—(b)の罪名と一致しないことが実証できるのであり、とすれば、(A)の石上乙麻呂の姦＝他妻への姦と断定することは、他に確実な論拠のない限り、困難にならざる〔を〕

えない。そこでまず中臣宅守はどのような罪名により流に処せられたかを史料(C)により検討したい。

(C)の解釈については、従来、宅守が娘子《をとめ》と結婚した時、たまたま宅守が何らかの罪を犯したとする説と、宅守と娘子との結婚自体が罪とされたとする説が対立していた。そしてこの対立に結着をつけたのが服部喜美子で、氏は(C)にみられる「――之時―於是――」の文型が、史料(D)の左注の文型と共通する点（そこでの相違は、「於是」が「于是」になっている点だけである）、さらにこの文型は、(C)と同巻たる巻一五、さらには巻一六・一七にも共通する定型的文型で、この「之（於）時」は、その前に述べられている事柄が原因で、その下に述べる事態が起ったことを示す特定の用法であると論じたのである[6]。私はこの服部の指摘を手がかりに、巻一五・一六・一七の「之（於）時」の用法を全て抽出・分類し、そこには「――(α)之（於）時――(β)於（于）是――(γ)」という一定の文型がみられること、この文型はごく少数の例外を除き、(α)という事柄を原因として(β)という事態が起り、(α)と(β)を合せた結果として(γ)が起るという、特定の関係を示すものとして使用されている点を明らかにしたのである[7]。

右の服部説をふまえた管見によれば、(C)の意味するところは、宅守は狭野弟上娘子なる女性を「娶」したため流罪とされ、その結果「夫婦」は別れを嘆き、慟《いた》む情《こころ》を述べた歌を贈答したということになる。そしてこの解釈をふまえて史料(B)に立ち帰ると、宅守の流罪は娶＝男女間の性関係に基づく以上、それは(B)中の「姦㆓他妻㆒」に該当し、宅守はそれ故に流罪とされ、(B)でも大赦適用外とされたと解することも可能である。

しかしこの二人の関係を人妻との性関係と解することはできない。この性関係が娶で記されるのは、当時の日本に娶と姦の区別が不在である[8]以上あまり意味がないが、この二人の関係が夫婦と記載される事実は、この二人の性関係が「姦㆓他妻㆒」ではないことを明示するとしてよい。そして二人の関係が夫婦と当時の人々に認識されていたからこそ、権力により引き裂かれながらも相手を思う歌が当時の人々を感動させたのであり、これが人妻との一時的関係ならば、なぜ巻一五に二人の贈答歌が一括記載されるような扱いをうけたのか、全く理解できなくなるだろう（巻一五が新羅使関連の歌と宅守、娘子の贈答歌の、二つの歌群からなる特異な巻である点は、よく知られた事実である）。

このように史料(C)から、宅守の犯した罪は、夫婦として認識されるような女性との結婚（ないし性関係）[9]と関連している点（したがって「姦二他妻一」ではない点）が明らかである。この事実と、史料(B)の(I)－(b)で挙げられている罪名中、性関係に関連するのは「姦二他妻一」のみである点を考えると、(II)－(ロ)の人々の犯した罪は(I)－(b)に挙げられた罪に該当すると断定できないのは明白である。とすれば、(II)－(ロ)中の石上乙麻呂の犯罪＝「姦二他妻一」と速断できない点もまた明白で、(A)の姦は「姦二他妻一」でない可能性が考えられるのである。

そこで残された問題は、(A)の姦が具体的に何を意味するかだが、「姦二他妻一」でない可能性はかなり強いと考える。なぜなら八世紀における人妻の性関係は、「かだむ」という、一般的にいつわる・あざむくという意味を示す言葉により表現され（すなわち「姦通」を示す特定の言葉が未成立で）、かつ特に厳しい社会的制裁を伴わず、したがってそれは唐雑律二二条相当日本律で「凡姦者。徒一年。有夫者。徒二年」と規定される徒罪ですら、実情と大きく相違するのだが、乙麻呂、若売が共に処せられた遠流[10]は、律規定と比べてさえ余りにも重刑だからである[11]。このように、(A)の姦が「姦二他妻一」ではありえないとしたら、その具体的内容は何か。二人の事件については他にも一、二史料があり、『万葉集』一〇一九番歌では乙麻呂配流に関し「石《いそ》の上布留《かみふる》の尊《みこと》はた弱女《わやめ》の惑《まどひ》によりて」云々と歌われているが、そこからも当事件が女性との性関係に関する罪以上のことは判らない。しかし日本古代の姦を分類した管見[12]によれば、(A)の姦に該当する日本古代の姦は、采女への姦か、人妻との姦以外考えられず[13]、しかも人妻への姦はその刑の重さから想定不能と考えられるので、残る可能性は采女への姦である。

当例が采女への姦であることの論証はすでに注(2)引用拙著で行ったので、ここではその結論のみを記すと、若売は藤原宇合の妻であり（所生子百川）、野村忠夫の研究によれば、当時の宮人の出身法には、氏女、采女の他に、自ら進んで奉仕しようとする女性による出身があり、上級貴族の妻はこれによる出身が多かったとされてい[14]るので、若売は(A)の事態以前に宇合妻としての特権を利用して後宮に出仕していた可能性があり[15]、その職務が采女類似の神事に関係するものであるが故[16]に、その性関係が姦とされた場合が想定される。もちろんこれはあくまで可能性にすぎないが、少なくとも上述来の点から、(A)の姦＝「姦二他妻一」と断定できず、采女への姦類似の姦の可能性のある点はいえたと考える。

次に(C)の分析を行うと、宅守の流が狭野弟上娘子との結婚により惹起している点は、既述部分から明らかだろう。したがって次の問題は、なぜこの結婚が流罪に処せられたかである[17]。この点についてはすでに先学の研究がある[18]が、私は「娶」った女性が蔵部女孺である点が重要だと考える。この女孺とは後宮職員令に後宮十二司の下級宮人として規定されている女性だが、磯貝正義の研究によれば、その地位は舎人・史生・兵衛・伴部・帳内・資人等と対比されるもので、氏女・采女から任ぜられ、女孺に補任されない氏女・采女は女孺の予備として縫司に配属されたが[19]、女孺の主力は、畿内の特定の氏族から一氏に一人貢するのを原則とする氏女より、全国の全ての郡のうち、兵衛を出さない三分の一の郡から「郡少領以上姉妹及女」を貢進したものとしての采女にあったとされている[20]。そして狭野弟上娘子と記されるこの女性は、その名前の表記からいって畿内の特定氏族出身とは考えられない[21]ので、氏女、采女からなる女孺のうちでも郡から貢上された采女であり、それ故に蔵司の女孺に任じ[22]られたと解することができよう。とすれば当例は采女と結婚したために流刑に会〔遭〕った[23]可能性が考えられるのである。そしてこのように解して初めて当例の刑が、男性に関しては流刑という重刑に結果している点が納得されるのである(24)（単なる人妻との性関係は前述のように徒罪）。

以上私は、既述拙著の結論をふまえ、史料(C)の宅守の流罪の原因を采女への姦とし、(A)の石上乙麻呂と久米若売例もそれに準ずる姦である可能性があるとしたが、かかる管見を補強するのが史料(D)(E)である。そこで以下この二例について、まず(D)から考察を行う。

第二節　采女への姦と「大不敬」

史料(D)中、問題になるのは五三五番歌左注部分で、この部分は従来も門脇禎二、滝川政次郎により、采女との姦のため不敬罪に処せられたと解釈されてきた。そしてこれらの説は、結論としては管見と一致するが(25)、その解釈の立脚点には相違が存するので、以下二氏の説をまず滝川説から取り上げ検討したい。

滝川は当例を史料(A)の石上乙麻呂、史料(C)の中臣宅守例と合せて、唐衛禁律一二（闌入非御在所）条相当の日本律の適用例であるとし、当条の日本律は残されていないが、唐律当条の「（前略）輙私共二宮人一言語。若親為レ通二伝書信及衣物一者。絞」の部分から、宮人（采女・女嬬〔孺〕）との私通は死罪相当である点が導びき出せ(26)、それが実際に「不敬之罪」として適用されたのが(A)(C)(D)例だとする。そして安貴王が死罪に処せられないのは議親の特典（安貴王の持つ議親の特典の詳しい説明は後述）を有したためで、他の二人についても死罪の減刑が説明できる(27)と(28)した上で、この安貴王の断罪の実例から逆に、逸文さえ残らぬ唐衛禁律一二条相当日本律の、先の引用部分が復元できるとするのである(29)。また滝川は、史料(D)に見られる「不敬之罪」については、名例律に八虐の一として規定される大不敬の軽いもの、普通の不敬罪と解釈し、同じく史料(D)に記されている勅断については、安貴王は天

武皇子志貴親王の孫で、それ故前述のように議親の特典を有するが故に、その断罪に当り勅断が仰がれたとする。(30)

次に門脇は「采女と通じ」て罪に問われた本件での罪因について、八世紀には采女の立場は、地方豪族等から貢上された人質から、後宮の下級女雑役人へと変化したが、このことが位階・職階による貴族層と采女の身分差を固定化し、その身分差を超えた恋愛は、当事例のように罰せられたのであって、それは「昔の雄略天皇や舒明天皇が采女を罰したのとはわけがちがう」としている。(31)なお氏は不敬罪については、「大不敬罪に准じたものらしい」と解釈している。(32)

以上のように当事例が采女への姦である点は、既に先学の指摘があり、私が改めて指摘するまでもないが、問題はなぜ采女への姦が、八世紀にも流罪に処せられるような重罪として引き続き存在したかである。この点は上述の滝川、門脇説と見解を異にするので、以下管見を述べたいが、その前にこの二氏の説への批判を最少限行っておくと、滝川説については、唐衛禁律一二条相当の日本律が存在したか否か、確定できないだけでなく、もしかりに唐律相当の日本律（なかんずくその中の本章引用部分）が存在したとしても、中国の宮人と日本の後宮十二司勤務の宮人の決定的相違(33)を考えると、その規定が実効性を持ち、(A)(C)(D)例はその適用例とする滝川説は、まず成立の余地がないと考える。また門脇説については、八世紀の采女を雑役人とする説が否定されている点は、注(31)で指摘したところであり、とすれば采女の地位低下による、決定的身分差を内包した恋愛であるが故に、(D)にみられる処罰が行われたとの門脇説もまた、成立し難いといえよう。

以上の二氏への批判の上で、(D)に関する管見を以下展開したい。まず当事例を含めた八世紀での采女（氏女を含む。以下叙述の便宜上、かかる意味で采女の言葉を使用）への姦が、処罰の対象とされた理由を考えると、律令制以前の采女への姦は、すでに注(2)引用拙著で考察したように、王権への反逆を意味し、それは采女が服属の象徴として貢上される存在たる点に基礎を置くのだが、かかる采女の本質は令制下においても依然保持されていた。すなわち後宮職員令一八（氏女采女）条での、「凡諸氏。氏別貢レ女。……其貢二采女一者。郡少領以上姉妹及女。……」との規定から明らかなように、氏女、采女は八世紀にも、前代同様に貢上される存在であり、したがって、采女への姦を天皇への反逆と把える、前代来の法意識もまた八世紀まで存続したのであって、このことが八世紀での采女への姦を処罰の対象とした原因なのである。なおその際、律令体制が成立し、天皇の支配が法規定を媒介するに至った七世紀末から八世紀以降と、天皇の支配が法によらず、服属儀礼等の儀礼により保証されるところに大きな比重が置かれた時期とでは、采女への姦が持つ、天皇への反逆の意味が変化するのは当然で、それが律令制成立以前の采女への姦の主な処罰が、男への死刑であった[34]のに対し、律令制下のそれが流刑である[35]という相違として現われると考える。しかし采女が依然として「貢」されるところに、采女の前代以来の本質が存続しており、したがって采女への姦が持つ天皇への反逆という属性もまた存続したといえるのである。

ところで八世紀における采女への姦が、天皇への反逆を意味した点を最もよく示すのは、実は当事例の「安貴王娶二因幡八上采女一」が「不敬之罪」とされている点だと考える。そこで以下当例にみられる「不敬」の考察を通じ、八世紀での采女への姦のあり方を考えたい。当例では、采女との性関係（文学書たる『万葉集』では「娶」で表現されているが、正確には「姦」であるところの）が不敬とされるのだが、この「不敬」こそ実は、名例律規定の「大不敬」を意味するのではないかと考えられるので[36]、まずこの点の考察を行う。

前述の滝川、門脇説と異なり、私が当例での不敬を大不敬を指すと考える根拠は、「不敬」という用語が当例以外に見当らず、しかもその唯一の例が『万葉集』での用例たる点である。すなわち『万葉集』が律令の法律用語を正確に使用していない点は、当例、中臣宅守例の「娶」の用法、及び『続紀』には明瞭に姦とあるのに、

『万葉集』では単に「た弱女《わやめ》の惑に依りて」としか記されていない石上乙麻呂例からも明らかであり[37]、このような正確な法律用語への、『万葉集』の無関心さを考えると、名例律規定の「大不敬」を『万葉集』が「不敬」と表記するのは、蓋然性が高いと考える。

ところで当例の不敬を名例律の大不敬と考えると、日本律の名例律で大不敬に該当するとされる犯罪は、同六（八虐）条に「大不敬。〔謂。毀二大社一。①及盗二大祀神御之物一。乗輿服御物一。盗三及偽二造神璽。②内印一。合二和御薬一。③(a)誤不レ如二本方一。(b)及封題誤。若造二御膳一。④誤犯二食禁一。御幸舟船。⑤誤不二牢固一。指二斥乗輿一。⑥情理切害。及対二捍詔使一。⑦而無二人臣之礼一。〕」と規定されているので[38]、采女との姦が大不敬相当の本注として挙げられていない点が問題になる。しかしこの日本律での大不敬の本註は、唐律の「盗大祀神御之物」の前に「毀大社」を挿入し、「盗及偽造御宝」の「御宝」の部分を「神璽《じ》。内印」に変更した点を除くと、唐律と全く同文で、そこには大不敬に相当する日本独自の罪が新たに独立の項目として立てられていない。とすれば大不敬として律文上には規定されないが、実際は大不敬に相当する罪の存在が論理的には当然予想される。そして采女への姦はかかる大不敬罪――『律令』同条頭注によれば大不敬とは「天皇に対し不敬に当る諸罪」のことである[39]――の一つとして適合的である点は、神事に従事している采女との性関係が、服属儀礼としての祭祀構造の上からいって天皇への反逆を意味する事実からいえるのである。

すなわち采女とは服属儀礼において、采女を貢した国の神の依り代として、大和王権の守護神たる資格をもつ天皇と同衾する存在であり[40]、したがって采女と結婚できるのは征服者たる天皇のみで[41]、もしある男性が采女と性関係を持つと、それは服属儀礼の構造からいって、その人物が意識の上で天皇の地位に取って代ること、すなわち天皇への反逆を行ったことを意味するのである。このように采女への姦は、現実の天皇への反逆ではないが、祭祀構造に規定された意識上の反逆である点で、まさに大不敬[42]に当ると考えられるのである。そしてこのような意識上の反逆が八虐の六番目の「大不敬」に入れられているのは、現実の天皇への反逆たる「謀反」[43]が八虐の第一に置かれているのと対比しても、法的に整合的である。また八世紀の采女への姦の処罰が、主として流罪なのは、「大不敬」に当る罪として律文に規定されている諸項目と比べても、その罪の重さはほぼ見合うと考える。

今この点を大不敬に入る罪の量刑からみると、まず①の「毀二大社一」は、その処罰についての該当条文が存在せず[44]、同じく①の「盗二大祀神御之物一」は中流（唐律賊盗律二三条該当条、以下単に唐律何条該当条という意味で律・条数を引用する）、「盗二乗輿服御物一」も中流（同上二四条）、②の「盗神璽」は絞、同じく内印を盗むのは遠流（同上二四条）[45]、「偽造神璽」は斬（詐偽律一条）、同じく内印の偽造は絞（同上一条）[45]、③の「合和御薬。誤不如本方。及封題誤」は医（薬の合和に当った者）が徒三年[46]（職制律一二条）、④の「造御膳。誤犯食禁」は典膳が徒三年[47]（同上一三条）、⑤の「御幸舟船。誤不牢固」は工匠が徒三年[48]（同上一四条）、⑥の「指斥乗輿。情理切害」は斬（同上三二条）、⑦の「対捍詔使。而無人臣之礼」は絞（同上三二条）で、③④⑤について唐律の絞を徒三年に改変したのを除くと、その刑は死罪か流罪である点で一致する。

そしてかかる大不敬とされる諸罪の処罰の重さを、先述来の八世紀での采女への姦のそれと照合すると、(A)の石上乙麻呂例が男女ともに流（遠流）、(C)の中臣宅守例は男が流（近流）、さらには後に検討する史料(E)の塩焼王や、史料(B)に名の見られる勝部鳥女の場合も、流で[49]、大不敬に入る諸罪と、采女への姦は、刑の重さもほぼ同等であり、当時采女への姦が、実際に大不敬に入る罪として考えられ、その処罰は流罪であったとすることを防げない。なお律令制下において、その処罰が律令によらず、日本の古くからの慣習法による場合のある点が指摘されており[50]、私はこの采女への姦が、律令条文には規定されないが、実際には大不敬相当の罪として存在し、そのように処罰されたと推定する。[51]

第三節　采女への姦と「流」

ところでこのように考えた時、当例が「退二却本郷一」とのみ記され、流とは記されない点が問題だろう。しかもこの本郷に退却したのが、安貴王なのか八上采女なのかも、『万葉集』の記載からは明らかでなく、門脇説は八上采女が、滝川説は安貴王が本郷に退却したと解している。[52]私に断案があるわけではないが、史料(B)の流人大原采女勝部鳥女が本郷に還された場合との類似性、及び戸籍の把握の仕方からいって、皇親の本籍地は京と考えられる点[53]から、本郷に退却したのは八上采女であり、彼女は本来流罪となるべきところ、罪を軽減され本郷に退却させられたと考えたい。

その際安貴王の処罰が問題だが、采女への姦が大不敬該当の罪で、したがって八虐の一つであるとすると、名例律八（議）条に「凡六議者……流罪以下。減二一等一。其犯二八虐一者。不レ用二此律一」とあり、六議[54]の人で流罪以下を犯した場合、八虐は減罪を適用しないと規定されており、律の規定上は議親たる安貴王[55]も流罪を適用されるはずである。しかし史料(D)中には、安貴王が流罪に処せられたとの明確な記載がないのは確かで（ただし記載がないからといって、流罪に処せられなかったとも断定できない）、安貴王の刑が律文規定通りではなく、軽減されているとすれば、その点がおそらく「勅断」と関連[56]すると考えられる。

以上私は安貴王例が采女への姦であると考えると共に、当例を手がかりに律令制定下における采女（ないし女孺）への姦は大不敬に入る罪で、その刑は流刑と考えられる点を推論を交え考察した。[57]そしてかかる私説を補強すると考えられる史料が、先に(E)として引用した『続紀』天平十四年十月癸未条、戊子条記載の塩焼王の場合である。

当例では塩焼王と女嬬五人（ただし癸未条では四人とされている）が各国に流されているが、この六人の配流先の諸国は、子部宿禰小宅女が上総であるのを除くと、全て『続紀』神亀元年三月庚申条（注(10)に全文引用）で遠とされ、上総国も遠に該当すると考えられるので(58)、ここでは全員の刑が遠流である。また五人の女嬬は全員、史料(E)の天平十四年十月戊子条にしかその名を残さないが、女嬬と記される以上、彼女らは氏女ないし采女の出身である点は、前述来の事実から確かである(59)。したがって当例は女嬬と塩焼王による性関係が姦とされ、それが大不敬に当るために遠流とされた例と推定される(60)。そしてこのように采女への姦が律令国家成立期にも存続すると考えると、史料(B)中で流罪に処せられ、赦に会い本郷へ還された大原采女勝部鳥女(61)の犯罪も、その采女という職掌と、刑罰が流罪であるという共通性からいって、采女への姦に該当する可能性が高いと考えられ、この例をも含めて采女への姦は、律令制下においても、前代同様処罰の対象として存続したと考えられるのである(62)。

以上私は八世紀における采女への姦の存続、及びそれが八虐中の大不敬に当該する罪と考えられ、その刑は流であった点を推論を交えながら論証してきたが、かかる管見は、史料(B)中に名前が列記される流人中、その罪名の推定である石上乙麻呂・久米若売・中臣宅守・勝部鳥女、以外の人物の犯した罪の内容からも、傍証できるのではないかと考えられるので、以下この点について検討したい。

史料(B)に具体的に名前のあげられている流人中、その罪名が確定できるのは穂積朝臣老で、『続紀』養老六年正月壬戌条に「正四位上多治比真人三宅麻呂坐下誣二告謀反一。正五位上穂積朝臣老指中斥乗上。並処二斬刑一。而依二皇太子奏一。降二死一等一。配二流三宅麻呂於伊豆嶋。老《ヲ》於佐渡嶋一」とあり、流罪の原因が「指斥乗輿」であることが確認出来る。(63)ところでこの「指斥乗輿」は養老名例律八虐のうちの六番目の「大不敬」に当たる諸罪の一つとして律文に規定されており、それへの刑は唐職制律三二（指斥乗輿）条相当の日本律に、「凡指二斥乗輿一。情理切害者斬（下略）」と規定されている。(64)次に史料(B)にみえる多治比真人祖人、同名負、同東人は、右の養老六年正月壬戌条に謀反の誣告に坐したとして現われる多治比真人三宅麻呂と同姓であり、三宅麻呂の「誣告謀反」にかかわって流罪とされた可能性が想定できる。(65)

ところでこれらの人物以外で罪名の推定できるのは前述来のように、石上乙麻呂、久米若売、中臣宅守、勝部鳥女だが、これらの人々の犯した罪が采女への姦で、それは「八虐」の一つとしての「大不敬」に当るとの管見が正しいとすると、史料(B)から判明する、当時実際に流罪に処せられていた人々の罪名は、「大不敬」に当る方からは、「指斥乗輿」の他は、「誣告二謀反一」とその従犯、及び采女への姦等と推測され、少なくとも史料(B)での流のあり方からは、日本律の諸規定にかかわらず、当時実際に流罪に処せられたのは、何らかの意味で天皇への反逆に関係する罪を犯した人々に集中する点が浮上するのである。

以上私は史料(A)の姦が人妻の性関係としての姦とは速断できず、采女（含氏女）への姦の可能性が考えられる点を前提とし、さらに一歩考察を進め、律令制下での采女への姦が大不敬に該当する罪であり、その刑罰は流である点を、推論を交えながら述べてきた。八世紀でのこのような采女への姦のあり方は、それが律令国家成立以後においても、基本的にそれ以前同様、天皇への反逆として位置づけられていることを示すが、しかし律令国家の支配が法により規定され、服属儀礼が前代のような比重を持ちえなくなった律令制下においては、その刑は前代の死刑よりは軽い流へと減刑されたと考えられるのである。(66)

以上、私は一見人妻への姦の存在を示すかにみえる、史料(A)の解釈から出発して、直接歴史の表面には現われない采女への姦が、八世紀にも前代から連綿として存続した事実を、残された史料の操作を通じて復元することを試みた。そしてそのことにより、史料(A)の存在などを論拠にして、日本古代での人妻の性関係が流のような厳罰に処せられたとする主張が成立し難い点、及び日本古代の現実の刑の執行には、律には条文規定を欠くが、伝統に基づく慣習法による執行が行われた実例を見出すことができた点がいえたと考える。[67] したがって日本が中国の律令を継受する際の、従来の犯罪の処罰法と律文規定の調整の仕方には、例えば前引唐名例律六条相当の、日本律六（八虐）条の「大不敬」の項目の冒頭部分に、日本独自の「毀大社」を挿入したり、またそれに続く唐律の「盗及偽造御宝」の「御宝」部分を「神璽。内印」に変えているように、唐律に改変を加える場合と、律文規定には改変を加えないが、しかし実際にはそれ以前からの、日本独自の犯罪とそれへの処罰が存続して行われている場合の両者が併存している点[68]が判明するのである。

以上その存在を直接明記する史料は存在しないが、断片的に存在するいくつかの史料を組み合せ、それを読み解くことにより、律令制下においても前代以来の采女等への姦が存続した点、その刑罰は流であり、前代の死罪より刑が軽減されている点、それは当時八虐中の大不敬相当の罪と考えられていた点を推測を交えて論証した。そしてその際の最も確実な根拠を提示するのは(D)であり、[69] (C)、(A)、(E)、(B)中の勝部鳥女例もそう解せる点を述べた。このような直接的史料を欠く場合の、ある歴史事象の復元の仕方が、正確に史実と一致するといえるか否かは、識者の批判を俟つしかないが、しかしごく限られた史料が残されているにすぎない古代史研究においては、このような復元法もまた一定の有効性をもちえるのではないかと考えて管見を述べた次第である。大方の叱正をいただければ幸いである。

注

（1）最近の代表的なものに吉村武彦「日本古代における婚姻・集団・禁忌―外婚制に関わる研究ノート―」（【土田直鎮先生還暦記念会編】『奈良平安時代史論集』上巻、吉川弘文館、一九八四年）がある。

（2）拙著『日本古代婚姻史の研究』【上】（塙書房、一九九三年、第一《〔二〕》編第二章〔特にその第四節〕）参照。

（3）『続日本紀』の引用は、以下も含めて既刊分は、新日本古典文学大系『続日本紀』二（岩波書店、一九九〇年）による。

（4）事実前引『続日本紀』二、補注13―一七は、(B)中の「姦二他妻一」を(A)の姦を指すと解している。

（5）このように解釈した場合、久米若売が許されているのは、「姦二他妻一」とあるように、姦の主体は男性である故に、石上乙麻呂の方がより厳罰に処せられたと解することになる。

（6）服部喜美子「中臣朝臣宅守与狭野茅上娘子贈答歌」（『万葉集Ⅲ』、日本文学研究資料叢書、有精堂、一九七七年、一九七頁以下）参照。

（7）その詳しい論証過程については注（2）引用拙著参照。

（8）右注に同じ。なおこの点については注（24）でも言及している、参照されたい。

（9）当時の性関係を伴った変愛と結婚の不分明性が、対偶婚の特徴である点は、注（2）引用拙著第一編第三章で述べた。

（10）『続紀』神亀元年三月庚申条に「定二諸流配遠近之程一。伊豆・安房・常陸・佐渡・隠岐・土左六国為レ遠、諏方・伊予為レ中、越前・安芸為レ近」とあり、石上乙麻呂は遠流である点が判明する。一方久米若売の流された下総は右の規定中に出てこないが、伊豆や安房が遠流とされている以上、下総もまた遠流の中に含まれていたと考える。

（11）律規定の徒二年と比べて余りにも重い、この二人の姦については、従来も問題にされ、種々の解釈がなされてきた。この点は注（2）引用拙著参照。

（12）注（2）拙著では、日本古代の姦を、(一)インセスト・タブーにふれるもの、(二)宗教的存在としての女性との性関係―(a)斎宮、(b)采女、(c)物忌女、(d)尼―、(三)喪中の妻との性関係、(四)婚約中の女性との性関係、(五)人妻との性関係―(a)天皇、

(b)一般―、(六)良賤間の性関係、(七)強姦、(八)不明に分類した。なおこのうち(三)、(四)、(五)―(a)が、天皇（ないし次期天皇）に集中する点をも指摘した。

(13)　右の姦の分類を参照。

(14)　同【野村忠夫】氏『後宮と女官』（教育社、一九七八年、七一頁）参照。

(15)　なおその際、若売の夫宇合は、天平九年八月に死亡しているので、若売は假寧令三（職事官）条「凡職事官。遭二父母喪一。並解官。自余皆給レ假。夫及祖父母。養父母。外祖父母卅日（下略）」の適用をうけ、一ヵ月の休暇の後、復官したと考える。

(16)　なお氏女を含む令制下の女孺が宗教的役割を果たしていた点は、吉井巌「『女嬬狭野弟上娘子』覚え書」（『帝塚山学院大学、日本文学研究』15、一九七四年二月、四六頁）参照。

(17)　宅守が配流された越前が、近流である点は注(10)引用史料から明らかである。

(18)　日本古典文学大系『万葉集』四、補注三七二三参照。

(19)　磯貝正義『郡司及び采女制度の研究』【吉川弘文館、一九七八年】二〇七～二〇九頁、二六三～二六五頁。ただし氏の「氏女は采女とともに後宮諸司の女嬬〔孺〕の供給源であ」り、その「分配から洩れたものは、すべて縫司に配属せられ、女孺の予備としてここにプールせられたものと考えられる」（二六五頁）との説は、浅井由彦「律令制下の女孺について」（『舟ケ崎正孝先生退官記念、畿内地域史論集』、一九八一年、舟ケ崎正孝先生退官記念会）によって、縫司女孺も正規の女孺であるとして批判されている（二五三頁）。

(20)　磯貝注(19)引用書参照。

(21)　『万葉集』三七二一番歌序詞頭注では、この狭野弟上娘子なる女性に冠せられた狭野と弟上は、共に氏名か、地名による称呼か明らかでないとしている。しかし『万葉集』の女性名は、(一)氏名《うぢな》＋郎女（女郎）・(二)氏名＋娘子（に代表される年令階梯制上の年令区分を示す言葉）・(三)地名＋娘子（同上）のように、その身分により三型に書き分けられており、それぞれ(一)は朝臣・宿禰の姓をもつ上級貴族、(二)はそれ以下の姓をもつ貴族、(三)は貴族出身ではない者に対応して使われており、狭野弟上氏なる氏名《うぢな》は当例を別とすれば存在しないので、狭野、弟上は地名であると考える。そして「地名＋娘子」の人名表記の地名部分が、広い地域の地名→狭い地域の地名の順に重複して用いられる点は、有名な勝鹿真間娘子の例からも知られるので、当例は狭野地方の弟上地域に居住する貴族層出身ではない、をとめ（＝結婚適令期の女性）という、当時における在地共同体に属する女性の、一般的な人名の類別的呼称法なのである（なお『万葉集』における女性名表記のかかる特徴については、拙著『処女墓伝説歌考』（吉川弘文館【一九九六年】）で考察しており、それを参照されたい）。このようにこの女性はその人名表記からいって中央諸氏出身ではなく、地方出身の女性と考えられる。なお弟上の表記について吉永登は、仙覚系本の写本には弟上とあるが、類聚古集には第上とあり、この第はしばしば茅の代りに用いられるので茅上がよいとしている（同氏「茅上娘子」『国文学解釈と教材の研究』三巻一号、一九五七年）。なおこの点の考証については、日本古典文学大系『万葉集』三七二三番歌題詞頭注も参照。

(22) 滝川政次郎「宮人と私通するは不敬罪」（『万葉律令考』、東京堂出版、一九七四年）は、蔵部女嬬を蔵司女嬬と解しており、それに従う。なお上田敦子「中臣宅守小論」（『国文目白』第一号【一九六二年】）は、蔵部とあり蔵司とない点から、かかる見解に否定的だが、『万葉集』の表記が職員令記載の各種の官司名を正確に記録しているとの保証はなく、滝川説のように考えるのが正しいと考える。

(23) なお八世紀での采女との結婚が、なぜ流刑に処せられるかについては後述。

(24) 史料(C)の考察を終るに当り、(C)について論じ残した点を附記しておく。㈠、(C)の罪に関して、滝川政次郎注(22)引用論文は、当例、史料(A)の石上乙麻呂と久米若売例、史料(D)の安貴王例の三例を、宮人と私通したため「不敬之罪」に処せられた例とする。しかし安貴王が犯したと明記されている「不敬之罪」については、それが宮人と私通したが故のものであるとは必らずしもいえないと考える（滝川の論拠及びそれに対する批判は史料(D)の考察の際取り上げる）。㈡、宅守の場合、「娶」った相手たる狭野弟上娘子が流罪とされていない点は、滝川も指摘するように『万葉集』巻一五目録の「娘子留京悲傷作歌九首」との記載から判明する。㈢、『万葉集』巻一五目録には、前引のように「中臣朝臣宅守娶㆓蔵部女嬬狭野弟上娘子㆒」とあり、姦とされていない点から、これを娘子との結婚による処罰ではないとする見解がある（注(22)引用上田論文）。しかし文学書たる『万葉集』が、当時の法律用語を律令条文規定の通りに正確に使用したという保証はなく、日本での姦観念が国家により創出された点（この点の証明は、注(2)引用拙著で行った）を考えると、むしろ娶と姦を混用する方が日本の実情に適合的である。なおこの点は後述の安貴王が因幡八上采女を「娶」った場合をも参照。(四)、当例の宅守の流罪の原因を采女との結婚とする管見は、結論的には服部喜美子「中臣朝臣宅守与狭野茅上娘子贈答歌」（『愛知県立大学　説林』一八号【一九六九年、のち注(6)前掲『万葉集Ⅲ』】所収）、佐藤文義「中臣朝臣宅守・狭野茅上娘子贈答歌小論」（『万葉集の伝承と創造』、桜楓社、一九八三年、所収）、服部喜美子「中臣宅守・狭野茅上娘子贈答歌群の構成」（『万葉集を学ぶ』第七集、有斐閣、一九七八年、所収）、佐藤美知子「中臣宅守・狭野茅上娘子歌群抄」（同上所収）等と同じである。

(25) 門脇禎二『采女』（中央公論社、一九六五年、九〇頁）、滝川政次郎注(22)引用論文三三四頁。なお当例の不敬罪が采女への性関係により惹起している点は、前述の「――(α)於時――(β)于是――(γ)」の定型的文型を、当例が採用している点からもいえる。すなわちこの文型からは、(α)采女への性関係を原因として、(β)不敬罪に勅断されるという事態が起き、(α)、(β)の結果として、(γ)王はそれを悼《いた》み歌を作ったという因果関係が明らかに示されているのである。

(26) すなわち滝川は当条の、本文引用部分から、「宮人と輙く私に言語し、若くは親しく書信を交わし、衣物を贈答するだけでも絞罪に当るのだから、宮人と私通した者が死罪に相当するのは勿論である」とする。

(27) 安貴王に対する実刑について滝川は、「安貴王の官職を免じ、これを本郷に退却せしめ」たとしている。なお安貴王の実際の処罰についての管見は後述。

(28) 滝川は、石上乙麻呂、中臣宅守が死刑に処されない事実について、石上乙麻呂は名例律九（請）条を適用された結果、流罪に減刑されたとし、中臣宅守は、事件当時おそらく七・八位で議請の特典を持たないのに、勅断で流罪にされたのは、宅守が天皇に近侍する侍衛の官であるが故の特別な扱いにするとしている（注(22)引用論文三三七、三四〇頁）。

(29) 唐律当条相当の日本律は一切残されていないが、本文引用部分については、滝川説と異なり、本来日本律に存在しなかったとする説、存在しても日本では宮人との私通事件には適用されなかったとする説がある（『訳注日本律令』二、二五〇頁の「備考」、及び同上書六、四四頁参照）。

(30) ただし『日本古代人名辞典』によれば、安貴王は天武天皇皇子磯城皇子の孫ではなく、天智天皇皇子施基皇子の子、春日王の子である。

(31) 門脇注(25)引用書八五・九〇・九一・九六頁。ただし八世紀の采女を雑役人とする説は学説史上すでに否定されている。例えば磯貝注(19)引用書二四〇・二六五頁、吉井注(16)引用論文参照。

(32) 右同、九〇頁。

(33) 日本の後宮十二司は、律令国家成立以前に少なくとも内廷において男性と共に出仕していた女性が、中国の律令制の継受に伴い、官僚機構から排除されたため、それと日本古来の伝統の折衷として特別に女性用として設置された官司で、したがってそこに勤務する女性の本質は「官人」であった点を想起されたい（【女性史総合研究会編】『日本女性史』第1巻、東京大学出版会、一九八二年、「編集後記」〔筆者執筆〕参照）。また平安期の後宮のあり方からいっても、合法的に宮内に入った者（唐律当該条で問題にされているのがかかる場合である点は、『訳注日本律令』六、四二頁参照）が、宮人と話をしただけで「絞」になる事態は、日本では考え難い。

(34) 吉村注(1)引用論文（五五―五六頁）参照。なおこの点の詳しい考察は注(2)引用拙著で行った。

(35) 中臣宅守、石上乙麻呂の場合、男性への刑罰は流罪で一致し、安貴王についても流と推測される点は後述する。なお前代の采女への姦は政治的反乱と〔してヵ〕現われており、采女への姦が単独で死刑に該当したか否かは微妙な問題である。しかし管見によれば、采女への姦が政治的反乱と結合するのは、論理的に必然であり、また『隋書』倭国伝に「其俗殺レ人、強盗及姦皆死」とある姦は、采女への姦である可能性が強いと考えるので、采女への姦は、律令制以前には男性への死罪が一般であったと考える。なおこの点の詳細な考察は、注(2)引用拙著参照。

(36) なお石尾芳久『日本古代法史の研究』（法律文化社、一九五九年、一四一頁）は、当例の不敬を大不敬とするが、その論拠は述べられていない。

(37) なお『万葉集』での姦の用例は、九〇番歌題詞での『古事記』引用文と、同左注での『日本書紀』引用文の他は、四一〇六番歌題詞での、律文引用の場合のみで、『万葉集』では他書の引用文（記紀、律）を除くと、姦の字を一切使用していない。

(38)『律令』一七頁、『訳註日本律令』二、四六頁参照。なお①〜⑦の番号は、③を除いて日本律疏議の挿入の場所から区分し、③については日本律疏議の場所からは(a)と(b)に区分されるが、この両者は後述の職制律一二条で量刑が一括規定されているところから一括して区分した。

(39)なお『律令』名例律補注（6ｉ）によれば、「大不敬」の大は、特に君主に対するそれを公的な不敬という意味で大不敬と呼んだのだろうとする。

(40)大和王権の時代に天皇号は未成立であり、他の表現をすべきだろうが、便宜上、本章では天皇と表現する。なお天皇号の成立とそれ以前の呼称の最新の説は、吉村武彦『古代王権の展開』（集英社、一九九一年、第一〇章三「天皇号の成立と日本」）参照。

(41)以上の采女に関する見解は、岡田精司『古代王権の祭祀と神話』（塙書房、一九七〇年、三四―三五頁）参照。

(42)大不敬が天皇に対する不敬を意味する点は、本文、並びに注(39)で指摘した。

(43)八虐の第一に置かれている「謀反」の日本律疏議には「謂臣下将レ図二逆節一。而有二無レ君之心一（下略）」とある。なお滋賀秀三は、唐名例律六条十悪の第一に置かれている「謀反」について、「反」とは「現在の皇帝の廃位・殺害を直接目指しないしは窮極的にそれに連なる性質の暴力の行使」で、それを謀ることが「謀反」であり、唐律では反を謀るだけで、極刑に問われ、実行に着手したか否かは問題とされないとしている（『訳注日本律令』五、当条解説）。

(44)当項は前述のように日本独自の項目として挿入されたものなので、基本的に唐律を継受した日本律には、その処罰に関する条文が新たに立てられず、その処罰条文を欠く結果になったと考える。

(45)②の部分は、前述のように、唐律の「盗及偽造御宝」を、日本律で「盗及偽造神璽内印」に変更しているが、その処罰については、右注の場合と異なり、本文括弧内の唐律相当の日本律条文において、きちんと規定されている。

(46)ただし唐律同条ではこの刑を絞とする。

(47)　ただし唐律同条では「主食（日本律の「典膳」に当る）絞」と規定する。

(48)　ただし唐律同条では絞とする。

(49)　この二例が采女への姦で、それ故に流罪に処せられていると考えられる点は後述する。

(50)　吉田一彦「石上乙麻呂と久米若売の配流について―姦通と追放刑―」（『続日本紀研究』二七一号、一九九〇年）参照。なお氏はこのようなものとして、①近親婚・獣姦、②采女・女孺との婚姻・情交、③僧尼の情交、④他人の妻妾との情交（姦他妻）（氏はⒶの石上乙麻呂・久米若売の場合をその実例とする）をあげ、これらは当時ツミと考えられ、追放刑（流）に処すのが社会慣行であったとする。この①～④例中、②に関しては氏の説は成立すると考える。すなわち管見によれば、史料ⒶⒸⒹ、さらにはこれから考察するⒺや史料Ⓑ記載の大原采女勝部鳥女《とりめ》例は、前代以来の采女への姦への処罰の慣行が、律令制下において生き続けた例なのである。しかし①③④については全く賛成できない。なぜなら④が当時ツミと考えられていない点は、注(2)引用拙著で考察したところで、したがって④が当時の慣行法から流罪とされたとする点は従いえない（なお律規定の徒罪でさえ実態から隔絶している事実を考えればこの点はいっそう明らかである）。次に①についても、それが慣行法上、流とされたとする点には賛成できない。なぜなら近親婚・獣婚については、軽皇子の同母兄弟姉妹婚が流罪とされている（しかもそれは皇位継承の争いと絡んでおり、単なる近親婚としては記されていない）以外は、国之大祓の対象となる以上のことは不明で、かつ同じ近親婚でも、仁賢紀六年是秋条での、妻の母と結婚した住道《すむち》の人山杵《やまき》の場合、それが厳罰を伴ったようにはみえない点（以上の近親婚に関する事情は、注(2)引用拙著参照）を考えると、近親婚・獣婚に対する祓除以外の、現実の一般的処罰が流罪であったとはいえないと考えるからである。また③の僧尼の性関係も必らずしも流罪でない点は、『日本後紀』延暦十八年六月丁丑条での法華寺尼への強姦が、「決杖一百」である事実からもいえる。以上から吉田によって、律文には現われないが、伝統的流刑に当る罪として存在したとされる①～④は、②を除きそのようにいえないと考える。

(51)　ところで当例を含む采女・女孺への姦が流罪とされる際の法源については、前述のように、それを衛禁律一二条に相当する日本律条文に求める滝川説があるが、それが成立し難い点は既述した。また『律令』名例律一一条補注11e（四九一頁以下）は、采女・女孺らの姦の法源を、名例律一一条の本注「除名者。免二居作一。即本罪不レ応二流配一。而特配者。雖レ無レ官。亦免二居作一」の傍線部分にあるとし、史料(A)、及び後述の史料(E)をこの規定の実際の適用例かとする。しかしこの本注傍線部分の意味は、律条文の規定する刑罰（＝本罪）では、流ではないのに、特別に勅により（『律令』当条文頭注）流とされた場合、という意味である。そして采女への姦は律条文上に一切規定がなく（本罪としての刑罰規定がなく）、しかも采女への姦への重刑は、律令制成立以前からの慣行として一貫して存在した以上、それは何らかの特別の事情のため本罪規定に反して流に処したといった性質のものではないのは明らかである。このように正確な条文解釈上からは、采女への姦を名例律一一条本注規定の実例とする説は成り立たないと考える。したがって采女への姦は、律条文上の規定としては一切記載がない（＝律令条文には法源をもたない）が、しかしそれへの重刑は律令前より一貫して存在し、律令制下でもそれは実際に生きつづけたと考えられる。

(52)　門脇注(25)引用書九〇頁、滝川注(22)引用論文三五五頁。

(53)　木下正子「八上采女に関する覚書き」（『古代史の研究』2、関西大学古代史研究会、一九八〇年一一月）の付注は、この点にふれ、職員令四五（正親司）条義解から皇親の戸籍が京職にあったことが知られる（この点後述部分参照）ので、安貴王の「退却二本郷一」はおかしいとする。正親司条には「正一人。〔掌二皇親名籍事一〕」と規定され、皇親の戸籍が正親司に置かれるのは明らかだが、集解同条の義解説は、「案二戸令一皇親為二不課一。故知。於二京職一。亦可レ有二皇親戸籍一也」と注し、同様な見解は釈、穴、跡、にもみられ、また義解のこの注釈が職員令六六（左京職）条の「大夫一人。〔掌。左京戸口名籍……〕」への義解説として引用されているので、皇親の戸籍は京職に保管され、そこで不課口の具体的免除措置が取られている点が判明する。したがって皇親の本貫地は京と考えられ、やはり木下説のいうように、安貴王の「退却二本郷一」はおかしいと考える。

(54)　日本律名例律七（六議）条によれば、六議とは議親・議故・議賢・議能・議功・議貴を指し、律の適用に際し、優遇措置をうけることのできる人々である。

(55)　安貴王は前述のように天智の皇子施基の孫で六議中の議親（この中には皇親が含まれる）に当る。日本律名例律七条参照。

(56) もし安貴王の刑が軽減されたとすれば、その理由は安貴王が皇親であることによるのか、ないしその采女への姦に関して情状酌量すべき点があったのかのいずれか（ないしはその重複）であろう。なお女性が京に留まることのできた中臣宅守の場合の「勅断」も、刑の軽減と関連すると考えられよう（なおこの場合宅守は流罪ながら近流である）。

(57) なお史料Ⓓの考察を終るに当り、Ⓓと同様、采女出身と推定される史料Ⓒの狭野弟上娘子が、女孺と表記されているのに対し、同じく『万葉集』記載の史料Ⓓでは、因幡八上采女が采女と記載されていることの相違にふれておく。律令制下の采女の正式呼称が采女の上部に国・郡名を冠するものである点は、磯貝【注(19)】前掲書で指摘されており（一八四―一八五頁）、したがって因幡八上采女はそれに適った呼称である。したがって問題はⒸの狭野弟上娘子の場合だが、それが狭野地方弟上地域のをとめの類別呼称たる点は前述した。ところで『万葉集』四三二五番歌左注には佐野郡（遠江国）の地名が出てくるので、この女性は遠江国佐野郡から采女として貢上され、後宮十二司のいずれかの女孺として出仕していたため女孺と記された可能性が考えられる。ところでそう考えた際、ではなぜ因幡八上采女がⒸの場合のように女孺と記されなかったかが問題だが、これについては、Ⓒは職名で記載されたのに対し、Ⓓはたまたま采女の元来の呼称で記載されたのか、Ⓒは采女が女孺に任じられたので職名が記されたが、Ⓓは後宮十二司の水司・膳司配属の「采女」に任じられたので、采女の元来の呼称法が残ったと解するか、のいずれかであると考える。

(58) 上総国が三流のうちのどれに当るのか、規定はないが、注(10)引用の神亀元年三月庚申条では伊豆や安房が遠流とされているので、その位置からいって、上総も遠流と考えられる。なおここでの配流先は、同上庚申条で遠流先として挙げられている諸国中、安房を上総に変えただけで、その記載順序まで一致しており、おそらく神亀元年三月庚申条の遠流先を一人ずつ割当てたと考えられる。

(59) なお門脇注(25)引用書九四頁は、「この時の女嬬のうちほぼ采女あがりに間違いないと思われるのは名草直高根一人だけ」とするが、彼女らは女嬬である以上、氏女または采女であり、かつ両者とも前述のようにその本質が共通である以上、彼女ら全員が采女ないしそれに準ずる存在と考えられるのである。

(60)　この場合の女嬬《〔孺〕》は、采女本来の職掌としての神事に関与していたと解釈する。ただしこれはあくまでも可能性の問題で、塩焼王と五人の女嬬《〔孺〕》が、遠流に当るような他の罪を犯したとも考えられる。なお吉井巌注(16)引用論文は、当事件を政争に関連した可能性が考えられるとする（四五頁）。

(61)　彼女は出雲国大原郡貢上の采女である（なお、『類聚《〔聚〕》国史』大同二年五月庚子条には鳥女と同姓、同国の「出雲国采女外従五位下勝部公真上」が記載されている）。なおこの女性は当史料にのみ名前が出てくる。

(62)　ところで八世紀の采女への姦の考察を終るに当り、采女の結婚が認められる例にふれておこう。采女の結婚が認められていたと思われる一例は、藤原麻呂妻因幡国八上郡采女の場合で、この結婚が処罰の対象とされた形跡はみられず、同じ八上采女たる女性と安貴王の場合が処罰の対象とされたのと、著しく相違する（この点の指摘は木下注(53)引用論文参照）。しかしそれは、木下説のいうように、麻呂と八上采女の結婚が天皇の承認を経ていたためであり、その間の事情は、律令制以前での藤原鎌足と采女安見児の結婚が、天皇の承認下に行われたため、処罰の対象とされなかったのと同じである（なおこの点の考察は、注(2)引用拙著参照）。

(63)　なお当該条に名を現わす多治比三宅麻呂は、当該条以前には『続紀』等の史料に何回もその名を現わすのにかかわらず、当該条を最後にその名がみえなくなり、史料(B)にもその名は記載されていない。したがって養老六年の流刑以後、史料(B)の天平十二年までの間に死亡したと推定される。

(64)　なお養老六年正月壬戌条の存在から、大宝律における養老律と同様な規定の存在が従来推測されている（『訳注日本律令』二、三一七頁。なお唐闘訟律四〇（誣告謀反大逆）相当条についても、『続紀』当条から全く同じことが推測される。『訳注日本律令』三、六四六頁）。

(65)　新日本古典文学大系『続日本紀』二の補注13―一八は祖人以下を「三宅麻呂の子らか」とする。なお唐闘訟律四〇（誣告謀反大逆）条には。「諸誣告謀反及大逆者斬。従者絞」とあり、日本律同相当条には傍線部分の存在が確認される

（前引『訳注日本律令』三、六四五頁）が、「従者絞」の部分も日本律に存在したと考え、三宅祖人・名負・東人はその律文を適用して絞とされるべきところ、一等降されて流罪となったと解釈すれば、祖人以下の史料Ⓑの罪名と一致する。しかしこれはあくまで試論に留まる。

(66)　前代の采女への姦が、政争と関連して語られており、それ故に死刑とされたのに対し、律令制下の采女への姦が、政争と直接関連して語られず、その処罰も流とされているのは、このような服属儀礼の意味が、前代とは異なるものへと変化した点と関連すると考える。

(67)　このような管見は、律令に準拠せず、それとは別の見地から処罰が行われた事例が奈良時代には存し、この一つが采女等への姦であるとする前引の吉田一彦説と一致する。しかし吉田説は前述のようにこのような伝統的罪として采女・女孺への姦以外に、近親婚・獣婚、僧尼の情交、他人の妻妾との情交を考え、しかもそれに対する制裁は流罪であるとする点で賛成できない。この点の指摘は注(50)参照。したがって管見と吉田説が一致するのは、八世紀での采女等への姦が律文にはない流刑として実際に処理されていたとする点に関してである。なお管見ではこのような采女等への姦は、律文には明記されないが、日本律の名例律六（八虐）条の「大不敬」に該当するものとして実際には処理されている点を推定した点でも吉田説とは異なる。

(68)　なお「毀大社」が名例律六条の「大不敬」の項目中に挿入されたのに対し、采女等への姦が同条文中に挿入されていないのは、前者はそれと類似した「盗大祀神御之物」の項目が唐律にあり、その前に挿入することが容易だったのに対し、後者は類似の項目が唐律に全くなく、挿入する場がなかったからだと考える。

(69)　注(25)で指摘した事実がこのことを証明していると考える。

〔追記〕

本章は本来、近く刊行予定の拙書『日本古代婚姻史の研究』【上下、塙書房、一九九三年】（Ⅰ）第二編第二章「日本古代における『姦』について」の一部として書かれたものであり、そこから八世紀の采女への姦と考えられる史料に関する考察部分を別に再構成して一つの論文としたものである。したがって、本章は拙書の右の部分と密接な関係があり、拙書で詳しく論じた部分は本章には入っていない。乙麻呂、若売の姦についての研究史をはじめとする詳細な記述は、拙書の右の部分を参照していただければ幸いである。

〈『日本歴史』五三五、一九九二年〉

第四章　平安時代の男女による文字（文体）使い分けの歴史的前提

――九世紀の文書の署名を手がかりに

はじめに

平安文学において女性が大きな役割を果した点は、今更私が強調するまでもない周知の事実であり、従来も紫式部の『源氏物語』を始めとする「女流」文学成立の意義が種々に論じられてきた。そして私自身も日本古代史を研究するそもそものきっかけが、なぜ平安時代という特定の時代に、世界史的にみてもまれな、秀れた文学作品が女性の手により生み出されたのか、その社会的な背景は何であったのかという点にあったところから、古代史研究のかたわら、常に平安文学には関心を抱いてきた。

本章では日頃抱いて来たこのような関心の中から、九世紀の文書に現われる署名の男女差の問題を取り上げ、それが十世紀の男＝漢字（漢文）、女＝平仮名（和文）の区別の成立とどう関連するのか、また九世紀にみられる事象の前提には、どのような歴史的状況が進行していたのか等の考察を行いたいと思う(1)。

第一節　九世紀の文書の署名にみられる男女差の問題

紀貫之によって書かれた『土佐日記』の冒頭部分が、「男もすなる日記といふものを、女もしてみむ、とて、するなり」と書き出されているのはよく知られた事実である。すなわち貫之はここで、〝男も（漢文体、従って当然漢学で）書くと聞いている日記というものを、女の私も女文字（平かな）の和文で書いてみよう[2]〟と言っているのであって、そこには、当時の正式の文体・文字は漢文・漢字（＝真名）[3]で、それは男により書かれるものであり、それに対して平かなは、仮名が正式な文字とされた漢字に対する私的な仮の文字を意味するように[4]、私的に使用されるもので、その使用者は専ら女性であった[5]状況が明瞭に示されているのである。そして『土佐日記』の成立が承平五年（九三五）頃とされている[6]点を考慮すると、このような漢字・漢文＝男の使う正式な文字・文体、仮名・和文＝女の使う私的な文字・文体という状況は、十世紀前半には明瞭に形成されていたと言えるだろう。

本章では、このような男＝漢字（漢文）＝公、女＝仮名（和文）＝私という、男女による文字・文体の使いわけが、具体的にどのような歴史的過程を経て十世紀に定着したのかを考察する一助として、時期的にそれに先行する八、九世紀での文字使用のあり方を、文書での署名にみられる男女間の相違[7]――具体的にはそれが画指か、自署か、本人以外の人間による署名か――を手がかりに検討したいと考える。

なおその際の史料たる八、九世紀の売券以下の文書は、『大日本古文書』編年文書（正倉院文書）（東京大学史料編纂所、一九〇一年、以下『大日本古文書』として引用）、『大日本古文書　家わけ第十八』中の「東南院文書」（同上、一九五二年、以下単に「東南院文書」として引用）、『寧楽遺文』中・下（東京堂出版、一九六二年）、新訂版『平安遺文』一、二巻（同上、一九七四年）所収のものを使用する。なお後に言及するように、売券等の署名部分については、それが地の文と同一の筆跡か、それとも異筆かの判別が、同一史料に関してすら右引の史料集の間で相違しており[8]、また地の文と異筆ではあっても、それが署名者の自筆か否かは、後述のように直ちには判定しがたい。従ってこのような状況を考慮すれば、本来は全ての文書の原本ないし写真版等に当る必要があると考える。しかし本章の目的は、平安中期に成立する文字・文体使用の男女差を、その前段階で概観する点にあり、大よその傾向を明らかにすることに主眼があるので、便宜上右の史料集記載の文書を史料として使用し、特に必要のあるものに限り、写真版等に当ることとする。

本章で取り上げる代表的文書たる売券にはその署名者として、売手側・買手側・保証人等の在地の人間、及びその売買に対して承認を与える側の郡・国・京職の役人等が存在するが、これらのうち、その男女差が問題になるのは売手、買手――更には親族の保証人――に関してである。なぜなら当時女性は律令国家の官僚機構から基本的にしめ出され、なかんずく地方行政組織の担い手からは完全に排除されており[9]、従って女性が京職以下の官人として署名することはありえず、また保証人についても、当時の家地、墾田の売買は官司（最終的には国家）の許可を必要とし、その売買文書は「公」的な性格のものである以上、その文書に在地代表として署名する保証人も、律令国家の地方行政組織の中で「公」の側を代表する郷長以下の男性に限定されざるをえないからである――ただし当時の文書には在地を代表する保証人以外の親族者による保証人もおり、その場合には女性も含まれるので、その場合検討対象とする――。

右のように田地の売買が今日のように純粋に私的経済行為として存在せず、国家によるその承認という形で公的・政治的な関係がそこに被いかぶさっている古代では、売買文書に現われる署名も、律令国家の原則から言えば、公的世界を代表するのは男であるという事実に規制され、圧倒的に男性が多いという結果になっている。従って売券以下の署名の男女差を問題にする本章では、公的関係を除去した後の私的関係を示す署名、すなわち売券でいえば売手側と買手側、及び親族の保証人のそれのみを収〔取〕り上げ、そこでの男女差を問題としたい(10)。なお本章では、売券以外の文書についてもこのような観点に基づき史料分析を行う方針であり、従ってここでは、当時の文書から「公」的なものを除去した後の、「私」的な関係（しかもそこに男女の差のあるもの）のみを問題にすることになる。

　さて右記の史料集から、まず署名の男女差を示す文書を八世紀に限定して抽出すると、管見内ではわずか次の三例のみである(11)。

①　天平十九年（七四七）十二月二十二日付息長真人真野売婢売買券文（東南院文書三巻一八五頁以下）

②　宝亀九年（七七八）四月十九日付穂積真乗売家地并雑物寄進状（東南院文書三巻三八一頁以下）

③　延暦七年（七八八）十一月十四日付六条令解（『平安遺文』四号文書）

なお当時の署名の男女差を考える際、参考になるものとして、男性による画指・他署の例があるのだが、それについては後にみることにする。

　これらの文書において、署名の男女差が具体的にどのように示されているのかを見るために、いまこれら文書から、郡司等の「公」的なものを除く私的な署名部分のみを取り出して提示すると次の通りである。

①　天平十九年十二月廿二日専沽人息長真人真野売 ─┤─┤─ 右手指

　　戸主堅井「国足」（自署、下同ジ）

　買得寺三綱都維那僧「法正」

②

知事僧「平栄」
寺使春「宮舎人」（擦消ノ上）息長真人「刀祢麻呂」（忍磨ト同筆）
証人少初位上息長真人「忍麿」

宝亀九年四月十九日

女子穂積真乗女
男穂積小東人
錦部
錦村主「時万呂」（異筆1）
穴太曰佐「広万呂」（異筆1）
穴太「曰佐広継」（異筆1）
穂積「満麻呂」（自署）
錦「村主田主」（異筆2）
犬上朝臣
郷長錦村主「三田□」（異筆2）（次カ）
「曾火夏□」（異筆3）（マヽ）

③

売人兵部大丞正六位上石川朝臣「吉備人」
買人御山造少阿麻女

保証人

巡察弾正正六位下石川朝臣「弟勝」

隼人司佑正七位上石川朝臣「清嶋」

延暦七年十一月十四日

以下これら文書の署名部分について、順次簡単な考察を加えると、まず息長真人真野売なる女性が自己所有の二人の婢を東大寺に売与している（この部分の引用省略）①では、売主真野売は、〔専沽人息長真人真野売〕として、地の文と同一筆跡による署名（以下このようなものを自署と区別して「他署」と表記する）の横に画指[12]の記入がされている。その次に真野売の属する戸の戸主の署名があるが、これは自署[13]である。次に買手の東大寺の関係者三人と証人一名の署名があるが、このうち後の二名の署名は同一筆跡である[14]。

次に②は、穴太村主志豆加比売の娘たる真乗売による、家地と雑物の東大寺への施入（この部分の引用省略）文書である。ここでは、施入主女性とその息子が他署であるのに対し、保証として署名している男性は、二人を除き地の文と異筆か自署である[15]。

次に③は、左京の正六位上石川朝臣吉備人なる男性が右京の御山造少阿麻女なる女性に家地を売与している（この部分の引用省略）文書だが、ここでは売人の男性と保証人男性は自署[16]であるのに対し、買人の女性は他署である。

右引の史料から、例えば①では売主の女性が他署と画指であるのに、他の男性の署名は自署（ただし二人は同筆）、②では施入主女性とその息子が他署であるのに対し、他の男性保証人（但し、姓のみ記されている錦部と犬上朝臣を除く）が、自署または異筆、③では売人並びに保証人の男性が自署（異筆）であるのに対し、買人女性は他署（同筆）、というように、男性は自分で署名をするか、ないしはこの形式を踏もうとする傾向がみられるのに対し、女性は他署ないし画指を行っており、明らかにそこにはすでに一定の傾向――男性による自署と女性による他署ないし画指――が観取される。しかし一方では、男性による画指と他署例もまた見られるのであり、事実正倉院文書における画指例を調査した荻野三七彦によれば、全五例の画指例中四例は男性によるものであり[17]、八世紀の画指の使用が女性に集中すると一概に結論することは出来ず、八世紀での署名についての男女差を示す史料が極端に少ない[18]ことを考えれば、右述の事実のみから正確な結論を引き出すのは困難と言えよう[19]。そこでこれらの八世紀の例を九世紀での同様な例と合せて考察することにより、平安中期より以前の段階での男女間での文字使用の相違を明らかにしたい。その際、九世紀以降の売券以下の文書で男女の署名差を考察するための史料としては、平安期の文書を集めた『平安遺文』所収の文書を用いる。このようにここで取り上げるのはあくまで署名に男女差の見られるものに限られ、それ以外のものは考察対象外とする（なお参考のために十世紀の例も挙げておいた）。なおこのような史料はかなりの例数が存在し、史料を一つ一つ引用出来ないので、これらを表に整理し、それを署名の男女差考察の資料としたい[20]。

右の例中九世紀のものは④～㉗の場合であり、まずこれら史料において署名での男女差がどのようにみられるのかを明らかにしたい。

九世紀の売券等の署名の男女差として最初に目につくのは、すでによく知られているところの、画指が圧倒的に女性に集中する事実[21]である。史料④～㉗での画指例は後掲表から明らかなように全部で一七例だが、このうち一六例は女性によるもので、男性は一例のみである[22]。そしてこれら画指の使用された文書の地域別をみると、近江一〇例、山城六例、国名不明一例で、近江と山城に集中するが、これは残された売券等がこれらの地域に集中

史料番号	文書出典・号	巻―頁	西暦	国名	売人	買人	郷長・戸主・保証など	参考事項
①	東南641	三―一八五	七四七	近江	女 他・指	男(3)自	男(1)	本文既述。保証男は買人の一人と同筆。
②	〃826	三―三八一	七七八	不明	施入主女 他 息子 他		自ないし異 (二名を除く)	本文既述。文書の国名は不明だが、家地等を東大寺に施入しているので京の近くと考えられる。
③	平4	一―二	七八八	京	男 自	女 他	男(2) 自	本文既述。
④	〃29	一―二一	八〇七	大和	女 他 相売男 他	男 自		
⑤	平33	一―二四	八一一	近江	男 自		男(2) 自 女 他・指	
⑥	〃44	一―二九	八一八	近江	男 自 弟(2) 自 姑(2) 他・指		男(7) 自	男二人・女二人は墾田主に次いで署名しているので相売と考えられる。
⑦	〃4421	八―三九九	八一九	近江	男 自 妻 自・指 母 自 父 自		男(3) 自	妻・親(女)・親(男)は売主に次いで署名しており、相売と考えられる。なお当文書は栄原永遠男後引論文の成果を参照した。
⑧	〃47	一―三一	八二〇	近江	女 他・指		男(9) 自 男(2) 他	男の他署二名は姓のみ記され、個人名の自署部分の記入もれのもの。以下男性の保証などの他署とはかかるものである。
⑨	〃48	一―三二	八二三	近江	男 自 弟 自 母 自	女 自	男(5) 自 (下記事由により訂正したもの)	この文書では郷長のみが他署だが、これは当文書が郷長解で、郷長自身がこの文書を書いているためと考える。

⑩	平50	一―三四	八二五	近江	女 他 息子（2）自 〃（1）他		男（6）自	墾田主に続く三人の署名は息子と思われる。なおこの文書については後述。
⑪	〃53	一―三八	八三二	近江	男 自 妹 自・指		男（2）自	
⑫	〃59	一―五四	八三六	山城	男 自 相売母 他	男 自	男（5）自	この文書の相売母として出てくる女性は92・93号文書にも出てくる。
⑬	〃81	一―七四	八四六	山城	男 自	女 他	男（3）自 男（2）他	買人女性は姓のみで個人名を欠く。
⑭	〃87	一―七九	八四七	近江	女 他・指 相沽男 自 息子 他、弟 自		男（3）自 男（2）他	相沽は夫、その次に小子と書かれて他署している男性は所生子と考えられる。なお当文書については後述。
⑮	〃89	一―八〇	八四八	近江	男 自 相売男 自 〃女 他		男（5）自 男（3）他	
⑯	〃90	一―八一	八四九	山城	女 自・指 相売女 他・指	男 自	男（8）自 〃（1）他	
⑰	〃92	一―八二	八四九	山城	女 他・指 相沽男 自	男 自	男（9）自 （2）他	売人の女性は93号の立券主と同一人物である。
⑱	〃93	一―八三	八四九	山城	女 自・指		男（7）自	これは家地立券文で女性は立券主である。
⑲	〃100	一―八七	八五四	山城	女 他・指 相売娘 他・指	男 自	男（5）自 〃（3）他	
⑳	〃117	一―九八	八五四	近江	男 自 相売女 他・指		男（4）自 〃（1）他	
㉑	〃123	一―一〇三	八五七	近江	女 他・指		男（5）自	当文書は後引栄原論文（上）で考

史料番号	文書出典・号	巻―頁	西暦	国名	売人	買人	郷長・戸主・保証など	参考事項
					相売男　自			察され人物・人名に相違があるが、署名者の自署、他署の人数は『平安遺文』と同じである。
㉒	平 130	一―一一一	八六一	紀伊	女　自 相売女(3)自 相知男　自	男　自	男(14)　自	
㉓	〃 147	一―一二三	八六五	近江	男　自 相売息子　他 〃女　他・指			この文書は後引栄原論文(下)によれば、女性の画指が記されていない。後述部分参照。
㉔	〃 148	一―一二三	八六六	伊賀	女　自 息子　自			この文書は施入状であり、女性が夫らしき男性の遺言により東大寺に施入。
㉕	〃 163	一―一四〇	八七〇	不明	女　自	男　自	男(9)　自 男(1)　他	売人・買人ともに京の人間。
㉖	〃 171	一―一八〇	八七六	(京カ)	男　自 相売妻（署名なし）	男　自	男(1)　自 〃(2)　他	売人・買人ともに京の人間。なお相売妻は姓・名ともに欠く。
㉗	〃 182	一―一二六	八九六	不明			郷長　自・指	当文書は郷長解だが、郷長の他署は当文書を郷長自身が書いているためと考えられる。なお当例が男による唯一の画指例である点もこれとかかわる。なおこの点については後述。
㉘	〃 187	一―二二三	九〇二	近江	女　自・指		男(6)　自	当文書は施入状で、女性が施入主の場合である。
㉙	〃 202	一―三〇七	九〇九	大和	女　他		男(2)　自	当文書は家地の処分状で処分主

							〃（1）他	が女性である。
㉚	平 215	一―三二三	九一七	丹波	男 自 相売女 自	男 自	男（2）自 〃（3）他	
㉛	〃 230	一―三三五	九二八	大和	女 自 相売夫 自	男 他 （個人名記入なし）	男（4）他	売買されている家地の所在、買手の本貫、保証人の住んでいる所から言って大和のものと考える。なお225号は当文書の案文なので採用しなかった。
㉜	〃 232	一―三三七	九二九	京	男 自 相売女 自	女 自 相買男 自	男（4）自	
㉝	〃 246	一―三六一	九四〇	筑前	女 他 相知男 自			当文書は案文とされている。なお売主笠小門々子は248号では笠門々子とある。
㉞	〃 256	一―三七二	九四九	京	女 自	男 他	男（4）自	
㉟	〃 267	一―三九六	九五四	大和	女 他・指		男（3）自 （1）他	上記外の保証男（2）は自か他か不明。当文書は女性が申文を進上した場合である。
㊱	〃 268	一―三九六	九五四	大和	女 他・指	男 他	男（5）自 （1）他	当文書の売主は267号の申文を進めた女性と同一人物。なおこの女性の署名部分「秦阿祢固」のうち、「固」のみ異字。
㊲	〃 313	二―四五二	九七九	山城	女 自	男 自	男（8）自 〃（1）他	
㊳	〃 317	二―四五七	九八〇	大和	男 自 相売女 自	男 自	男（2）自 〃（1）他	相売物部「安祢□」とあるのは、売人が男でもあり、またその「アネ□」という名前から女性と解した。

註

(1) 他は他著〔署〕、自は自署（異筆）、指は画指をさす。
(2) 出典の東南は東南院文書、平は平安遺文をさす。なお平安遺文所収の文書は東南院文書等によらず、全て平安遺文に依拠して引用した。
(3) 頁数は当該文書の最初の頁数をあげた。
(4) 国名は文書の国郡印、文書を発給した人間・官司の所属国名に依ったが、それらが不明の場合売買されている地・田の所在地に依った。
(5) 売人は施入主、処分主等を含む。
(6) 相売の人間は基本的に文書記載の親族名に依ったが、某の「男」（「女」）と表記されている場合は息子（娘）と書き直した。
(7) 保証その他は、一例〔⑤〕（平―33号）を除き、全員男性で、しかも自署を基本とする。そこでの男の他署とは全て姓のみが記載されており、これは恐らく、個人名の自署を予定していて果せなかった場合で、姓と個人名の双方が他署である女性の場合とはその意味を異にしている。そこでの男性署名は、基本的に自署であるとしてよい。なお男(3)のようなかっこ内の数字は人員数であり、「男(3)自、男(1)他」とあれば、保証等の男性中三人は自署、一人は姓のみが地の文と同筆で記されているという意味である。
(8) 保証などの欄には、郷長をも含めた。郷長は公的立場として署名している場合もある（郷長解の場合）が、厳密には郷長の署名が必ずしも公的とのみいえないと考えるからである。
(9) ⑨と㉒は売人男女全員が自署の場合で、その意味では男女差がないが、女性の自署例は数が少ないので採用した。
(10) なお二二五号文書は二三〇号文書の案であるため表には採用しなかった。

するためで、画指の使用が特に地域的な偏向を持つとは言えないと考える。[23]

ところで九世紀の画指例が女性に集中するこの事実は、註(12)で指摘のように、画指が文字を書けない者により用いられた点を考えると、当時の文字[24]の修得には男女差があり、文字の書けない者は一見女性に集中するかに見える。しかし問題は画指をしている女性が同時に自署（異筆）をしている例が見られる点で、⑦（四四二一號〔号〕）[25]、⑪（五三号）[26]、⑯（九〇号）[27]、⑱（九三号）[28]の各文書において、女性が画指と共に自署をも行っており、画指をしているからその女性が漢字を書けないとは言えないのである。そして同じ事象は一方で画指（及び他署）を行っている女性が、他の文書では自署をしている場合についてもまた見られ、⑰（九二号）[29]では画指（と他署）を行っている女性が、⑱（九三号）では画指と自署を行っており[30]、ここからは画指（と他署）を行っている女性が漢字を書けないとは断定出来ない点が明らかになるのである。なお十世紀では画指例は三例で、全て女性による場合だが、そのうち㉘（一八七号）は画指と自署の併存例である。
九世紀の売券等の署名にみられる男女差の第一の特徴が、右の画指の女性への集中とすれば、その第二の特徴は、女性の署名には自署もある程度みられるが、他署の例数の方が多いのに反し、男性では自署が他署を圧倒する点である。いま表から九世紀の売人について男女の他署と自署の例数（一人一例とする）を比較すると次の通りである。

女性売人　自署一二（一三）　他署一六（一七）
男性売人　自署二三（二九）　他署五（五）

註　なお表に採用したのは、⑨と㉒を除き、男女差のある場合に限られており、例えば女性署名者がおらず、男性全員が自署の場合は含まれていない。従って男性の自署例は、表に採用しなかった分を加えると、実数としては女性に比しずっと多くなる。

なお買人については、売人に比べ署名のある場合が少なく、女性は自署、他署各一名ずつ、男性は六例の全部が自署である。いまこの買人の例数を売人のそれに合計した数字が括弧内の数字である。
なお保証等の署名者は⑤（三三号）の女性証人例以外は全て男性で、しかも自署が圧倒的であり、更にこの場合での他署とは、殆んどが姓のみで個人名部分を欠いており、女性の他署例にみられるような、個人名部分をも地の文と同筆で書いた例は⑨（四八号）と㉗（一八二号）以外存在しない。[31] しかもこの二例とも郷長解である点を考えると、この二つの郷長解は郷長自身により書かれ、従って署名は必然的に地の文と同筆になり、それは一見他署のように見えるが、実は自署を意味すると言えるのである。以上から男性による保証人としての署名は、姓のみの他署を除くと全て自署であり、姓のみの他署とは前述のように、保証人の自署をあらかじめ予定して空けておいた部分に、当人の自署がついに記入されなかった場合と理解できるのである。

以上の検討を通じて、男性は買人、保証人として自署するのが原則である点が明らかになったと考えるが、問題は『平安遺文』の復元による限り、売人側の男性の署名に、一見したところ他署が五例ある点である。この五例とは④（二九号）、⑦（四四二一号）、⑩（五〇号）、⑭（八七号）、㉓（一四七号）の場合だが、これら諸例中、⑦（四四二一号）については栄原永遠男による詳細な検討が加えられており、[32]それによれば、当文書は近江国坂田郡大原郷長解ではあるが、実際にこの文書を書いたのは売主たる秦人有伍倍であり、その結果として売主たる〔専売秦人有伍倍〕の署名部分のみが地の文と同筆で、他の署名者は全て異筆（自署）となっている点が指摘されている。従って栄原の考察結果に依拠すれば、同文書の売主の、一見他署に見える署名は、実は自署ということになる。

なお④（二九号）では〔売人上毛野朝臣弟魚子〕に次ぎ、〔相売人戸主内舎人正七位下上毛野朝臣奥継〕が地の文と同筆でかかれており、[33]有位者の男性の署名が他署でなされている。これをどう解釈するかは後考を待つこととし、[34]残りの三例について検討したい。

まず⑩（五〇号）での売人の署名部分は、『平安遺文』には、

墾田主大蔵秦公広吉女
　男若湯坐連「継人」
　　「若湯坐連嗣手」
　　若湯坐連子吉

と復元されている。しかし同文書の写真版をみると[35]、『平安遺文』で他署とされている〔子吉〕の吉の字は、本文中の広吉女の吉と明らかに異筆で、かつ〔子吉〕の字体は全体に稚拙であり、この部分は自署と判断できる（若湯坐連は地の文と同筆）。また『平安遺文』では、全筆異筆とされている〔若湯坐連嗣手〕は、写真版でみると明らかに継人と子吉の署名の間に、後から割り込んで書き込まれたもので、しかもこの場合も〔嗣手〕の部分は墨色・字体共に明確に〔若湯坐連〕と異なり、しかもその字体も稚拙で、従ってこの〔嗣手〕の部分は自署としてよい[36]。

次に⑭（八七号）の場合をみると、当文書を含む三通の売券（あと二通は『平安遺文』一一三号と一四七号）に関する検討を行ったものに、栄原永遠男「川越治郎氏所蔵『承和天安貞観田券文』について（上）・（下）[37]」があり、当文書[38]を実見した栄原の考察結果（同上論文（上））によれば、『平安遺文』で、

承和十四年九月三日　売人依知秦真大刀自女
　　　　　　　　　　左末
　　　　　　　　　　相沽依知秦「安岑」
　　　　　　　　　　　依知秦藤並小子
　　　　　　　　　　弟依知秦公「象守」
　　　　　　　　　　戸主依知秦「真象」
　　　　　　　　　証人依知秦
　　　　　　　　　　　依知秦
　　　　　　　　　　依知秦「名並」

郷長依知秦「公吉」

と復元されている署名部分のうち、〔藤並〕は、〔依知秦「藤並小子」〕と復元されており、この考察結果に依拠すると、⑭（八七号）には売人男性の他署例が存在しないことになる。(39)

次に㉓（一四七号）についても栄原右掲論文（下）で検討されており、以下それをみると、『平安遺文』では、

貞観七年十月十五日　　僧「高徳」

相売男辛国連阿弖麻呂

左手　依知秦公真乙前女

と復元されている署名部分が、川越治郎氏所蔵文書では、〔僧「高徳」〕、〔相売男辛国連「阿古麻呂」〕、〔依知秦公「真乙□女」〕と栄原により復元されており、三人とも個人名部分が異筆とされている。(40)ただし当文書は一連の三通の文書中、これのみ郡印が捺されておらず、栄原は当文書を原文書である可能性も否定できないとしながら、その断定をさけている。(41)そして栄原は更に、異筆とした〔高徳〕、〔阿古麻呂〕、〔真乙□女〕の部分について、これら三者の墨色は、「相互によく似ており、いずれも、それぞれの行の上の文字と異なっている」とした上で、しかし、「『高徳』と他の二ヶ所は、やや筆が異なっているように見えるが断言できない」として、阿古麻呂と真乙□女（栄原は一五〇号にみえる依知秦真乙刀自女とする）の署名が自署か否かは結論をさけている。

以上、『平安遺文』の復元からは男性売人の他署例とみえた、④（二九号）、⑦（四四二一号）、⑩（五〇号）、⑭（八七号）、㉓（一四七号）の五例を先学の研究に依拠して検討したところ、確実な男性他署例は④（二九号）のみで、他は自署か、その可能性が考えられるものである点が判明した。このように見てくると、九世紀の売券等の署名に関しては、売買人、保証人とも男性は自署する（ないしそれに見せかけて異筆記入する）のが原則で、例外を

除くと、この原則は貫徹されていたと言えるのである。

　そしてこの事実を女性の売買人署名が自署一三例に対し、他署が一七例であるのと比較すると、女性については自署に比べ他署の方が例数が多く、女性の署名は必ずしも自署を必要としないと言えるのであり、結局九世紀の売券等の署名に関しては、男性は自署が原則で、その原則は厳守されたのに対し、女性は自署が不可欠のこととしては要請されず、従って女性の場合は他署の方が例数としては多い結果となっていると結論出来るのである。そしてこのような自署と他署を周る男女差は、十世紀に入ると、売買人に関しては、男性自署八〔九カ〕例、他署一〔三カ〕例、女性自署八例、他署五〔四カ〕例で、九世紀の傾向とほぼ一致し、保証人その他についても、九世紀同様男性による自署の原則が貫徹しているのである。

　ところでかかる自署と他署を周る男女格差は、一見男性による識字能力の保持と、女性によるその欠如傾向を示すかにみえる。しかしそう解釈できるか否かは更に検討を要すると考えられるのであり、以下この点について、先の画指の女性への集中の問題をも含めて考察したい。

　女性による画指が必ずしも女性の自署能力の欠如を意味しない点は既述の通りだが、この点を踏まえて自署と他署を周る男女格差を考えると、女性に他署が多いから女性の自署能力が劣っていたとは直ちに言えない点は、すでに指摘した⑰（九二号）と⑱（九三号）例の対比から明らかであり、前者で画指と〔専沽人秦忌寸鯛女〕と他署をしている女性は、後者では画指と共に〔秦忌寸「鯛女」〕と個人名部分を自署しているのである。従ってここからは、九世紀の女性の他署が、自署能力欠如のため行われたとは、一概に言えない点が判るのである（なおこの女性は⑫（五九号）において売人（男性）の自署に次いで、〔相売母秦鯛刀自〕として他署している女性と同一人物である）[42]。このような当時の署名を周るあり方からいって、女性の他署は必ずしも自署能力の欠如を意味しない点が言えるのである。

以上九世紀の売券等のうち、署名に男女差のある場合を取り上げ、そこには、㈠画指の女性への集中、㈡男性による自署の貫徹と、女性による自署を必ずしも要請されないあり方、という二つの特徴が見られる点、しかしこの二点とも必ずしも女性の漢字表記能力の欠如を意味しない点を見てきた。しかし右の画指と自署・他署を周る男女間の顕著な差は、女性の漢字表記能力の欠如自体を意味しないとしても、当時の男女のあり方を周る何らかの事象の反映であることは確かだと考えられる。そして私はかかる事象を惹起した要因こそ、漢字の書き手は原則として男であるという社会意識の成立だと考える。すなわちこのような社会意識がすでに九世紀には成立していたが故に、当時の女性は漢字を書く能力があるにもかかわらず、画指や他署を行い、反対に成人男性はほぼ全員が自署（ないしそれに見せかけた異筆記入）を行ったと考えられるのである――なお男性の場合、未成年者と推定される者さえ自署（ないし異筆記入）を行った点は前述の通りである――。そしてこのように解釈して初めて、漢字表記能力のある女性がわざわざ画指・他署を行った理由が説明できると考える。

九世紀の文書での署名の男女差成立の理由を右のように考えた時、次に問題になるのは、そのような社会意識が何時、どのようにして形成されたかという点であろう。そこで次節ではこの点の考察を行うが、その前に本節を終るに当り、署名が当時の一般民衆にとってどのような意味を持っていたかについて附言しておきたい。

まず当時の一般民衆が売買文書等への署名という形で、書字能力を身につけざるをえなかったのは、当時土地の売買が、国家的土地所有制下において国家の承認を必要とし、しかもその承認が文書行政を通じて行われたからである。このような政治体制下に置かれた当時の民衆は、自己の土地の売買を行う限り、国家による承認の前提として売買を証明するための署名を強要されたのであり、その書字能力は土地が国家的所有下に置かれたがための、外部的強要の結果獲得された（ないし獲得が意図された）のである。

ではこのような理由から行われた署名を通じての文字使用は、当事者によりどのような意味を持つものとして意識されたのであろうか。私はこのような状況下で使用された文字は、文字本来の役割とは別の機能を果すものとして人々に意識されたと考える。文字本来の使用目的から言えば、売買文書への署名はその文書の正当性を法的に立証する以上のものではないのだが、少くとも識字層に属さない一般民衆にとっては、署名の文字は呪術的意味を持つものとして、従って不正な記載をすれば呪力による罰を受けるものとして意識されていたと考える。

日本社会に受容された文字の持つ呪力については従来すでに指摘されており、その一は言葉自体の持つ呪力、すなわち言霊の考え方と結びつけて文字の呪力を考える説であり、言葉に呪力があると考えられている以上、言葉を表記した文字にも神秘的な呪力があるとするのである[43]。第二の説は、日本に漢字が受容される以前に、中国において、漢字自体が神への占ないを起点として作られたものであり[44]、それ故に呪術性を持つとする説である[45]。たしかに第二の説のように、漢字自体が呪力を持つと考えられていた点、更には第一の説のように言葉の持つ呪力が、それを表記する文字に呪力を持たせたと考えられる点については私も否定しない。しかし文字に呪力を持たせた最大の要因は、それが先進文明社会の産物であり、文字自体が先進文明そのものを体現している点にあったと考える。文字を知らない当時の民衆にとり、言葉を永久（ないし長期）に記録する力を持つ文字は、はかりしれない威力（魔力）を持つものとして意識されたはずであり[46]、それが文字に呪力をもたせた最大の要因であったと考える[47]。

第二節　九世紀の文書署名の男女差の前提状況

右の問題を考えるための出発点は、日本では日本語を表記するための文字が独自に成立する以前に、外国語（＝漢語）を表記する文字としての漢字の受容が先行したという、日本での文字の成立の特殊性である。そもそも日本における文明社会への移行・古代国家の形成自体、日本国内での内在的な生産力の発展のみを土台として行われたのではなく、当時の先進文明国たる中国との、戦争の危機をも含む「交通」[48]によりうながされたのであり、それは圧倒的に強大な大陸文明社会の周辺に位置する、未開社会日本が必然的にたどらざるをえなかった、文明社会への移行の特殊性だった点は、既に管見を発表したところである[49]。そして日本における文字の問題も実はこのような日本における未開から文明への移行の特殊性と結合して存在していたと考えられるのであり、以下それについて瞥見したい。

モルガンの『古代社会』において、未開から文明への移行のメルクマールが、「音標文字の発明および文章の構成における書字の使用」とされているように[50]、音標文字[51]の発明こそ未開と文明を区切る最大の要因の一つなのだが、日本においては古代国家成立以後においてすら社会の基本的構造が未開段階に留まる以上、当然日本独自の文字の発明は、漢字に接する以前において自生的には行われていなかった。そのような日本が外国語の文字たる漢字を受容したのは、前記のような状況下での大陸との「交通」の結果[52]なのだが、問題は当時の日本が首長制社会であり、首長が共同体を代表する首長制下においては、文字をも含む当時の先進技術の「交通」による受容は、専ら首長層により独占的に行われ、その支配を強化した点[53]である。そしてこのような首長による「交通の機能の独占」とそれによる支配の強化については、すでに石母田正がいち早く指摘しているところであり[54]、石母田は「最大最高の首長である中央の大王（天皇）を軸とした支配層が、中国および朝鮮の先進的な統治技術、国家機構、法典等々を輸入し、継受し」、そのことにより国際的交通から疎外された民衆に対する「階級的優位を体制化」したとし、その具体的一例として文字の使用をあげ、日本の支配層は漢字、漢文の習得によってのみ律令国家とその官僚機構の運営を遂行してきたとしているのである。

このように日本では、文字の自生的発明以前に漢字が支配者層（特に中央の大王を中心とする層）に独占的に受容され、支配の手段として機能したのだが、このような漢字を周る受容の状況は、今日伝わる漢字遺物のあり方自体からも看取されるのである。いま便宜上、築島裕により六世紀以前の日本の漢字遺物として指摘されている[55]ものを引用し、そのあり方を見ることにしたい。

(1)「漢委奴国王」の印（五七年）、(2)東大寺山古墳出土の後漢中平（一八四―一九〇）紀年銘太刀、(3)魏景初三年（二三九）の銘を持つ画文帯神獣鏡、(4)石上神宮蔵七支刀（三六九年に比定される年号銘をもつ）（以上中国伝来のもの）、共に三世紀中頃のものとされる、(5)「方格四神鏡」（奈良県北葛城郡広陵町新山出土）と、(6)「人物画象鏡」（東京都狛江市亀塚古墳出土）、(7)船山古墳出土銘文太刀（最近の研究によれば五世紀後半）、(8)稲荷山古墳出土銘文太刀（四七一年説が有力）、(9)隅田八幡神社蔵「人物画象鏡」（年代比定は四四三年または五〇三年[56]）（以上日本で書かれたもの）。なお実物は伝来しないが築島により、(10)『宋書倭国伝』中の四七八年に倭王武から宋皇帝に出された上表文の存在が指摘されている[57]。なおこの築島の挙げた例に、その後、千葉県市原市稲荷台一号墳から出土した「王賜」銘鉄剣[58]の例（日本で書かれたもの）をつけ加えると、六世紀以前における日本での漢字遺物例の主要なものがあげられたことになるだろう[59]。

これら漢字遺物は銘文を記載するものが太刀・鏡、その所在場所が古墳・神社に殆んど集中する点に明示されるように、権力者の政治支配と不可分に結合して存在しており、[60]特にこれらのうち刀・鏡等が当時の権力を象徴する物であり、しかも(7)、(8)に典型的な様に、これら太刀記載の銘文が自己支配の根源として大王への奉任《〔仕〕》の由来を物語るように、[61]漢字と政治支配の関連は、単なる政治支配との関連ではなく、それは何よりも大王――ないしその前身――を中核とする政治支配との関連を意味するのである。[62]

そして政治支配と漢字受容のこのような関連を一層明確に示すのが(10)で、それが中国の皇帝と日本の大王間の外交文書であるところにその特徴が明示されるように、漢字は正に日本と中国の「交通」の接点で使用されている。従ってここから、漢字の使用は、単に大王の国内での政治支配とのみ係わるのではなく、何よりも日本の外交権を掌握し、国際的な「交通」を独占的に代表する大王による政治手段としての意味を荷わされているのである（なおかかる漢字使用の特徴は、漢字遺物として最も古い物の一つたる(1)においてすでに明瞭に現われている）。

以上漢字遺物の具体例からも、日本の文字受容が、大陸との「交通」下での、大王を中核とする政治支配と不可分な形で行われた点が明らかになった。従って日本での文字使用は人々の生活上の必要性――特に経済の発展による種々の記録の必要性――から自生的に発明されたのではなく、その出発点から、中国との「交通」の成果を独占した大王層の、国内外での政治との関わりでその使用が必要とされたのである。

ところで日本では、すでに倭五王が全員男性であった事実に示されるように、大王権についての男性優位は五世紀にはかなり進展していたのだが、[63]このような政治上での男性優位を、漢字が国内外での政治遂行の道具として受容された事実と考え合せると、すでに律令国家成立以前において、漢字の修習、使用は男性優位に行われていたとの推測が当然折出されるのである。

そして論理的に折出されるかかる事実は、それに加えて当時の文字使用が渡来人に多く依存した点[64]、彼等は、日本より早期に家父長制を発展させた大陸からの移動者である点を考えると、一層確実な史実であったと言えるであろう。しかし五世紀以降の大王権、及び六世紀以降の各地の首長権に関しては、男優位は進行していたとしても、そのことは政治からの女性の全面的排除を意味せず、依然女性は男性と共に、男性と比べたら副次的な役割ではあれ、政治に係わっていたと推測される[65]以上、女性は男性と並んで漢字の修習・使用に関与したと考えられるのである[66]。

そしてこのようにその優劣に差はありながら、男女並んでの政治への関与、すなわち漢字への関与という状況を大きく変化させたのが律令国家の成立であった。そしてそれが中国の国家体制の継受であるが故に、政治からの女性の排除を意味し、その原則は、旧来の日本の政治慣行との折衷の産物たる後宮十二司の設置を除いては、貫徹された点はすでに考察した[67]ところだが、このような律令国家の成立は、男性による政治の独占の結果としてそれ以前から進行していた、漢字の修習の男性への偏りを一層促進させた[68]。このように律令国家の成立は、男性による政治上の圧倒的優位性、並びにそのための不可欠の技術としての漢字の習得・使用の男性への集中をもたらしたのだが、しかしこの事実は、後宮十二司の設置にみられるように、制限されつつも女性が「官人」としてかかわりえた[69]ことを考えれば、女性が全く漢字の使用から排除された[70]ことを意味しない。しかし漢字が日常生活上の必要からでなく専ら支配のための手段として使用されたという事情が、女性の漢字への関与の機会を、男性に比して一層狭めたのは確かで、その状況の一端は、『懐風藻』所収の漢詩に女性作のものが一首もない点に現われているのである[71]。

ところで律令国家成立による政治からの女性排除と、その結果たる女性の漢字への関与の機会の減少という右の事象は、単にそれだけに留まらず、女性と文字の関係について、後々にまで影響を及ぼす要因をも形成した。すなわち当時の漢字が律令国家機構運営の不可欠の要素で、それなしには支配の継続すら不可能であった[72]という状態は、漢字に対して公的な性格を附与し、当時漢字は、何よりも公的関係下に、公＝国家の意志を伝達するものとして意識され、従ってすでに八世紀には、漢字は国家意志の伝達手段という公的関係下に使用されるものだという、漢字＝公の社会意識が形成されつつあったと考えられる。そして八世紀には、公的世界は基本的に男に荷われていた以上、公＝男、漢字＝公という関係から、公的世界にかかわる男が漢字の使用者であるという意識が八世紀を通じて定着していったと考えられるのである。

　このように考えた時、前述来の九世紀の売券以下での署名の男女差も、実はかかるあり方が九世紀に存続した状況を示すと理解できる。すなわち前述の、女性が漢字を書ける場合でも画指、他署を行う例のあったのは、すでに八世紀には漢字の使用が男性という性に結合しつつあり、従って漢字は主として男性が公的に使用するものという社会意識が形成されつつあり、それが九世紀における前述の署名での男女差という事象を生じさせたと解釈できるのである。なお前述の八世紀の署名例たる、①〜③にみられる男女差の事実は、八世紀での右の社会意識の成立と照応するとしてよいだろう。なお八世紀の画指例五例中、四例が男性に集中する前述の事実は、そこでの男性による署名に他署が多く見られる事実（註(17)の指摘参照）と考え合せると、八世紀には書字の普及が九世紀程には行われず、従って一般的に男性の署名においても、画指（ないし他書〔署〕）が採用される割合は九世紀より高かったことを示すと理解できよう[73]。

　なお九世紀の女性署名に自署が一定の割合で存在し、その傾向は十世紀にも引き続き見られる点は、当時の女性の保持していた財産所有権とその管理・運営権[74]と関連する可能性が考えられ、志村緑が指摘するように、当時の女性にとっては、財産管理上、漢字の習得が必要とされた[75]と考えられるのである。従って財産所有・管理という現実から必要とされる女性による漢字修得の要求と、前代から進行する漢字への関与からの女性の排除という理念のせめぎ合いの中で、九世紀文書における署名のあり方――一方での漢字を書ける女性による他署、画指例と、他方での女性による自署の根強い存続例――が現出していると考えられるのである。

第三節　十世紀での男＝主として漢字、女＝主として平仮名の使用の成立

　八世紀での右述の社会意識が、九世紀を経て結実したのが、十世紀での男と女による文字（更には文体）の使い分けの成立で、その具体例が第一節の冒頭に引用した『土佐日記』の場合である。ところで外国語の文字たる漢字を、その文体たる漢文と共に受容せざるをえなかった日本人が、漢字による日本語の表記、すなわち万葉仮名の創出により漢字を日本語の音標文字として借用・転化することに成功した点、そのことがその後の日本独自の音標文字たる仮名発明の出発点となった点はすでに多くの先学により指摘されている[76]ところである。そしてこれら先学の業績によれば、日本語の一音を漢字の一字で表現した、いわゆる万葉仮名から、今日でいう平仮名が作り出されたのは九世紀初頭である点[77]、その後約百年を経て一応字体が完成すると[78]共に、平仮名を主とした和文も完成した点[79]、その事実は十世紀初頭の平仮名による公的和歌集たる『古今和歌集』の成立や、前記の『土佐日記』の出現により実証されている点[80]が指摘されている。またこのようにして成立した平仮名が女性の使う文字という意味で当時「女手《をんなで》」と呼ばれ[81]、この女手との関連で男性の使う万葉仮名的な漢字による仮名表記――厳密にはその楷書・行書体のもの――が、「男手《をのこで》」[82]ないし真仮名――真名（漢子〔字〕）を

音標文字＝仮名として使ったところからの呼称――と呼ばれた点もすでに明らかにされている。(83)そしてここには、八世紀の万葉仮名が、平仮名＝女手の成立に伴い、真仮名＝男手として意識されるに至った状況がみられるのである。

ところでこのような平仮名＝女手、真仮名（漢字による仮名表記）＝男手――更に広く言えば、男性による漢字・漢文の使用――という文字の男女別の成立は、必ずしも女性による漢字の使用を排除せず(84)、同様に男性の平仮名使用を排除するものでもなかった(85)。しかし女性の使用する正規の文字が平仮名（和文）であり、同様に男性のそれが漢字（漢文）である(86)との認識が、当時の人々により広く共有されていたのは周知の事実であり、従って問題は、女性もまた漢字を使用したという事実自体ではなく、男女ともに漢字・平仮名を使用しながら、漢字＝男性の使用する正規の――公的な――文字(87)、平仮名＝女性の使う私的な文字(88)という社会意識が当時厳然として存在していた点なのである。そしてこのような社会意識の源が、律令国家の成立により促進された、男性による政治・その技術的基礎たる漢字使用の独占傾向と、そこからの女性の基本的排除という前述の状況にあるのを看取するのは容易であり、また九世紀以降も女性を排除する政治体制はその傾向を強化させる方向で存続した以上、八世紀の状況が九世紀以降に強化、存続して見られるのは必然なのである。そして事実九世紀において、『日本後紀』以下の正史、それを類聚した『類聚国史』、法令（格式）、法の註釈書（『令義解』『令集解』）、公式文書等、国家の運営と不可分なものはもち論、類書・辞書を集成ないし要約した『秘府略』以下の書物、漢詩集、仏書に至るまで、漢字・漢文で書かれたものが圧倒的に優位を占めた(89)点は、築島により指摘されているのである(90)。

しかしこのような状況が存続する一方で、前述のように九世紀初頭には平仮名が創出され、約百年を経て一応平仮名の字体とそれを主とする和文が完成するという事態も、同時に進行しつつあった。従って九世紀には、八世紀に成立した男＝公（政治）＝漢字という状況が一層進展しつつ[91]、他方では平仮名（和文）の成立、発展という事態も同時に平行して進行しつつあり、九世紀はこの両過程が重層して進行した時期といえるだろう。そして平仮名の成立は、漢字使用からしめ出されつつあった女性が、それを主として使い始めたことにより、一層女性とその漢字使用を切り離すという事態を惹起し、このようにして漢字＝男の使用する文字、平仮名＝女の使用する文字というあり方が十世紀に現出したと考えられるのである。

このように九世紀を通じての平仮名の成立とその完成化への歩みにより、女性と漢字の分離が一層進行したのだが、まさにこの時期の具体的状況を示すのが前述の文書の署名の男女格差だったのである。

以上のように十世紀初頭の平仮名の成立により、それ以前から進行していた、男＝公＝漢字、女＝私＝漢字からの排除、というあり方は、漢字＝男＝公、平仮名＝女＝私という形に帰着するのであり、ここに男の使う漢字は、音標文字として使用される際にも、公の場で使われる正規の文字という意味で真名と呼ばれ[92]、それに反し平仮名＝女手は、私的生活空間で使われる文字という意味で仮名（仮の文字）と呼ばれる社会意識が定着するのである。

ところで問題は、この日本独自の音標文字たる平仮名（更には平仮名の女性による使用）の一応の完成が十世紀初頭頃とされる点であり、この時期が、九世紀を移行期として、家父長制家族・単婚・男性による女性支配が、貴族層を含む支配者層において成立した時期である（この点は註(97)参照）ことを考えると、平仮名の成立と、その主として女性による使用（別の言い方をすれば男手・女手の成立、より正確には、主として漢字＝男・平仮名＝女の使い分けの成立）は、日本での支配階級における自生的な未開から文明への移行と正しく照応して行われている点が明らかになる。

そしてこの一見無関係に見える二つの事象の成立が同時期にみられる事実は、実は日本の歴史上での重要な問題点を提示していると考える。以下この点について考えると、この期において日本独自の音標文字（平仮名）が成立したことは、音標文字の成立が、未開から文明への移行の指標である以上、この期こそ日本社会の文明への移行期であることを示すはずである。そしてこの音標文字としての平仮名が漢字（具体的には漢字を日本語の音標文字に転化・使用した万葉仮名）を母胎として成立した事実こそは、まさに日本での未開→文明の移行の特殊性とかかわると考えられるのである。すなわち前述のように未開段階で大陸との「交通」を行わざるをえなかった日本では、文明段階への自生的発展により自らの音標文字を発明・使用する以前に、中国社会の文明化の産物たる漢字を、その文体をも含めて受容せざるをえなかったのであり、日本は、文字による表現を外国語たる漢字・漢文で行うことにより大陸と「交通」するという、文字使用を周る不自然な状況をまず強要されたのである。

このように日本での文字使用が、最初は漢字という文字のみの受容に留まらず、文体までも受容せざるをえなかったところに、いかに未開社会日本に対する大陸文明との「交通」の影響が圧倒的なものだったか――従って未開社会日本と大陸文明の格差がいかに大きく、日本の「文明」化がいかに早熟的なものだったか[93]――が示されていよう。そして従来の研究によれば、このような漢字・漢文の受容を出発点としてやがて、漢文中の固有名詞の一字一音表記[94]（＝後の万葉仮名〔正確にはその音仮名〕）を突破口とし、漢文の語順を無視して日本語の語順によって漢字を書き並べる、いわゆる和風漢文の創出を経、やがて万葉仮名による全面的な日本語の表記に至るとして、漢字の日本語化の過程が描き出され[95]ているのである。――ただしこのような漢字の日本語化が行われる一方、相変らず公的文書が正規の漢文で書かれている（ないし書くことを目標としている）のはいうまでもない――。

先学による右の漢字受容の過程によれば、日本では八世紀に至り、それまでの漢文ないし和風漢文的表記から、漢字を借用して音標文字化し、そのことによって日本語を表現するところの万葉仮名が発明され、ここに初めて音標文字による全面的な日本語の語順による表記が可能になった。[96]そしてかかるものが成立した八世紀が、早熟的文明化の中核をなす律令国家の成立期である点を考えると、漢字の借用・転化による、日本語を表記するものとしての万葉仮名の成立は、日本社会が未開性を社会の基層としながらも、上から導入された文明化がこの段階では律令国家の成立として結実している事実（早熟的「文明」化の実体化の進行の事実）と照応して行われている点が明らかであろう。

このように外国語の文字・文体のそのままの受容を出発点とし、次〔い〕で漢字を音標文字化した万葉仮名による日本語の表記〔記〕が八世紀には完成し、十世紀初頭までには、万葉仮名から更に日本独自の音標文字たる平仮名（及び和文）が完成された。そしてこの平仮名の完成時期こそが日本社会における支配者層での家父長制家族・単婚・男性への女性の従属の成立期でもあった点は前述の通りである。そして家父長制家族以下の成立が文明の開始を意味する点を考えると、この期こそが早熟的文明化とは異なる、日本社会の文明化が真の意味で内在化した時期であり、その時期にまさに文明段階の指標としての音標文字が、日本独自のものとして完成するのは必然といえるのであり、家父長制家族以下の出現と、日本独自の音標文字としての平仮名の成立は、共に日本社会での文明化が、この時期に少くとも支配者層では真の意味で内在化した[97]ことを示すとしてよいだろう。

以上、日本での文字使用の発展過程を要約すると、㈠大陸文明との「交通」による接触の結果としての、外から強制された早熟的文明化段階での漢字・漢文のそのままの受容の時期、㈡その後、早熟的文明化が律令国家の成立として実体化した段階での、漢字を借用・転化して音標文字化した万葉仮名による、日本語をほぼその語順通りに全面的に表記しうる時期（社会の最上層部での文明の実体化と、それに照応する形での漢字による音標文字化の時期）、㈢日本社会の文明化が少くとも支配者層においては真の意味で内在化した十世紀初頭での、日本独自の音標文字としての平仮名の完成した時期、に大きく三区分でき、ここからは日本の未開→文明の移行の特異性・並びにその諸段階と、文明開始の指標たる音標文字の日本でのあり方の特異性・並びにその発展の諸段階がみごとに照応する様がみられるのである。

ところで平仮名の成立と、支配階級における単婚・家父長制家族の成立・女性の従属の開始の時期の一致が意味するところは、文明の内在化が右の両者に共通しているという事実に留まらない。すなわち平仮名の成立は日本独自の音標文字の成立を意味すると同時に、その女性による使用の成立を意味したのだが、このことと文明開始を示す一事象としての、男性への女性の従属の開始は内的に関連している。平仮名の成立＝女手の成立とは、前代から進行していた文字使用における性差の固定化を示すのだが、このような事象が、支配者層における文明化の事象、なかんずくその中の男性に対する女性の従属という事象に照応しているのを見るのは容易である。従って平仮名＝女手の成立は、女性の従属という当時の社会（文明社会）固有の事象が文字使用の上に反映されたものであり、平仮名の成立が同時に文字使用上における性差別の成立であったのは、決して偶然ではないのである。

右のようにみてくると、平仮名の成立とその使用の仕方には、十世紀前後を画期とする日本における文明の内在化――その一事象としての日本独自の音標文字の成立――と、同じく文明化の事象たる女性の男性への従属化という二つの事象が重層して存在している点が明らかであり、文明が女性の男性への従属を主要な指標の一つとしている以上、この両者が同時にみられるのは当然といえば当然なのだが、問題は平仮名の成立が単純に文明の指標に留まらず、日本の早熟的文明化の技術的基盤として従前から使用されてきた漢字が、男の使用するものとされ、平仮名は女手とされたという事実と結合し、文字の使用に性差別が刻印されるという世界史的にもまれな状況が見られる点である。

そして右の状況をもたらしたものこそ、前述来の日本社会の文明化の特殊性——早熟的文明化とその産物たる漢字の主として男による使用——の下での、文明の内在化による実際の必要性から行われた平仮名の発明という、日本での文明化とその指標たる文字を周る二重の進行過程、及びそれと、文明の内在化の一事象たる男性への女性の従属の結合であり、それが右述の世界史的に稀な事象の基礎過程なのである。従ってここから漢字＝主として男使用の公的文字、平仮名＝主として女使用の私的文字と考えられ、後者は前者より価値が低いと見なされたのは当然なのである。

以上日本社会での、文明化——及びその一指標たる文字使用——の二重性と、文明の内在化と照応して進行する男性への女性の従属化が、男女の文字の使いわけの成立の根拠である点をみた。従って女性による平仮名の使用には、当時の支配者層での女性の従属的地位が集約されているのだが、このような従属的地位におかれたが故の、言葉を変えれば、公的地位から排除されたが故の、女性の漢字使用の排除と平仮名使用は、女性に対して有利に働いた。なぜなら上から導入された漢字と異なり、文明の内在化、すなわち現実の必要性から創出された、日本語を表記するものとしての平仮名は、従来も指摘されているように、自己の感情、考え等を表現するのに適しており、それ故に平仮名の使用を一要因として、平安「女流」文学が花開いたと考えられるからである。ここには、社会の性差別の結果、公的文字たる漢字使用から排除され(98)、平仮名使用を社会規範として強制された女性が、それ故にこそ自由に自己表現を行いうる手段を獲得した状況、別の言い方をすれば、社会の劣位者たる女性がそれ故に自由な表現手段獲得の点では優位者となりえたという歴史の皮肉がみられるのである。もちろん平安

「女流」文学出現の理由は、単に平仮名使用という技術的要因にのみ帰せられないのは自明で、それは対偶婚・非家父長制家族・男女対等的あり方から単婚・家父長制家族・男性に対する女性の従属への移行に際しての、男女対等的あり方の最後の光芒を示す事象と考えるが、それについては別の機会に改めて論じることにし、本章を終りたい。

注

（1）本章では、文書の署名の分析を主材料としているため、考察の中心を文字に置いている。しかし日本社会における文字＝漢字の受容は、周知のように、漢文＝当時の中国語という文体と不可分の形で行われており、文字と文体は切りはなせない問題で、このような日本社会での文字と文体の結合の帰着点が、漢字＝漢文、平仮名＝和文なのである。従って以下本章で漢字という場合、後述の和風漢文や万葉仮名などの場合を除き、それは基本的に漢文体と結合しており、明らかに漢字＝漢文と判る場合には、特にそのことを注記せず、単に漢字と記し、併記の必要のある場合のみ、漢字＝漢文と記すことにする。従って一見文字のみを問題にしているように見える場合にも、その背後に文体の問題が存在すると考えている点を了解いただきたい。

（2）新日本古典文学大系『土佐日記・蜻蛉日記・紫式部日記・更級日記』（岩波書店、一九八九年）の『土佐日記』の該当部分の頭註による。なお括弧内は私が補ったものである。

（3）岩波『古語辞典』の「まな」の項によれば、まな（真名・真字）とは、正式の字の意であり、「仮名」の対をなすものとされ、小学館『国語大辞典』では、「仮名に対して、正式の文字である漢字」とされている。

（4）右註岩波『古語辞典』の「かな」の項による。

（5）なおそれ故に、平かなが〔ママ〕女手と呼ばれた点、そしてそれと関連して、万葉仮名が男手と呼ばれた点については後述。

（6）『国史大辞典』第十巻の「土佐日記」項参照。

（7）なお署名の男女間の相違を考えるための史料たる文書は、売券が主だが、それ以外にもこのような相違を示すものに施入状、処分状等があり、ここでは文書の中で署名の男女差を示すものを全て考察の対象とする。なお署名を記載する文書でも、男女間の格差を示さないものは取り上げない。従って本章で取り上げる文書は、署名部分に男女差のみられる、売券以下の全ての八・九世紀の文書である。

（8）例えば後に取り上げる天平勝宝元年十一月廿一日付文書は、『大日本古文書』三巻、三三四頁以下に収められており、また『寧楽遺文』中巻、六五〇～六五一頁にも収録されているが、この両者では、地の文、署名全て同筆とされて〔い〕る。しかし『大日本古文書　家わけ第十八東大寺文書之二（東南院文書之二）』九〇頁所収の当文書では、郷長以下の署名は異筆とされている（ただしこの復元にも問題のある点は後述）。当例からも判るようにある文書のどの文字を異筆と判断するかは、結局は原文書ないしその写真版に直接当るしかないのだが、九世紀の署名の男女差の大よその傾向を問題とする本章では、特別な場合を除き、刊行された史料に依拠した。

（9）律令制下では女性は官僚制から基本的にしめ出されているが、中央に関しては、それ以前少なくとも内廷においては、女性も男性と共に出任〔仕〕していた慣行との妥協の産物として、後宮十二司が設置された（【女性史総合研究会編】『日本女性史』第一巻、東京大学出版会、一九八二年、「編集後記」【筆者執筆】参照）。しかし地方に関しては国・郡司はもち論、郡の雑任でさえ管見内では女性の例はない。

（10）なお売券等以外の文書（例えば官司や東大寺などの発給した文書）を取り上げないのも、そのような文書での署名者は、公的世界を代表する男性に限定されるからである。

（11）なおこれらの文書については、特に署名部分に注意して、その写真版を史料編纂所で閲覧したが、①（東南院文書第五櫃第十一巻所収、架蔵番号六一七一・六七／三／二四六）は「東南院文書」の復元で正しく、②（東南院文書第七帙第四巻）についても、「東南院文書」の復元で正しい。また③（『平安遺文』四、古梓堂文庫文書）については、「大東急記念文庫《古文書》」の未整理の写真版を、加藤友康氏からみせていただき照合したが、『平安遺文』の復元で正しい。なお②の写真版の閲覧に際しては史料編纂所の西洋子氏の御助力をえた。

(12)　画指とは、「文字を書けない者が指の長さと節の位置とを画いて自署のかわりとしたもの」(『国史大辞典』第三巻「画指」項による)である。なお画指に関する論考としては、さし当り荻野三七彦「画指―中国と日本―」(『日本古文書学論集』2、総論Ⅱ、吉川弘文館、一九八七年)参照。なお荻野は、そこで当文書を取り上げ、この「賤婢売主」たる真野売が女性であることに疑問を呈する一方、この女性は「憐れな女奴隷の身売りを周旋業とする女性であろう」(五七頁)とも記している。当文書を素直に読めば、ここからは女性による奴婢所有、所有者本人による売与、並びにそれへの官司による承認の申請(郡に対し、婢二人の売却の申請を行っているのは「得二真野売辞状一云」とあるように、真野売自身である)が読み取れるのにもかかわらず、荻野のような解釈が生れるところに、女性による奴婢所有を史実として承認出来ない家父長制的思想の残滓がみてとれよう(なお荻野論文の発表は一九七四年である)。

(13)　正確には地の文と異筆以上のことは言文《え》ないのだが、これを自署として処理する点は後註参照。なおこの点は後に再論する。

(14)　史料①での「刀祢麻呂」に対する、東南院文書編纂者の記入参照。このように当文書では東大寺関係者と証人の四名中、寺使と証人の署名が地の文とは異筆ながら、同一筆跡とされている。ここからも判明するように、地の文と異筆の署名が全て自署とは言えず、それを確かめる方法も残されていないが、少くとも地の文とは別の人物による署名が行われている場合、そこには自署に見せかけようとする意識の働いている点は確かである。そこで以下地の文と異筆の署名は、一応自署として処理する。従って厳密にはそれが他署である場合も含むことになるが、九世紀の大よその傾向を問題にする本章では、このような史料操作でも充分意図は達成出来ると考え、このような処理法を採用した。

(15)　史料①と同様な、史料②への記入参照。そこでの署名部分の記入から明らかなように、『大日本古文書』の「東南院文書」の編者により、自署、異筆1・2・3の区別が行われている。

(16)　ただしこれは正確には異筆以上のものではない点は既述の通りである。しかしこのような、女性署名は地の文と同筆、男性署名は異筆というあり方は、この後の時代にも引き続きみられる、署名の一般的傾向であり、本人の自署か、地の文とは異なる人間による代筆かの相違はあるとしても、そこには男性署名は自署するか、ないしは自署をよそおう必要があると、認識されていたことは確かだと考える。

（17）　荻野前掲論文四八頁に挙げられている『正倉院文書』の画指例五例中、一例は史料①（女性例）で、残り四例の画指は男性により行われている。いまこの四例を詳しく見ると、まず天平勝宝元年（七四九）十一月二十一日付伊賀国阿拝郡柘殖郷墾田売券（東南院文書二巻、九〇頁以下）の署名部分は、『大日本古文書』の「東南院文書」の復元によると、

天平勝宝元年十一月廿一日郷長桃尾臣「井麻呂」（自署）（井麻呂ノ筆跡ナラン。）左手食指 ― ― ― 本
田主敢臣「安万呂」（異筆〇以下印代　筆取　税長ノ文字ハ之ト同筆ニカヽル）
証人壬生少粳「同姓」
石部石村
「印代」万呂
「筆取」壬生浄足
「税長」石部「果安麻呂」（自署）

とある。しかし当文書（東南院文書第三櫃第一巻）の写真版を史料編纂所で閲覧したところによれば、右引の署名部分の復元は従い難い。すなわち『大日本古文書』の「東南院文書」は、郷長桃尾臣「井麻呂」を自署、次の署名者、田主敢臣「安万呂」の署名を「井麻呂ノ筆跡ナラン」とするが、井麻呂の呂と安万呂の呂は同字であるのに、明らかに字形を異にしており、安万呂と井麻呂の署名はそれぞれ別人が行っている（地の文と同筆でないのは確かである）と考えられる（なお『国史大辞典』第三巻〔吉川弘文館、一九八三年〕の「画指」項〔執筆者義江彰夫〕には、当文書の桃尾臣井麻呂と、敢臣安万呂の二行の署名部分の写真版が掲載されており、参照されたい）。そしてこれの意味するところは、安万呂は自署と共に画指をしているのか、安万呂の署名は井麻呂とは別の人間が記入し、本人の署名でないため画指を記入したのかのいずれかであろう。私としては八世紀にはすでに男の自署が原則化しており、安万呂の署名は自署に見せかけて他人が署名したので、画指が加えられたと考えたい。なお残りの三例を次にみると、天平宝字六年（七六二）

四月十八日付文書（『大日本古文書』五、二一五―二一六頁、及び同十五、三六三頁。続修別集三十四）は、男性四名の署名者中二名が画指と他書〔署〕、他の二名が他署、同六年八月九日付文書（『大日本古文書』五、二六一頁。正集六）は、男性四名の署名者の全員が画指と他署、宝亀四年（七七三）四月七日付文書（『大日本古文書』六、五一五～五一六頁。続修二十四）は、男性署名者六名中一名が画指と他署、他の五名は他署と判読されている。これらの文書を史料編纂所で写真版と照合したところ、天平宝字六年四月十八日付文書では、画指をしていない二名のうちの一人は明らかに自署である（船木「宿奈麻呂」の場合）。なお同六年八月九日付文書は写真版と照合の結果、『大日本古文書』の復元で正しい。ところで宝亀四年四月七日付文書の署名部分は、『大日本古文書』の復元では、

宝亀四年四月六「七」日山辺千足
　証人大宅首童子
　　丈部浜足
　　山部針間万呂
　　金月足
　知同心山辺公魚麻呂
　　左手　本―指乃里―未〔末〕

とある。当文書は、さいわい三分の二の縮尺の写真版が『大日本古文書』に収められているが、それによる限り、少くとも丈部浜足、山部針間万呂、金月足の三人（共に証人）は同筆と考えられ、丈部と山部の部、浜足と月足の足の字形の共通性からこの点は確実に言えると考える。従ってここでは男性による他署（更に他署と画指）が見られるのである。なお『大日本古文書』で共に本文と同筆とされている山辺千足、及び丈部浜足・金月足は墨色の相違に加え、足の字の書体の相違――特にの①は前者が向ってやや右下り、後者がやや右上り、②は前者が真中で上方にはねるのに対し、後者は真中で下方にさがる――から同筆には見えず、この両者の署名は別人によるものと考えられる。従って署名について確実なことを言うためには、全文書の写真版等に当る必要があるが、ここでは前述の理由により必要なものに限り、

そのような措置を取った。なお史料編纂所の架蔵番号の記してない正倉院文書、東南院文書の写真版は、同所の西洋子氏のお手をわずらわし、見せていただいた。記して感謝したい。

(18) 本文引用のように男女格差を示すのは、史料①〜③の三例のみである。

(19) ただし実際には、漢字使用を周る男女差が成立していたと考えられる点は、後述する。

(20) なお本章では考察の主旨から言って、持に重要なもの以外、写真版等を参照しない点を述べたが、女性画指の実例の写真版が『国史大辞典』第三巻「画指」の項に挙げられ、容易に見られるので参照されたい。なおその中には次表の史料⑯（平・90号）の自署と画指、他署と画指例、及び史料⑰（平・92号）、⑲（平・100号）の他署と画指例が入っている。また角田文衛『日本の女性名（上）』（教育社、一九八〇年）には、史料⑥（平・44号）の売主の親族の女性二名（一人は姑、他の一人は親族名称の記載がないが、その署名の位置から同じく姑と考えられる）の画指と他署例（一六一頁）、史料㉘（平・187）の施入主女性の画指と自署例（一九〇頁）、史料㉙（平・202号）の家地処分主女性の他署例（一八八頁）、史料㉜（平・232号）の相売女性並びに買人女性の自署例（一七一頁）の各写真版が掲載されており、同じく参照されたい。なおこれら写真版から見る限りでは、『平安遺文』の他署と自署（異筆）の区別はほぼ正確と考えられる。

(21) 平安時代以降の画指が女性に集中する点の指摘は、例えば右註引用の『国史大辞典』の「画指」項で行われている。

(22) ところで九世紀の画指例中、唯一の男性による例（㉗一八二号）は、前引表の備考〔参考事項〕でも述べたように、郷長解（ただし案文）であり、郷長が地の文、署名全て自分で書いていると考えられる。従ってその署名は、一見他署のようにみえるが、これは実際は郷長自身による署名である。そして実は男性による唯一の画指が行われたのもこの点と関わると考えられるのであり、郷長の署名が地の文と同一筆跡であるため、本人であることの証明として画指が行われたのだと考える。

(23) なおこの点を八世紀の画指例たる注(17)引用の五例について年代順にみると、最初の二例が近江、伊賀、後の三例が造東大寺司関係のものである。また十世紀の画指例たる史料㉘は近江、㉟・㊱は大和の例である。なお荻野前掲論文は画指が近江、山城に集中する事実を画指に関する何らかの歴史的意味があるように解する（五九頁）が、私は、画指がそこに記されている売券等自体の偏在という事実以上の意味をそこに見出すことは困難と考える。

(24) 九世紀の売券等の署名は全て漢字で書かれており（十世紀についても同様）、この場合の文字とは漢字を指す。なお後に言及するように、漢字に代る文字として平かなが発明されるのは九世紀初頭だが、それが一般的に使用され出すのは十世紀に入ってからである以上、ここでの文字とは漢字を指すものとして使用する。

(25) 当文書については栄原永遠男「『近江国坂田郡大原郷長解』について」（『日本歴史』四九七号、一九八九年）に詳細な考察があり（なおその写真版は『日本歴史』四八七号【一九八八年】口絵に掲載されている）、それによれば、当文書の専売人妻は自署と画指を行っている。

(26) 『平安遺文』五三号（正親町伯爵家旧蔵文書）は、加藤友康氏の御教示によると、原本、写真版ともに現存せず、文化六年に影写された、「唐招提寺施入田券文写」の中に入っているものが一番原形を留めているとのことで、それを見せていただいた。妹建部「真持」の真持の字は、地の文に共通の字がないのに加え、影写であるので確定的なことは言えないが、真持の字は他の字に比べ何となく稚拙で、異筆と思われる（ただし墨の濃さ、字勢等、一見して地の文と異なることが判るほどはっきりとした異筆でないことは確かである）。

(27) 『平安遺文』九〇号（根岸文書）は、史料編纂所にある、昭和三十八年撮影の写真版（架蔵番号六一七一・三四／一／五―三）を実見した。『平安遺文』では〔売人秦忌寸「縄子」〕として、「縄子」の部分を異筆としており、写真版を見ると、この署名部分の「縄子」は、地の文中に記されている縄子と明らかに異筆であり、自署としてよい（ちなみに〔相売辛国虫名女〕は明確に同筆である）。従って『平安遺文』の復元は正しいことになる。なお当文書の売人と相売の二人の女性の画指・署名部分は、既述のようにその写真版が『国史大辞典』の「画指」項に記載されている。

(28) 『平安遺文』九三号（根岸文書）は、右註引用の根岸文書を実見したが、『平安遺文』で〔秦忌寸「鯛女」〕とされている鯛女の部分は、刀禰として自署している春成や豊根などほど明確な異筆ではないが、異筆の可能性が大きいと判断できる。なお九三号の鯛女が自署（ないしそれに見せかけたもの）と判断できる点は、註(29)・(30)を参照されたい。

（29）『平安遺文』九二号（柏木氏所蔵文書）については、『平安遺文』はその売人の署名を〔専沽人秦忌寸鯛女〕と復元し、鯛女の部分を他署とする。そして史料編纂所蔵の同文書の写真版（小川睦之輔所蔵、山城葛野郡高田郷長解）を実見したところでは、署名部分の鯛女は、地の文中の鯛女とその字形からいって同筆と判断できる。

（30）『平安遺文』九三号で自署と復元されている〔「鯛女」〕の部分を、その写真版（『根岸文書』三、史料編纂所架蔵番号六一七一・三四／一／五―三）から、九二号の鯛女と比較すると、明らかに九二号と異筆と考えられる。すなわち九二号では鯛の字が鯛で表わされ、またつくりの①周②の部分については①が向って右上り、②が中央で内側に向いやや弓なり状に弧を描くのに対し、九三号では鯛の字は鯛で表わされ、また周の部分の①は、やや向って右下り、②はほぼ真すぐの直線状である。次に鯛女の女①の字は、九二号が①の部分がほぼ真一文字で真ん中がやや上方に高くなっているのに対し、九三号は右下へやや下りが〔ぎ〕みである。このように九二号と九三号の鯛女は明らかに異筆であり、かつ九二号が他署と考えられる以上、九三号は自署と考えざるをえない（もっとも第三者が自署に見せかけた可能性は、全くは否定できないが、その場合でも自署に見せかけたということは、女性が自署を行っていたという状況を前提としている点は、男性の場合についてのべたのと同じである）。

（31）表中の男性の他署が殆んど姓のみの他署であるのは、地の文を書いた人間があらかじめ姓のみ記入しておき、個人名を後に本人が自署するように準備しておいた文書に、本人の署名の記入がなされなかった場合と考えられる。従ってそれはたまたま他署に帰着した場合で、女性の場合の、フルネームの他署例とは本質を異にすると考える。なお多くの男性が姓と名のフルネームで地の文と同筆で署名を列ねている場合（署名の男女差がないので表には採用していない）は、私が『平安遺文』の第一巻を瞥見した限りでは、その殆んどが、文書が案か写の場合であり（例えば四三号文書）、九世紀の売券以下の文書では、男は個人名を自署する（ないしそのように見せかける）のが原則であった点は動かないと考える。

（32）同【栄原永遠男】氏注(25)前引「『近江国坂田郡大原郷長解』について」参照。

（33）この二九号（林康員文書）は、史料編纂所蔵の影写本（架蔵番号三〇七一／六二／二〇六『南大路文書・鴨脚光教文書外一合』）を実見した。

当文書の署名部分は、

売人上毛野朝臣弟魚子

相売人戸主内舎人正七位下上毛野朝臣奥継

買人陽候忌寸「広城」

とある。このうち署名部分の奥継の字体を本文中の奥継のそれと比べたが、それが同筆と言えるかどうかは微妙だが、明らかな異筆とは認められなかった。影写本であるので決定的な判断は下せないが、『平安遺文』の判読のように、同筆としてよいだろう。

（34）当文書は大和国添下郡司解で、奥継は当文書本文中に〔右京三条一坊戸主正七位下上毛野朝臣奥継〕と記されている。あるいは奥継の自署の記入がされなかったのは、売却地が添下郡の京南二条にあり、奥継の居住地とはなれていたためかもしれない。しかしそう解すると同じく右京九条一坊（ただしこの方が近接）の住人たる買人が自署をしている事実が説明出来なくなるが、これについては後考を待つ。

（35）史料編纂所蔵『天理図書館善本叢書和書之部　第六十八巻　古文書集』所収。

（36）このように考えると当文書で署名のある息子三人は、継人のみが成人、子吉はまだ未成年であるが故に自署の〔子吉〕の字が稚拙、嗣手は初めはその署名が意図されていなかったのが後に署名を追加したもの（ただし自署は〔嗣手〕の部分のみ）で、子吉同様その字が稚拙である故に同じく未成年と考えられる。それにしても息子については、このように未成年で稚拙な字しか書けなくても、自署を行わせるところに、律令国家での、公的関係に名を出すのは男という原則が露呈しており、その点で当文書は興味深い。

（37）『人文研究』（大阪市立大学文学部紀要、第三九巻第十一分冊、一九八七年、同第四十巻第十分冊、一九八八年）所収。

（38）【右掲】栄原論文（上）によれば、当文書には愛智郡印が九列に渉り捺されているとのことであり、原文書と考えてよい。

(39) ただし〔藤並小子〕の部分全体が異筆である事実は、この部分が藤並本人の自署ではなく、単に地の文と異筆であることを示す（なおその場合でも自署に見せかけようとしているのは確かである）。なお栄原は当文書の署名について、〔売人依知秦真大刀自女〕の他署と画指（ただし横線は両端を含め四本）、及び〔相沽依知秦「安岑」〕の部分は、『平安遺文』の復元通りとするが、〔弟依知秦公　象守〕と〔戸主依知秦　真象〕は、それまでの筆跡（自署部分を除く）とは別筆で、それぞれの人間（ないし代理人）が一行全体（括弧内全体）を自から書いたものと思われるとしている。なお当文書については、私もその影写本（『金比羅宮文書　乾』（史料編纂所架蔵番号三〇七一／八二／二一一））を実見したが、〔依知秦藤並〕の部分は、依知秦に比べ、藤並の部分がやや肉太で字体も大きく、〔藤並〕は別筆との感触を持った。なお当文書の写真版は【注(37)前掲】栄原論文（下）に掲載されており、それによれば〔藤並〕は小子の字とは考えられない。

(40) なお栄原論文によれば、署名の位置も『平安遺文』とは異なり、〔僧「高徳」〕は日付と間隔を置かず書かれ、次行の最初の文字相は、貞観七年十月の年と十の間、次行の最初の文字依は『平安遺文』と同じく辛国連の辛と並んで書かれている。

(41) なお栄原は、当文書が原文書であった場合でも、当文書は郡印、郡判を欠くので、「案」と考えられるとしている（同注(37)前掲論文（下）註(7)参照）。

(42) この三文書に現われるこの女性が同一人物たる点は、各文書に記載されている親子・戸主戸口関係、これら三文書と一一八・一一九号文書から知られる売却地の位置関係等から言える。

(43) 和田萃「新発見の文字資料」（『日本の古代』14、中央公論社、一九八八年、三一〜三四頁）参照。

(44) 藤枝晃『文字の文化史』（岩波書店、一九九一年、二一〇頁以下）。

(45) 鬼頭清明「漢字と民衆—墨書土器のひろがり—」（『社会科資料』二〇、一九八三年【のち同『古代宮都の日々』校倉書房、一九九二年所収】）。

(46) そしてかかるあり方は、何も文字に限られるのではなく、大陸からの先進文明の産物全般について言えるのであり、刀以下の武器が、日本では実用としてよりも、呪力を持つものとして受容された一例からも、このことは言えると考える。

(47) 日本社会において文字が呪力を持つものとして機能していた点は、墨書土器にみられる吉祥文字や吉祥句の存在（原秀三郎「土器に書かれた文字」、『日本の古代』14、六〇六頁）や、呪符の存在（例えば「急々如律令」の如き。なお前掲和田論文によればこの呪言は道教的信仰に根ざすとされている（三二頁）が、起源はそこにあるとしても、これらが一般民衆に受容された場合、それは文字自体の持つ呪力の故と考えられる）、更には吉祥を意味する動物たる亀の頭部をかたどった硯の出土例（綾村宏「筆・墨・硯が表す社会」（『日本の古代』14、五五二頁）などから言えると考える。

(48) 「交通」の概念については石母田正『日本の古代国家』（岩波書店、一九七一年）の第一章第一節「交通の問題、戦争と内乱の周期」参照。

(49) 拙稿「家父長制家族の未成立と日本古代社会の特質について」（『日本史研究』二四七号、一九八三年三月【のち総合女性史研究会編『日本女性史論集』二、吉川弘文館、一九九七年再録】）参照。

(50) L・H・モルガン、青山道夫訳『古代社会』上（岩波書店、一九五八年、三三三頁）参照。なおこの部分の原文は"the invention of aphonetic alphabet, and the use of writing in literary composition"とある。このモルガンの見解は、そのままエンゲルスにより継承され、戸原四郎訳『家族・私有財産・国家の起源』（岩波文庫、一九六五年、三七頁。以下『起源』と省略）では、上記引用を含む部分が「表音文字の発明とそれの文書記録への利用によって文明に移行する」と訳され、『マルクス＝エンゲルス全集』第二一巻（大月書店、一九七一年、三三頁）の『起源』でもこの個所は「音素文字の発明とそれを文書記録に使用することによって、文明に移行する」と訳されていて、戸原訳とほぼ同じである。しかし最近の土屋保男訳の『起源』（新日本出版社、一九九〇年）では同個所が「表音文字の発明とその文字を使った文学的記録の作成で文明時代に移る」（傍点引用者）と訳され、他の訳書と訳文の意を異にする（なお一番問題になる部分の『起源』の原文は"Zivilisation vermittelst der Erfindung der Buchstabenschrift und ihrer Verwendung zu Literarischer Aufzeichnung"である）。ところで『起源』が依拠したところの『古代社会』中、最も問題となる部分

（前引文章中、下線を引いた部分）の中でも、特にliterary compositionのliteraryの意味がここでは問題なのだが、『古代社会』の引用部分を含む前後の文章については、滞米経験の長い文化人類学の研究者に読んでいただき、基本的に青山訳（更には『起源』の戸原訳、全集訳）でよく、文学的記録云々と訳した土屋新訳はごく普通に読む限りではそのように読み取る必要はないとの教示をえた。なお原文は、『古代社会』は、University of Arizona Press、一九八五年刊、『起源』は、『マルクス＝エンゲルス全集』の依拠したKarl Marx-Friedrich Engels: *Werke Band* 21を参照した。

（51）　漢字が音標（表音）文字である点は、A・C・ムーアハウス、ねずまさし訳『文字の歴史』（岩波書店、一九五六年、二三頁、二六頁以下、五八頁以下）に指摘がある。すなわちムーアハウスによれば、漢字は、早くから存在した音標文字に、その後、より多くの表意文字や音標文字が附加されることにより発達を続け、やがて表意文字への逆もどりによる音標文字の修正（＝表意文字と音標文字の結合による複合記号の創出）を経たとしてその歴史が把えられている。また『世界歴史辞典』2（平凡社、一九五六年）「漢字」項（執筆者神田喜一郎）では、漢字は、象形文字として出発し、やがて会意文字、形声文字が発明されるが、この形声文字とは、「意味を示す表意部と音を示す表音部との、二つの要素によって構成された文字」で、それは「一種の音標的表記法ともいうべき極めて便利な漢字構成法であるので、一たびこの方法が発明されると形声文字はどんどん製作さ」れ、結局「漢字の十分の九まではこの形声文字であることを注意せねばならぬ」と指摘される状況に至った点が述べられており、その音標文字としての性格が強調されている。なお漢字を表意文字とするものに、小松茂美『かな―その成立と変遷』（岩波書店、一九六八年、九頁）があるが、しかし小松は同時に、漢字の八～九割は形声（前述のように意味と発音を合せて作った文字）なる分類に属する点を指摘している。なお最近刊行された、藤枝晃『文字の文化史』（岩波書店、一九九一年、二一七頁）では、漢字は「表音文字であると同時に表意文字である」とされているが、その意味するところは結局神田説に帰着すると考えられるので、私としては、漢字は基本的に音標（表音）文字であるとするムーアハウス『世界歴史辞典』の見解に従いたい。

（52）　このように未開段階が文明段階に移行したことの指標たる、音標文字の使用に関して、日本が独自の音標文字を創出することなく、中国の音標文字たる漢字を借用し、その代わりとした事実こそ、日本の文明化が、圧倒的に強力な中国文明との「交通」の結果惹起されたことを、何よりもよく示すと考える。なお前註引用藤枝著書によれば、文字の借用は世界史的にみられる事象（二〇九頁）だが、日本の場合文字のみでなく文体をも受容せざるをえなかったところに、未開社会日本への大陸文明の圧倒的な影響と、その発展の差が示されていると考える（この点後に再論）。なお藤枝前引書によれば、ウイグルの場合も、最初公的には外国語としてのソグド語を使用し、やがてソグド文字で自己の言葉を表した点で、漢文体の受容から出発し、漢字による日本語の表記（万葉仮名）へと至った日本のあり方と漢字受容の点で共通性があるとされている（二一三頁）。なお中国との「交通」により漢字使用を受容せざるをえなかった例として、日本以外に朝鮮、安南があり、両者とも最初は日本と同じく、漢字・漢文が正統な文字・文体として使用された（『平凡社大百科事典』3「漢字」項（汐見稔幸執筆））。そしてこの正統的漢字・漢文表記から、どのようにして自国語の表記法が発明・発展していくのかを朝鮮についてみると、戦国時代に漢民族の支配下に置かれた朝鮮では、すでに一世紀には漢字がある程度まで普及・理解されていた（前引『世界歴史辞典』、「漢字」項）が、やがて壬申誓記体という漢字を朝鮮語の語順に排列した表記法が行われ、更にそれに漢字の音や訓を借りて助詞、助動詞などを挿入して出来た吏読《りとう》文（現在知られている最も古い例は四五一年のものと考えられている）が発明され、また同じ壬申誓記体から、日本の万葉仮名に似た郷札と呼ばれる表記法も発達したとされている（藤本幸夫「古代朝鮮の言語と文字文化」、『日本の古代』14）。このような漢字・漢文の自国語化の過程は、日本のそれと共通性を持つと考えられるが、海で隔てられている日本よりはるかに強力に中国との「交通」をせまられた朝鮮においては、文明化の一環としての文字（漢字）の使用とその自国語化の過程は、日本より早期に進行したはずであり、事実日本の変体漢文なども朝鮮からの渡来人により創始されたと推定されている（森博達「日本語と中国語の交流」、前引『日本の古代』14所収、一五三頁）。なお『書の日本史』第一巻（平凡社、一九七五年、八頁）においても、五、六世紀の日本の漢字の用法は朝鮮から伝えられたものとみてほぼあやまりない点が弥永貞三により指摘されている。

（53）農業に関する先進技術の首長層による独占的受容が、家父長制家族の成立による、首長制の基盤たる共同体の崩壊という歴史コースを取らせず、逆に首長層の独占的私富形成による首長制の強化というコースをもたらした点は、註（49）

引用拙稿ですでに言及した。参照されたい。

(54) 同【石母田正】氏註(48)引用書、一六頁参照。

(55) 同【築島裕】氏『日本語の世界』5「仮名」（中央公論社、一九八一年、一〇～一四頁）参照。

(56) この鏡に記載されている「癸未年」については、三八三、四四三、五〇三、六二三年説などがあるが、四四三年ないし五〇三年説が有力であるとされている（岡崎晋明「文字と記号」、『日本の古代』14、四〇三頁）。

(57) 註(55)引用書、一一頁。

(58) この鉄剣については、『「王賜」銘鉄剣概報』（吉川弘文館、一九八八年、以下『概報』と省略）、及び伊藤循「『王賜』銘鉄剣をめぐる基礎的考察」（『千葉史学』15、一九八九年）参照。当鉄剣の製作年代は、前者では「五世紀中葉を遡ることはまず確実」（白石太一郎執筆）とされ、後者でもほぼ同様の見解が取られている。

(59) なお築島により挙げられていない日本の漢字遺物について、岡崎晋明「文字と記号」（前引『日本の古代』14所収）により補足しておくと、弥生時代のものとしてはⓐ種子島広田遺跡出土の「山」の陰刻のある貝札《ばいさつ》、ⓑ船載資料たる貨幣に鋳込まれた文字（注(51)前引小松著書によれば、「弥生式とよばれる中期古墳」から一世紀初めの中国の貨幣が出土し、その表面には「貨泉」の二字が鋳込まれている例があるとされている）、ⓒ伝来した中国鏡に刻された銘文、仿製鏡銘文（ただし岡崎によれば、そこでの文字は文様化しており、それは当時の日本人が文字自体を理解していなかったからだとされている）等があり、また古墳時代の文字遺物には㋑仿製鏡銘文（なお前出(5)、(6)はその中の一例だが、(5)について岡崎は、そこでも文字がそれとは解読できないほど文様化していると指摘している）、㋺埴輪への箆書き文字（五世紀末から六世紀前半）、㋩須恵器に刻された文字（五世紀末）などがあるとしている。なお弥永は注(52)前引『書の日本史』第一巻で、『魏志』倭人伝での女王卑称〔弥〕呼の外交文書を日本での渡来人による漢字使用例としている（七頁）。

(60) その点では、註(59)引用の、日本最古のものに属する漢字遺〔遺〕物たる文字を刻んだ貨幣が「古墳」から出土しているのは示唆的である。

(61)　大王への奉仕の由来を物語ることが、支配者の政治的結集集団たる氏《うぢ》の永続性を理念的に支える役割を果す点については、義江明子『日本古代の氏の構造』（吉川弘文館、一九八六年、三三五頁等）参照。
(62)　なお「王賜」銘鉄剣についても、それが畿内王権の在地首長に対する直接的下賜と考えられる点は、註(58)引用の伊藤論文参照。ただし伊藤自身は、畿内以外で作られた可能性をも考えており、また『概報』でも、当鉄剣の下賜の主体を畿内の大王としながらも、可能性としては何通りかの他の場合が想定されている（平川南執筆）。
(63)　この点については拙稿「卑弥《〔弥〕》呼から女帝へ」【脇田晴子他編】『日本女性史』（吉川弘文館、一九八七年【本書Ⅲ―付論1】）参照。
(64)　築島注(55)前掲書、一七〜一八頁、及び関晃『帰化人』（至文堂、一九六六年）参照。なお朝鮮からの渡来人による、漢字使用への影響については註(52)で言及したが、中国からの影響については、森博達「日本語と中国語の交流」（注(52)前引『日本の古代』14所収）が論じており、森は『日本書紀』α群（巻一四―二一・二四―二七・三〇）の歌謡が中国原音により音訳（万葉仮名的表記）されている点を出発点とし、種々の考証をへて、『日本書紀』のα群は渡来者たる中国人により述作されたと結論した。なお万葉仮名の創出が、漢訳仏典において、原語（サンスクリット語）を漢字の音によって表記したところに起源のある点は、すでに指摘されているところである（奥村悦三「暮しのことば、手紙のことば」、前引『日本の古代』14、三五九頁）。ちなみに奥村は、万葉仮名による初期の和文表記においては、漢文の影響が語彙、文章構成にまで及んでいる点を正倉院仮名文書を題材に論じている（前引論文、三六七頁）。
(65)　この点については、註(63)引用拙稿参照。
(66)　日本で最初の学問「僧」として留学したのは、善信尼以下の尼である点を考えただけでも、この点は了解されよう。なお善信尼の百済留学については、崇峻天皇即位前紀六月条、崇峻紀元年是歳条、同紀三年三月条参照。
(67)　註(63)引用拙稿、及び【注(9)前引】『日本女性史』第一巻「編集後記」参照。
(68)　なお平城京右京五条四坊三坪の邸宅跡から須恵器の胞衣壺が出土し、そこには和同開珎四枚の他、墨、筆管が収められており、当時新生児が男子の場合、これらを壺のなかに納めた点が指摘されている（綾村宏「筆・墨・硯が表す社会」、前引『日本の古代』14所収、五二七頁）。なお綾村論文には、鳥取県米子市諏訪遺跡群の掘立柱建物柱穴近辺出土の胞衣壺と思われる土師器の甕から、和同開珎、刀子と共に墨状炭化物の見つかった例も述べられている（五三六頁）。なお胞衣壺に筆と墨を納めるのが男子の場合である点は『貞丈雑記』記載を論拠に飯沼賢司の指摘するところである（【同「女性史の史料―そのあり方、扱い方　中世」歴史科学協議会編】『女性史研究入門』、三省堂、一九九一年、一九五頁）。かかる胞衣壺を周るあり方は、平城京右京五条四坊三坪出土のそれを考察した水野正好「想蒼籬記」（『奈良大学紀要』第一三号、一九八四年、四四頁）が、「筆墨といった律令官人のシンボルが胞衣にそえられ、誕生した新生児の将来を描く文物として与えられている所に官人の夢が垣間見られる」とするところであり、貴族、官人層で男児が出生した際、早く文字を習得し、官人としての出世を願ってのことと思われるが、金子裕之「都人の精神生活」（『日本の古代』9、中央公論社、一九八七年）は、同じような胞衣壺の例を追加紹介する（三二一頁）と共に、このような筆や墨を収めた胞衣壺の目的は、「官人としての栄達を願ってのこと」ではなく、道教思想に基づく、「誕生した子供の寿命を都合よく書き直すため」としている（三二三頁）。しかし飯沼の指摘のように、かかる風習が男子とのみ結びついているとすれば、やはり官人層での、男子と漢字修得の密接なつながりを示すであろう。

(69)　なお志村緑「平安時代女性の真名漢籍の学習―一一世紀ごろを中心に―」（『日本歴史』四五七号、一九八六年六月）は、平安時代の女性が漢字を学習する必要のある一例として女官の場合を挙げている。志村の指摘のように、女官の漢字使用の能力は、平安中期以降にさえ必要とされている以上、後宮十二司がその機能をきちんと果していた八世紀においては、そのような能力は一層必要とされたであろう。

(70)　女性による漢字使用の一例たる、光明皇后による漢字の筆蹟は、現在に至るまで伝えられている。この点は林陸朗『光明皇后』（吉川弘文館、一九六一年）の口絵所収の写真版参照。

(71)　日本古典文学大系『懐風藻、文華秀麗集、本朝文粋』（岩波書店、一九六四年）所収の同書「解説」によれば、これら漢詩は、その題名をみると、「侍宴や応詔の詩が最も多」く、それは「詩が宮廷を中心に作られたため」とされている（一三頁）。漢詩のかかるあり方は、それらの多くがまさに官人たる資格において作られており、だからこそ女性の作った漢詩のないことを示すといえるだろう。なお七五一年成立の同書に次ぐ、『文華秀麗集』（前掲書の解説によれば、その成立は八一八年）でも、女性作者は「姫大伴氏」（60番）一例しか知られていない。

(72)　この点は、公式令規定の詔勅以下の公文書が律令国家の全国支配に果した役割を考えれば、直ちに了解されよう。ただし八世紀の文書行政下においても口頭宣布の重要性の存続した点は、早川庄八「前期難波宮と古代官僚制」（『思想』七〇三号【のち同『日本古代官僚制の研究』岩波書店、一九八六年】）参照。

(73)　ところで文書にみられる書字の八世紀と九世紀の差は、集落出土の墨書土器のあり方と対応するように見える。すなわち㈠千葉県八千代市村上遺跡の墨書土器を取り上げた宮瀧交二「古代村落と墨書土器―千葉県八千代市村上遺跡の検討―」（『史苑』四四―二、一九八五年）では、当遺跡を含めた東国の集落遺跡の墨書土器は、ほぼ一様に八世紀の後半から出現し、九世紀に入り増加する傾向が認められるとされており、㈡同じ遺跡を問題にした平川南・天野努・黒田正典「古代集落と墨書土器―千葉県八千代市村上込の内遺跡の場合―」（『国立歴史民俗博物館研究報告』二二、一九八九年）は、当集落の墨書土器は、他地域の集落遺跡と同様八世紀では極めて少いが、九世紀半ばにはその盛期を迎え、九世紀後半を通じてそのような状況が続くとされている（二〇四、一九六頁）。また㈢山口英男「墨書土器と官衙遺跡」（『藤沢市史研究』二四、一九九一年）でも、集落遺跡での墨書土器は九世紀以降盛んになる点が、官衙遺跡との対比の上でのべられている（一一〇頁）。そしてこのような集落跡からの墨書土器の出土が、集落構成員の識字能力と関連する点は、㈠、㈡論文で言及されている。しかしその識字能力は、少くとも当時の一般民衆にとっては、文字が文字自体として受容されたのではなく、先進文明の産物としての呪力を帯びたものとして受容されたのではないかとの、前記管見を考慮すると、必ずしも集落での墨書土器の出土＝集落構成員の識字能力とは言えないと考える（なお当時の共同体成員の識字能力の欠如は、儀制令春時祭田条古記一云の「男女悉集。告二国家法一令レ知訖」との個所にも見られ、そこでは文字を読めない男女が共同体の祭祀の場で国家の法を口頭伝達される様が示されている）。なおこの点とかかわるのが当論文を書き上げた後読んだ、平川南「黒〔墨〕書土器とその字形―古代村落における文字の実相」（『国立歴史民俗博物館研究報告』第35集、一九九一年【のち同『墨書土器の研究』吉川弘文館、二〇〇〇年所収】）での指摘であり、平川は東日本各地の古代の集落遺跡出土の墨書土器について、その文字の種類がきわめて限定されているだけでなく、各遺跡間で共通の文字が使われており、しかも字形までも各地で類似している点（しかもそれは本来の文字の字形ではなく、その変形したものである場合が多い点）を指摘している。そしてその上で平川は、このように限定された共通文字は、東国各地の農民が会得した文字を取捨選択して記したものではなく、「むしろ一定の祭祀や儀礼行為等の際に土器になかば記号として意識され」て記されたものであり、従ってそれは古代の村落内の神仏に対する祭祀・儀礼と関連するもので、必ずしも文字の普及を示すものではないとするのである。土器に書かれた特殊文字（則天文字［なおこれ自体道教の呪符に基づく場合があるとのことである］、呪符の記号）の存在から、土器の文字を「一種の吉祥または呪術的な意味を含めた」と解する平川説は、文字という文明の産物自体のもつ呪力からその意味を考えた管見と重なると考えられ、文字自体のもつ呪力を更に強化したものが平川のいう特殊文字の場合なのだと考える。

（74）当時の女性が財産所有権と共にその管理・運営権をも保持していた点は、拙稿「古代における日本と中国の所有・家族形態の相違について」（【注（9）前掲】『日本女性史』第一巻【のち拙著『日本古代家族史の研究』上、塙書房、二〇〇四年所収】）で指摘した。

（75）志村緑注（69）前掲論文、三二頁参照。なお当時の富豪経営を行う層において、識字能力が不可欠とされた点は、『日本霊異記』上―二三に、このような経営の発給する「出挙券」が出てくることにより確認される（そしてかかる経営こそ家長・家室により行われた点は言うまでもない）。なお志村論文においては、文書に署名をしているような階層の女性の、このような文字習得の必要性と共に、平安貴族層の女性による、教養としての漢字習得についても言及されている。

（76）小松茂美注（51）前掲書、六四頁以下、築島裕注（55）前掲書参照。

（77）築島前掲書によれば平仮名、片仮名が万葉仮名からつくり出されたのは九世紀初頭である（四頁）。なお本章では女手と呼ばれた平仮名のみを問題にしているので、片仮名（更には草仮名）の考察は捨象するが、ここで片仮名の完成についてのみ先学の結論を紹介しておくと、片仮名はそれが漢文の訓読から直接作られたという特殊性のため、その完成は平仮名よりおくれ、十二世紀後半に大体現在の字体の体系が成立したとされている（築島前掲書、一五八頁）。

(78) 築島によれば、「平仮名は、九世紀の末には、既に相当な程度まで、完成の域に達していたかと思われる」とされている（前掲書、一五二頁）。

(79) 築島前掲書、四頁参照。

(80) 右掲書、一五二頁参照。

(81) 小松注(51)前掲書、九一頁。

(82) 小松前掲書、六九頁。なお万葉仮名表記のうち、男手が楷書・行書体に限定されるのは、万葉仮名の書きくずされたものは、草仮名と呼ばれたからである（同上書、七五頁）。そしてこの草仮名が更に書きくずされ、やさしい姿になったものが平仮名である点は小松前掲書、九一頁参照。

(83) 小松前掲書、七〇頁。

(84) なお平仮名成立以後のかかる状況は、吉沢義則「平仮名の研究」（『国語科学講座』Ⅷ（文字学）、明治書院、一九三四年）で、当時女子が漢字を習った点が指摘され（一七頁）、志村緑注(69)前掲論文でも同様な事実が指摘されている点は註(75)参照。

(85) 『古今和歌集』の成立はその一例である。

(86) 平仮名の使用が和文による文章表記と結合し、一方漢字の使用が漢文によるそれと結合しているのは周知の事実である。なお註(1)でも指摘したように、単に平仮名ないし漢字の使用と記した場合、それは各文字と結合した、文体をも含んだ意味のものとして使用している。

(87) 当時の貴族の日記が漢文体で書かれている一事をみても、この点は明らかである。

(88) この点の指摘は、吉沢注(84)前掲論文、一六頁以下、及び三一頁以下、小松注(51)前掲書、九九頁以下参照。なおこれについては、例えば『紫式部日記』での、紫式部が所在なさに漢籍を見ていると、周りの女房達が、「おまへはかくおはすれば、御さいはひはすくなきなり、なでふ女が真字書《ぶみ》は読む」と陰口をきいたとの、有名な一文を想起されたい。

(89) なお漢文体だけでなく漢字による真仮名も平安初期までは多くみられた点は、小松前掲書、七四頁参照。なお小松によれば、真仮名の使用は八九三年を最後に、平仮名にその地位を譲った（同七四頁）。
(90) 築島注(55)前掲書、七〇～七一頁参照。
(91) なおこのような状況の背後には、九世紀、なかんずく九世紀中葉を境とした後宮十二司の解体とその後宮化（この点の指摘は、西野悠紀子「律令体制下の氏族と近親婚」〔【注(9)前掲】『日本女性史』第一巻、東京大学出版会、一九八二年、一四七～一四八頁〕、服藤早苗「女性の地位と相続制」〔【注(63)前掲】『日本女性史』、吉川弘文館、一九八七年〕参照）という事態の進行が存在し、そのことにより、「官」の一角を占めることにより保たれていた女性と漢字の関係は、一層希薄化していったと考える。
(92) この点については註(3)、及び註(84)引用吉沢論文参照。
(93) この点は前述のように註(49)引用拙稿で述べたところだが、日本では単婚の諸原理もまた、大王権力を中心に早熟的に発現した点は、拙著『日本古代婚姻史の研究』【上下】（塙書房、一九九三年）で考察した。
(94) このような例の早いものとして、六世紀以前の日本の漢字遺物例として【二五五頁に】引用した(7)・(8)・(9)の銘文中の固有名詞を挙げることができる。すなわち小林芳規「表記の展開と文体の創造」（【注(43)前掲】『日本の古代』14、二九一～二九二頁）によると、(8)の乎獲居（ヲワケ）、意富比垝（オホヒコ）以下の固有名詞、(7)の无利弖、伊太加、(9)の意柴沙加《オシサカ》、斯麻《シマ》などがこのような例として挙げられている（なお小松注(51)前掲書においてもこのような例として(7)、(9)の例があげられている〔一六～一九頁〕）。ところで小林論文では、このような音仮名に次いで、推古朝遺文になると訓仮名の用法も行われるとして、『天寿国曼荼羅繡帳銘』の中での「孔部間人公主」の孔《アナ》が訓に基づいて人名表記されている例を挙げる（二九二頁）。従っていわゆる万葉仮名には、一字一音表記の音仮名のみでなく訓仮名も交っている点が指摘されている（三〇四～三〇五頁）。
(95) 小松前掲書、二～三七頁、小林右掲論文、森註(64)引用論文中の「古代の文章と『日本書紀』の成書過程」参照。なおこのような漢字受容が日本人にとってどんなに困難な過程であったかは、弥永貞三が、日本人が漢字を習得してみずからの記録を持つことができるようになったのは早くても五世紀をあまりさかのぼらず、漢字・漢文を知ってから四、五百年は経過しており、しかもその中心的役割は渡来人が果したとしている点（注(52)前引書、八頁）にも示される。また日本人の漢字受容に果した、前述の朝鮮・中国からの渡来人の影響の大きさからも、そのことは言えるだろう。

(96)　ただし初期の万葉仮名による表記においてすら、漢文の影響の大きかった点は註(64)引用奥村論文で指摘されている。

(97)　日本の支配者層においては家父長制家族・単婚・男への女の従属が、十世紀初頭には完全に成立していた点は、拙稿「古代家族と婚姻形態」（『講座日本歴史』2、東京大学出版会、一九八四年【のち拙著『日本古代婚姻史の研究』上、塙書房、一九九三年所収】）参照。

(98)　ただしこの事実が、必ずしも女性が漢字を全く使用しないことを意味しない点は前述の通りである。

〔追記〕

本章作成に当っては加藤友康氏から多大の御助力をいただいた。心より感謝する。

〈笹山晴生先生還暦記念会編『日本律令制論集』下、吉川弘文館、一九九三年〉

付論1　卑弥呼から女帝へ

ヒメとヒコ

日本における女性支配者（＝首長）の存在を示す最も早い史料は、外国史料としての『三国志』魏書東夷伝・倭人条（いわゆる『魏志倭人伝』）記載の卑弥呼である。すなわち卑弥呼は三世紀前半の北九州を含む、約三〇国からなる倭国連合の宗主国たる邪馬台国の女王だが、彼女について同書は、

其の国、本亦男子を以って王と為し、住《とど》まること七・八十年。倭国乱れ、相攻伐すること歴年、乃ち共に一女子を立てて王と為す。名づけて卑弥呼と曰う。鬼道に事《つか》え、能く衆を惑わす。年已に長大なるも、夫壻《ふせい》無く、男弟有り、佐《たす》けて国を治む。王と為りしより以来、見る有る者少なく、婢《ひ》千人を以って自ら侍《じ》せしむ。唯ゝ男子一人有り、飲食を給し、辞を伝え居処に出入す。宮室・楼観・城柵、厳《おごそ》かに設け、常に人有り、兵を持して守衛す。

と記している。

従来この引用部分は、王卑弥呼が鬼道に事《つか》えるシャーマン的巫、男弟はそれを佐《たす》けて国を治める行政担当者と解釈され、それを根拠に当時の王権は祭祀担当の女性と行政担当の男性のペアにより構成されるとする男女二重王権説が説かれてきた。そしてこのような中国側の史料とは別に、日本の古文献たる記紀・風土記等にも、地方の支配者が、たとえば筑紫国（九州のこと）の菟狭《うさ》の場合の、「時に菟狭国造の祖《おや》有り。号《なづ》けて菟狭津彦《うさつひこ》・菟狭津《うさつ》

媛《ひめ》と曰ふ」（『日本書紀』神武天皇即位前紀甲寅年条）のように、地名を負ったヒコとヒメの男女ペアから構成される例が数多くみられる点から、このような考え方は支持され、同時にこのような男女二重王権のあり方はヒメ・ヒコ制ともよばれるのである。

しかし同書において中国側から倭王と認められて魏に使者を送り、かつ魏の皇帝から金印紫授や「親魏倭王」の称号を授与されているのは卑弥呼であって、倭国を代表して外交を行なっている以上、卑弥呼の王権上の役割は祭祀に限定されず、外交権を含む王権自体を掌握していたと考えられる。しかも同書では卑弥呼の前任の王、および卑弥呼の死後まずその後継者として即位したのは男王とされているので、このような王には男女ともに就任できたと考えられる。さらに最近の説では従来女性支配者の担当とされてきた祭祀に男性もかかわり（岡田精司氏）、また女性が後述のように生産・軍事にもかかわる点が明らかにされてきている（今井堯氏）ので、邪馬台国の場合、国を代表する王で祭祀者的側面の強い女性と、それを補佐する男王が対《つい》で存在したと考えられる。したがってここから女―祭祀、男―行政という王権の分担方式の一般化はできず、男女のどちらか一方が主たる王、他方が副王で、相互の役割分担は流動的、相互移動的なのが当時の二重王権のあり方で、それは倭国連合、それを構成する諸国の双方の王権について見られたと考える。

この卑弥呼が（その下に諸国を何らかの形で統轄するとはいえ）、北九州地方の首長なのか、それとも後の大和王権につながるものなのかは、邪馬台国の地理的比定の問題とからんで断定できないが、そこにみられる上記の男女二重王権のあり方が、三世紀前半よりは時代の下る四世紀中葉から五世紀中葉の地方首長についても存在する点が考古資料からかなり明確になってきた。すなわちこの時期の古墳被葬者の骨の性別を調査した今井堯氏によれば、当時の地域首長（完結する水系を単位とする政治領域の首長）の古墳埋葬例には、①女性単独埋葬例、②女が主、男が従の男女合葬例、③男女対《つい》の同格埋葬例（例数はこれがいちばん多い）、④男が主、女が従の男女合葬例、⑤男性単独埋葬例の五つの類型が知られ、しかも副葬品から女性が祭祀権のみならず軍事・生産権をも掌握した例が知られる点から、㈠当時の地域首長権は男女対等的なあり方をとっていた、㈡従来説かれたような女―祭祀、男―行政の男女による明確な支配権の分担には必ずしもなっていない、の二点が結論されることが明らかにされた。

このように、外国史料・考古資料・古文献から考えると三世紀前半から五世紀中葉の、少なくとも地域首長の支配権は、単独首長の場合もある――たとえば『日本書紀』景行紀十二年十月条の「（豊後の）速見邑《はやみのむら》に到りたまふ。女人有り。速津媛《はやつひめ》と曰ふ。一処の長《をさ》たり」とある例は、今井氏の①例に対応する古文献例である――が、基本的には男女対のあり方をとり、しかもその役割は相互移動的であったとできるだろう。ただしそのさい、後代での八十嶋祭、大嘗祭、伊勢神宮等の神事中、最も神聖な部分は女性のみが遂行できる点から考えると、祭祀の中核部分の担当は女性であったと考えられ、それを除外したうえでの相互移動性と考えられる。

大王権を端緒とする変化

ところでこの期の大王権への女性のかかわり方は、記紀に神功皇后、飯豊青皇女のような女帝に比すべき女性が記録されているが、それを確実な史料として使用できないので不明とするしかなく、確実なことは天皇陵に指定されている巨大古墳の発掘を待たざるをえない。しかし中国史料に記されている五世紀のいわゆる「倭の五王」がすべて男性である点は重要で、この時期にはすでに中国側からみた倭の大王権は卑弥呼の段階と異なり男性のみに移行していた点が判明する。しかしこの場合、男性たる「倭国王」ないし「倭王」の背後に、史料には現われない女性の副王がいた可能性は十分考えられ、かかる女性は後の大王（天皇）権の下での伊勢斎宮の例等からみて、祭祀を主として担当していたと推測することが可能だろう。かかる男女間の役割は、これより後に女性の天皇が出現する点から見て固定的でなく、必要とあれば相互移動の可能なものであったと考えられる。

次に、さらに時代の下る六世紀以降の地方首長の構造を史料の残る国造についてみると、現在知られる限りではその名前はすべて男性名で、ここでも主たる首長権の担い手はすでに男性である点が注目される。しかしこの国造制の権力構造の一部を律令制下に引き継いだと考えられる律令国造に女性がしばしば任命されている点、国造一族から舎人とともに貢進される采女が神事にかかわる存在と考えられる点等を考慮すると、本来男女対《つい》的であった国造級首長権も六世紀の国造制成立以降は、主たる王としての男性国造と、祭祀担当に傾斜した女性の副王との二重王権的構成をとり、国造たる男性の背後には、史料には現われぬかかる女性首長が存在したと考えられるのであって、大王権ではすでに五世紀には明瞭な男性による主王の独占傾向が、六世紀以降には地方国造にも波及している（そしてそれをもたらした主因は国造制が大和王権により創出された点にあると考える）点が確認できるのである。

では同じ六世紀以降の大王権と女性のかかわり方はどうか。これについては推古「天皇」出現まではそれ以前同様不明だが、おそらく倭五王でのような主王たる男性とそれを補佐する女性という対《つい》的あり方が、相互移動性を保ちながら行なわれたと考えられる。とすれば、推古以来八世紀後半までの短期間になぜ女帝が集中的に出現するかが問題になり、多くの研究者が考察を加えてきた（歴代の女帝とその系譜上の地位については、【脇田晴子他編『日本女性史』吉川弘文館、一九八七年】「女帝と宮廷歌人」項、三七頁の図参照）が、私はその原因を大王権の構造の変化に求めたい。すなわち隋が五八一年には北周を、五八九年には陳を滅ぼして中国を統一し、それを契機に朝鮮三国の抗争が一層激化したのだが、かかる国際状勢下にあって日本は朝鮮三国と異なり、隋の冊封体制から自立して、それと対等な「小帝国」化によってかかる状勢に対処せんとしたのであり、その具体例が六〇七年の「日出づる処の天子書を日没する処の天子に致す、恙無きや」（『隋書』）との隋への国書にみられる中国の皇帝と同じ「天子」号の使用である。そしてかかる意図の実現のためには、何よりも王権の構造を原始的王権を引き継いだ未開的なヒメ・ヒコ制から中国的な唯一絶対者からなる王権へと開明化することが必須の課題とされたのであり、かかる大王権の構造の変化が女帝を出現させたのである。すなわち開明化された王権下において、唯一絶対者たる「大王」に男性が即位しえない政治的事情が生じた時、前代の男＝主王・女＝副王の格差はあるにしても相互移行的なヒメ・ヒコ制の伝統をふまえて、ヒメたる女性の「大王」に即位したのが「女帝」なのである。したがって六世紀末ごろを画期とする「女帝」の出現は、当時の国際情勢に規定された王権の構造変化に起因したと考えられるのだが、このような女帝が八世紀後半に消滅する理由については、日本における最初の国家たる律令国家は、エンゲルスが言うように国家の成立（＝文明の開始）が女性の世界的敗北を前提としている以上、政治（祭祀・行政をともに含む）からの女性の排除を本質的属性とし（後宮十二司への宮人の封じ込めを想起されたい）、かかる本質が実効性を持つにいたった八世紀後半には日本でも女性の天皇が出現しなくなったと理解しておきたい。

　このように、日本古代の女帝は日本の未開の王権形態たるヒメ・ヒコ制から本来的な文明の王権形態への過渡期に出現したものと把握できよう。

〈脇田晴子他編『日本女性史』吉川弘文館、一九八七年〉

付論2　むかし女首長がいた——古事記*より

男女ペアで執政

『古事記』は、神代から推古天皇までの時期を扱った、律令国家により編纂された書物で、七一二（和銅四〔五〕）年に成立しました。そこには、性愛や婚姻など、女性をめぐるいろいろな状況が描かれていますが、それは、当時の人びとによる古い時代の記憶から、『古事記』編纂時の状況を反映したものまで、幾層もの時代の状況が重なりあったものとして存在しています。

そのようなものの中から、現代に生きる私たち女性にとって、とくに興味深いものとして、古い時代の日本に存在した女性首長を取り上げたいと思います。

古い時代の日本に女性の首長（政治支配者）がいたことは、卑弥呼や、推古などの女性天皇の存在からよく知られています。そして卑弥呼がその弟と一緒に政治を行なっていることに示されるように、最近では、古い時代の政治は男女ペアで行なわれるのが一般的だったと考えられてきています。

『古事記』にもこのような例がみられます。それを示す好例は、『古事記』垂仁天皇条にみられる話です。その話を紹介しますと……。

天皇は沙本毘売《さほひめ》を后としていましたが、沙本毘売の兄沙本毘古《さほひこ》は天皇の権力を奪うことを計画し、妹に「夫（天皇）と兄の私とどちらがいとしいか？　もし私がいとしいのなら（天皇を倒して）二人で力を合わせて日本の政治を行なおう」といいます。そして妹に天皇の就寝中に天皇を刺し殺すようにと小刀を渡します。沙本毗売は自分の膝でねむる天皇を刺そうとしますが、切なさのあまりどうしてもそれができず、涙が面を伝わり落ちます。それに気づいて目ざめた天皇は、沙本毗売から真相を聞き出し、謀反を図った沙本毗古を攻めます。

沙本毗売は天皇の許《もと》から去り、兄のたてこもる城（稲城）に入ってしまいます。そして天皇に敗れた兄と共に死んでしまいます。

以上がこの話の内容ですが、ここではサホヒメとサホヒコという、地名にヒメとヒコを付した名前が、兄妹の名前としてセットになって現れています。しかもこのセットの名前をもつヒメとヒコは、二人で協力して政治を行なおうとしています。

男女共治制ヒメとヒコ

このことは、『日本書紀』や『風土記』のヒメ・ヒコの史料をも合わせて考えますと、同一地名の下にヒメとヒコを付した名を持つ兄弟姉妹関係にある一対の男女が、その地名で示される地域を支配しているようすを示していると考えられるのです――このような男女共治制を、高群逸枝氏は姫彦制と名づけました――。

したがってこの話はもともと、サホ地方の男女ペアの政治的支配者を意味する名を持つサホヒコ・サホヒメのうち、兄のサホヒコが、妹が天皇の妻となったのを機に二人で日本を治めようとしたことを物語るのです。その際、兄のサホヒコが自分一人で政治を行なおうとせず、妹を誘っているところに、古い時代の日本の政治が男女ペアで行なわれた状況をみることができるのです。

人骨でも明らか

ところで『古事記』や、さらには他の史料にみられるこの男女ペアによる統治方式は、考古学の研究によって確かめられています。

古墳に葬られている人骨の性別を調査した今井堯氏によれば、四世紀半ばから五世紀半ばの小地域の首長級古墳では、男または女が単独で葬られている場合もありますが、男女がペアで、しかも同格に埋葬されている例が一番多いという事実が明らかにされています。

しかも従来、男女ペアの政治支配者の間には、卑弥呼とその弟についてみられたように、女＝祭祀、男＝行政の、男女による役割分担が成立したと考えられてきましたが、今井氏は、男女被葬者への副葬品のあり方から、男女の政治的役割はこのように固定したものではなく、女性も生産・軍事に携わる点、従って政治上の役割は男女間で流動的、相互移動的なものであるという点をも明らかにしています。

＊ 青木和夫・石母田正・小林芳規・佐伯有清校注『古事記』日本思想大系、一九八二年、岩波書店。
竹田祐吉訳注『新訂古事記』一九七七年、角川文庫。

〈西村汎子他編『文学にみる日本女性の歴史』吉川弘文館、二〇〇〇年〉

付論3　女性による財産所有と経営——日本霊異記*より

庶民の暮らしぶりを伝える

現在まで伝えられている日本古代の史料は、権力による、民衆支配の必要性から記録されたものがほとんどで、当時の一般庶民がどのような生活を送っていたのか、その暮らしぶりをいきいきと伝えるものは、『万葉集』を別とすれば、九世紀初頭成立の『日本霊異記』がほとんど唯一のものといえます。

そこには大力を発揮したため夫と離婚するはめになった女性や、母親から容赦なく借金を取り立てて罰を受け、狂死した息子の話など、興味深い話がたくさん収められているのですが、今回は当時の女性、しかも農村の有力者層の女性が、所有と経営にどのようにかかわったのかをみることにしましょう。

高利貸しをした郡長官の妻

古代の農村の有力者層の女性が、男性と同じように財産を持つことができたことをよく示すのが、下巻二六の話です。そこには讃岐国（今の香川県）の郡の長官の妻、田中真人広虫女《たなかのまひとひろむしめ》が、大量の馬、牛、奴婢、稲、銭、田、畠を所有していただけでなく、自分の持っている財産（稲や酒など）を、まわりの農民に利子付きで貸し付け、さらに自分の財産をふやしている状況がみられます。一般にその利子は、半年で五割以上にもなる高利で、それを借りると生活がいっそう苦しくなるのですが、日々の食べ物にも事欠く貧しい農民は、どんなに高利であろうとそれを借りないと生きていくことが困難だったのです。

この女性は、稲を貸すときは小さい斤《はかり》で貸し、返させるときは大きな斤で取り立てるという、あまりにあくどい貸し方をしたので、死後に、上半身は牛、下半身は人間という不気味な姿で生き返るという罰を受けました。そして、この罪を贖《あがな》うために地元の寺には家にある財物《たからもの》、東大寺には牛七〇頭、馬三〇疋、田二〇町、稲四〇〇〇束（稲一束は当時の米五升、今日のほぼ二升に当たる）を寄進したと記されていますので、この女性の生前所有していた財産がどんなに莫大であったかがわかるでしょう。

ところで財産所有権は、それが財産管理権、経営権と結びつかないと意味がありません。このことは財産を所有していても、管理経営権を認められていないと、それは名義上だけの財産になってしまうことを考えれば、おわかりいただけると思います。この女性の場合、自分の財産を元手に自分の才覚で高利貸を行なっているのですから、自分の財産に対する管理、運営権を持っていたといえます。

男女がペアで経営

下巻二六の場合は、女性が自分の財産を持ち、それを自分で経営する様が描かれてはいても、それが夫の財産やその経営とどのようにかかわっているのかは、残念ながらわかりません。しかし当時、周辺の一般農民よりはるかに大きな農業経営を展開している農村の有力者層では、夫と妻が協力して一つの農業経営を行なうのが普通でした。そしてこのような大経営の夫と妻は、家長、家室と呼ばれていたのですが、この家長と家室という対の呼称こそ、大経営の男女ペアの統率者を示す当時の言葉で、そのことは『日本霊異記』からわかります。

父母がともに死んだら

ところでこの階層の農業経営が、家長（夫）と家室（妻）の協力によって、はじめて遂行できたことを具体的に示すのが、中巻三四です。そこでは、父母が生存の時には多くの財産を持ち、大規模な経営を行なっていた家が、父母がともに死に、若い娘が一人残されると、所有していた奴婢は逃げ、馬や牛も死んでしまい、経営はたちまち没落したと書かれています。

この話からは、経営能力を持った家長、家室がいなくなると、その家はたちまち没落してしまうという、当時の状況を知ることができるのですが、このことは逆に、当時の農業経営が、経営能力を持つ家長と家室が健在で、しかもこの二人が協力することによってはじめて遂行することができたことを示しています。そして当時の農村の有力者層の経営が、家長一人の統率下に行なわれるのではなく、家長、家室ペアの統率下に行なわれていると ころに、当時の社会での家父長制の未成立がみられるのです。

＊　出雲路修校注『日本霊異記』新日本古典文学大系、一九九六年、岩波書店。
　　原田敏明・高橋貢訳『日本霊異記』東洋文庫、一九六七年、平凡社。

〈西村汎子他編『文学にみる日本女性の歴史』吉川弘文館、二〇〇〇年〉

解　説

Ⅰ　女性史研究の課題

関口は、歴史学、とりわけ古代史における女性史研究がなぜ重要なのかを、日本の歴史発展の解明の課題と関連づけて正面から論じた研究者である。Ⅰには、女性史研究の意義と課題に関する論考を収める。

第一章「歴史学における女性史研究の意義―日本古代史を中心に」（一九七七年）

本論文は、歴史の担い手の半数が女性だったにもかかわらず、その役割を正当に評価したとは言い難い従来の歴史学研究の克服すべき問題を、①社会構造論、②経済的社会構成論―の二点から論究したもの。

一「歴史研究における社会構造をめぐる問題」では、家産所有主体であり出挙遂行主体であった女性の存在を考慮してこそ、当時の大経営の意義と内部構造の具体相が明確化されること、当時の女性の置かれた状態の正しい理解が家族構造の研究を修正・深化させること、共同体の内部構造に関しても、たとえば祭祀への女性の参加・司祭、共同体諸費用の捻出などの究明が、刀禰一元論で説かれてきた従来の共同体論に反省を求めることを指摘した。

二「階級関係・生産様式・経済的社会構成等をめぐる問題」では、「女性の役割の正当な評価」が「歴史における階級関係・生産様式・経済的社会構成、更にはそれに基づく時代区分等の問題にいかなる課題を提起するのか」と問題提起。古代の「女性の隷属のあり方は必然的に日本での階級支配の発生のあり方と構造的に関連」し「日本古代の女性の地位＝隷属形態の独自性は、日本における原始社会から古代社会へいたる階級発生のコースの独自性……階級関係・生産様式の独自性と不可分に結びついているはず」だという見通しのうえに、アジア的生産様式あるいは古代的生産様式の一類型としての専制主義の社会だと考えられた日本・中国・インドの家族構造と女性の地位を比較分析した。この結果、中国・インドのそれが、日本よりもギリシャ・ローマに相似する点を指摘。ギリシャ・ローマだけではなく中国・インドとすら異なる「日本古代の女性の地位の相違を説明しうる」歴史理論の構築を提起した。

三「高群逸枝氏の古代を中心とする研究の業績をめぐって」では、高群逸枝の業績に関して、①婚姻形態・家族形態等日本の前近代史研究において最も未開拓の分野を開拓、諸事実を明らかにし、②それらが当該時代の社会構成体やその移行という歴史の根幹に迫る問題の再検討を必然的に歴史学自体に提起した―ことを評価した。

本論文は、女性史が実証的学問研究として飛躍を遂げつつあった時に公表された。女性史の意義を歴史学研究のなかに位置づけただけではなく、とりわけ、国家形成史に関わる古代史研究との関係で明確にした意味は大きい。

関口の提起は、古代女性の政治的社会的地位を社会構造論に関連づけて考察する研究に引き継がれている。また、ジェンダー概念が日本へ紹介され、歴史学研究に有意義な視点を与えているなか、『ジェンダー史叢書』（全八巻、明石書店、二〇〇九～一一年）や『新体系日本史9　ジェンダー史』（大口勇次郎・成田龍一・服藤早苗編、山川出版社、二〇一四年）が刊行された。それらのなかにも、関口の問題提起はいかされているといえるだろう。

第二章「日本古代女性史研究の現在と課題」（一九九一年）

本論文は、日本古代女性史研究の到達点と課題を、家族、婚姻、政治・祭祀、労働・経済の四分野にしぼって検討したもの。

一「家族」では、女性史研究が、エンゲルスの理論に依拠した日本古代史研究の家父長制家族論を克服すべき対象として出発したと指摘。高群逸枝以来の研究の到達点として、家父長制家族の未成立という古代家族の本質（歴史的発展段階）が明らかになったとした。さらに吉田孝の双系制論を中心とする研究成果を詳述し、家父長制家族・父系家族説は成立困難になっているとしたうえで、その克服のための課題として、非家父長制・非父系制の家族形態を必然的属性とする独自の古代社会論の提出が必要だとした。家族に関する関口の諸論考は、その後『日本古代家族史の研究』上下（二〇〇四年）にまとめられた。

二「婚姻」では、対偶婚としての本質と、婚姻の具体的形態（婚姻居住規制）についての諸研究を詳述し、本質に関わる課題として、姦通、婚姻決定権、強姦、売買春の不在の証明、個人的性愛の存否の検討をあげた。関口は、婚姻史研究の最大の成果は、日本社会全体では単婚、さらには家父長制家族（＝男への女の服属）への移行が一二世紀を画期として行われたことを明らかにしたことだと強調。一般的には未開→文明への移行に伴う「女性の世界史的な敗北」が、日本では文明社会内での「古代」から「中世」への移行に伴って出現したことが明らかになり、これによって「世界史一般と異なる日本の歴史発展の独自性」が示されたとし、歴史研究にとって差し迫った課題を明示したところに「女性史研究の成果と課題が集中的に示されている」と結んだ。婚姻に関する関口の諸論考は、その後『日本古代婚姻史の研究』上下（一九九三年）にまとめられた。

三「政治（祭祀を含む）」では、男女二重王権論を分析。祭祀＝女、行政＝男という王権内の性別役割分担論を、考古学の今井堯らの成果を取り込んで批判。課題として、権力構造論との関連下で女帝論・女官論を深める必要があるとした。

四「労働と経済」では、古代の農業以下の性別役割分担については服藤早苗の研究で尽くされているとしたうえで、今後の課題として、生活資料獲得活動の位置づけ、国家への租税・貢納物に占める女性労働の位置づけと評価等の本格的検討を呼びかけた。

最後に、女性史研究の豊かな成果の無視という状況の克服なくして古代史研究の真の発展は望めないことを強調した。

本論文中でも、当時刊行中であった、女性史総合研究会編『日本女性史研究文献目録』について触れているが、それも二〇一四年には既刊四巻に二〇〇二年までの文献リストを加えた『日本女性史研究文献目録1868—2002』CD-ROM版（東京大学出版会）として刊行された。

付論1「女性史からみた石母田史学の一断面」（一九九〇年）は、傑出した歴史家であった石母田正氏について、その女性史理解に納得できないことを述べたもの。問題としたのは、一九五〇年代の同氏の、女性からの積極的な性へのさそいかけを否定し、古代の祭りの参加を男性に限定して考える歌謡解釈である。かかる解釈は史実に反すること、そこには同年代における家父長制的女性観の影響がみられること—を先行研究の検討を通じて鋭く指摘した。研究者の女性観が史料解釈を（史実に反して）左右する現実は、この小論が書かれた一九九〇年代においても、決して過去のものではなかった。そのことを若い研究者に真剣に考えてもらいたいと願う関口にとって、敬愛する石母田氏の文章だからこそ、「どうしても見過ごすことのできない」ものだったのである。**付論2**

「石母田先生と女性史」(一九八六年)は、石母田氏没時の追悼文。

Ⅱ　性愛・家族と女性

関口はここで、セクシュアリティが歴史学の研究対象となりうることを明確に宣言した。Ⅱに収められた諸論考は、古代人の恋と性と家族に関するもので、関口の仕事の中核をなす。

第一章「古代の家族と結婚の歴史」(一九九八年)

関口の文章のなかでは新しい方であり、すでに『日本古代婚姻史の研究』所収の諸論文で発表され、激しい論争を経た後にまとめられた、堂々たる自説の概要である。**付論1「原始古代の性・愛・家族」**(一九九二年)、**付論4「閉ざされていなかった人妻の性―万葉集より」**(二〇〇〇年)が、それを補完する。

律令制の導入によって男性中心の制度や価値観が持ち込まれたが、古代の女性は経済力を背景に男性と対等な関係を保っていた。関口は家父長制が未成立な古代の婚姻を、モルガンの概念に従って対偶婚と呼ぶ。そこでは、恋愛・性関係・結婚の境が明確でなく、性関係を恥ずかしい、汚らわしいものとする意識もなく、女性は自分の結婚＝性関係を自分で決定し、好きな男性に求愛した。妻の性は、夫以外に対して閉ざされていなかった。逆に、女性は望まない性交渉を拒否し、離婚もした。性行為は女性の合意が前提であり、女性の意志を無視した性結合＝強姦はなかった。対外戦争の際に初めて出現する。

ここで、この強姦をめぐる学説について、一言付言しておくべきだろう。なぜなら、これは関口の学説の中でも最も先鋭的で、今なお広い支持を得ているとは言い難いからである。「男の性衝動は抑えがたい」といった言説は論外であるが、多くの人々が、人間の性行動には規範に対する逸脱が常に存在することを知っているからであろう。これについて、関口は別稿の注で、次のように述べている。

私が問題にしているのは、あくまで日本古代社会での、社会的事象としての女性の合意を前提とした性結合の存在＝女性の意向を無視した性結合の不在であり、今日での強姦が喚上げ婚等の特別な場合を除くと、一例も存在しなかったと主張しているわけではない。従って個人的な資質による強姦例は、日本古代においても皆無ではなかったと考える。

（関口『日本古代婚姻史の研究』上、四一四頁）

つまり、関口は、古代に強姦が一例もなかったとは言っていないのである。あくまでも、古代社会の規範、法慣習、人々の通念や常識において、強姦などは全くありえないことだった、と述べているのである。そのような社会なら、実際の発生件数も極めて少なかったであろう。

古代の家族形態については、古代史研究では古くから、戸籍・計帳を実態と捉え、家父長制大家族と考える戸実態説＝父系合同家族説が主流であった。これに対し、戸擬制説＝父系直系家族説も唱えられていた。関口はこれらを明確に否定し、高群逸枝による母系家族説を批判的に継承し、籍帳以外の記紀万葉、『風土記』『日本霊異記』等々の文献から、古代の家族は、通い婚に始まり、妻方居住に移行し、さらに独立居住に移行するという説を立てた。これに対して、当時、夫方居住（嫁入り）を普遍的と考える論者から激しい反論が出され、関口は論争を闘い抜いた。古代の家族・婚姻形態については、今なお諸説が存在する。しかし、さすがに夫方居住（嫁入り）が古代からあったというような見解は通説から外れたことは、高校教科書（たとえば『詳説日本史』山川出版社）を見ればわかる。

その後、貴族・豪族では一〇世紀初め、一般庶民層では一二世紀初めあたりを画期として、単婚に移行し、家父長制家族が成立し、男女対等性は失われる。関口の議論はここまでだが、その後の女性史について付言すれば、『源氏物語』に描かれた恋と性の在り方は、女性たちに自己決定権はほとんどなく、『かげろふ日記』に綴られた不安定な妻の立場は、女性たちに安定した妻の座を希求させた。一二世紀には嫁入婚が始まり、妻となった女性は従属を強めるが、夫との永続的で安定した生活を手に入れることになる。

対偶婚の具体相を関口自身が描いた著作に、『処女墓伝説歌考―複数の夫をもった美女の悲劇』(一九九六年)がある。また、その後の研究に服藤早苗『平安王朝社会のジェンダー―家・王権・性愛』(校倉書房、二〇〇五年)、義江明子『日本古代女性史論』(吉川弘文館、二〇〇七年)、胡潔『律令制度と日本古代の婚姻・家族に関する研究』(風間書房、二〇一六年)などがある。

第二章「対偶婚の終焉と買売春の発生」(一九九五年)

古代における遊行女婦《うかれめ》と一〇世紀以降の遊女《あそび》について検討し、古代における買売春の不在と、その一〇世紀における発生について論じている。**付論2「遊行する女たち」**(一九九二年)、**付論5「性を売る女性の発生―大和物語より」**(二〇〇〇年)、**付論6「平安時代に始まった買売春」**(二〇〇一年)は、一般向けにわかり易く書き下ろした文章である。

古代における遊行女婦《うかれめ》は、宴会で自作の歌や古歌を歌う芸能者であり、需要を求めて方々を旅して歩いた。彼女たちは、自らの性を商品化して売ることはなかった。だがそれは、宴会で知り合った男性と性関係を持たなかったという意味ではない。たとえば、妻のある尾張少咋《おわりのおくひ》という官人が、遊行女婦の左夫流児《さぶるこ》と仲良くなってその家に滞在したとき、もとの妻は世間から「先妻」と認識された。つまり、尾張少咋《おわりのおくひ》は左夫流児《さぶるこ》と再婚したとみなされたのである。すなわち古代においては、女性の職業に関わらず、男女が出会って性関係を持てば結婚、別れれば離婚したことになるのであって、こうした状況では、セックスはワークとして成立しなかったわけである。関口はまた、遊行女婦が特殊な名（いわゆる源氏名）を名乗っていないことも、性を売る女性ではなかった証拠としている。

しかし、九世紀半ばを画期として一〇世紀初頭には、買売春が明確に成立する。買売春を専門に行うと考えられる「夜発《やほち》」が史料上に登場し、また遊行女婦は「遊女《あそび》」に替わり、芸能と売春を行うようになった。背景にあるのは単婚の成立である。

関口は、買売春が歴史的な形成物であることを実証してみせた。その後の遊女についてのまとまった研究は、服藤早苗『古代・中世の芸能と買売春』（明石書店、二〇一二年）、辻浩和『中世の〈遊女〉―生業と身分』（京都大学学術出版会、二〇一七年）がある。

付論3「女の強さと美しさ」（一九九三年）は、古代女性の容姿をめぐる評価について論じている。その後、武田佐知子『衣服で読み直す日本史　男装と王権』（朝日選書、一九九八年）に影響を与えた。

Ⅲ　社会の中の女性の地位

関口は、家父長制家族の未成立と対偶婚の実証に全力で取り組んだ。Ⅲには、それを土台に女性の地位を様々な角度から明らかにした諸論考を収める。

第一章「日本古代の家族形態と女性の地位」（一九八〇年）

本論文では、「家父長制家族の存否をめぐる対立が、古代社会での女性の地位評価と必然的に結びつく」として、高群逸枝説を継承し、家父長制家族の未成立と女性の地位の高さを二節にわたって説く。本論文は『家族史研究』創刊号に掲載された。比較家族史学会の創立（一九八二年）にもみられるように、一九八〇年代には、家族史研究の新たな飛躍が始まった。関口は、その重要な一端を担ったのである。

一「律令社会における「家族」形態」では、生活共同体・経営・所有の関係は階層によって異なるとして、一般農民層では日常的農耕を行う生活共同体としての家、豪族層では生活共同体および経営主体としての家が個人単位の所有と併存、貴族層では生活共同体としての家と個人を単位とする所有・経営主体としての家（公的家＝家政機関）が併存、とした。ここでいう「個人単位の所有」とは「共有下の個人（男女）占有」をさす。関口は、古代の「家族」を、所有の未発達性に規定され、経済的単位にまで発達せず、母系血縁紐帯で結合する、不安定かつ流動的な生活共同体、すなわち家父長制家族以前のもの—と結論づけたのである。貴族の公的家については『日本古代家族史の研究』下の「日本古代の豪貴族層における家族の特質について」、母系的血縁紐帯については同「日本古代家族の規定的血縁紐帯について」に詳述されている。また、債務主体が男女個人であることへの着目は、『同』上の「古代における日本と中国の所有・家族形態の相違について」に詳しい。

二「共同体・社会の非家族的構成と女性の地位」では、社会的単位としての家族が成立していないことを、史料から実証する。一つは儀制令春時祭田条古記である。その「男女悉集」「以歯居坐」「以子弟等充膳部、供給飲食」から、一定年齢以上の男女が共同体内で公的地位を占めたことを読み取り、家長からなる宮座によって遂行される中世村落祭祀との違いを指摘した。もう一つは、中国と異なり女子への口分田班給を伴う班田制である。これは共同体的土地所有下の男女成員による占有という共同体の慣行をふまえた規定であり、共同体の非家族的構成を示すとした。

その後の研究として、古代の村落・祭祀・女性をめぐっては義江明子『日本古代の祭祀と女性』（吉川弘文館、一九九六年）、年齢秩序と男女の地位については田中禎昭『日本古代の年齢集団と地域社会』（同、二〇一六年）がある。

第二章「古代女性の地位と相続法」（一九九一年）

本論文は古代女帝概説書（武光誠編『古代女帝のすべて』新人物往来社、一九九一年）の一篇として書き下ろされた。同書所収の他の論考が個別女帝の政治史的考察であるのとは異なり、関口は古代女性全般の地位を論じ、女帝の輩出と終焉もその中に位置づけるべき、としたのである。それまでの女帝論に欠けていた視点を、女性史研究の立場から鋭く指摘したものといえよう。

一「古代女性の政治的地位」では、男＝行政・女＝祭祀の固定的男女二重王権ではなく、相互の役割分担の流動的な、原始的王権としてのヒメ・ヒコ制を土台に、女帝の輩出、女官の政治役割を位置づける。二「古代女性の社会的地位」では、家父長制家族未成立のもと、男女が共同体への公的参加権を有し、貴族女性も男性と同様に官位・諸特権を（夫とは別に）有したこと、対偶婚下にあって結婚・性愛においても男女は対等であったこと—を述べる。三「古代女性の経済的地位と相続法」では、共有下の男女占有を前提に、女性が処分・運営権と結合した所有権を有したこと、キサキも大王宮とは別に自己所有財産の経営拠点たる宮を有したこと、戸令応分条の規定とは異なり『平安遺文』所収の相続関係文書からは男女均分慣行が読み取れること―を述べる。四「古代女性の法的地位」では、以上を総括する形で、国家的要請による文明段階の法規定と、基底にある未開社会の実態との乖離は、女性の地位をめぐる律令規定に如実に表れているとする。日本固有の慣行を中国的制度に改変した場合、女性の法的地位は家父長制を先取りしたものとなり、中国法が改変されている場合、そこには中国とは異なる固有の女性の地位―家父長に包摂されない女性の在り方―が反映しているのである。

その後の研究として、女帝については義江明子『日本古代女帝論』（塙書房、二〇一七年）、女官については伊集院葉子『日本古代女官の研究』（吉川弘文館、二〇一六年）、律令法については伊集院葉子・義江明子・Joan R. Piggott「日本令にみるジェンダー」（1）～（3）（『帝京史学』二八、二〇一三年、『専修史学』五五・五七、二〇一三・二〇一四年）がある。

第三章「八世紀における采女の姧の復元」（一九九二年）

関口の第一論文集『日本古代婚姻史の研究』上に収載された「日本古代における「姧」について」の関連論文。上掲論文で、律令制定前の采女の「姧」も含めた「姧」史料を分析したことに続き、本論文では八世紀の宮廷出仕女性の性関係を取り上げ、采女の性関係が「姧」とされた意味を考察した。石上乙麻呂・久米若売、中臣宅守・狭野弟上娘子らの事件は、「姧他妻」（姧通）を問われたのではなく、安貴王・因幡八上采女への処罰と同じく地方から「貢上」された采女（および神事に関わる女性）との性関係が、前代同様に天皇への反逆とみなされ処罰されたものだとした。

本論文の目的は、八世紀史料にみえる男女関係への処罰が、人妻の性関係への断罪ではなく、采女の「姦」への処罰だったことを明らかにすることによって、人妻の性の閉鎖性の未成立と当該時代における対偶婚の存在を論証することにある。したがって、采女論を展開しているわけではないことは承知しておく必要があるだろう。

第四章「平安時代の男女による文字（文体）使い分けの歴史的前提―九世紀の文書の署名を手がかりに」（一九九三年）

「なぜ平安時代という特定の時代に、世界史的に見てもまれな、秀れた文学作品が女性の手により生み出されたのか」、このあまりによく知られている歴史事実、それでいてそれの意味するところの歴史的解明の稀薄さという研究状況を打破すべく、その謎解きに挑戦したのが本論文である。

そこでそれを可能にした文字に着目した。紀貫之の『土佐日記』が明瞭に示すように、一〇世紀前半には、漢字・漢文＝男の使う正式な文字・文体、仮名・和文＝女の使う私的な文字・文体という状況がすでに形成されており、それがどのように定着したか、八、九世紀の売券などの署名、具体的には指の長さと節の位置を描いた画指なのか、自署か、本人以外の署名かなどを手がかりに検討する。

第一の特徴は、画指は圧倒的に女性が多い。ではこれは女性が漢字習得をしていなかったためかといえば、さにあらず。画指とともに自署もしている事例が数多くあることをつきとめ、識字力とは関係なかったことを明らかにした。

第二に女性の署名は自署より他署が多い傾向にあるが、男性は自署が圧倒的に多い。このような署名の男女をめぐる相違から、識字力ではなく、漢字の書き手は男であるという社会意識をみるべきである。もうすでに漢字は男のものという社会通念が成立していたのであるとした。

それは外国語（漢語）を表記する文字としての漢字の受容が先行したという、日本における文字成立の特殊性に起因していた。圧倒的に強大な大陸文明社会の周辺に位置する未開社会において、日本の支配層は中国や朝鮮の先進的な統治技術、国家機構、法典などを輸入して支配を展開していくことを迫られるのだが、そのさい漢字、漢文の習得によって律令国家を作り、官僚機構を運営したのである。ともすれば文学の領域で語られがちな文字は、このように極めて政治的なものであった。文字は、国家の成立と不可分なものであったといえる。

本論文では、三十余点の売券などを収集し、史料批判を加えつつなされる鋭い解釈が随所にあって読み応えがある。たとえば、女性の賤婢売主の事例については、斡旋業者なのだろうとして、女性の奴婢所有という現実を認めたがらない解釈には、家父長的思想の残滓が読み取れると手厳しい。

また画指については、歴史学辞（事）典の多くが、文字の書けないもののサインというように識字と関連づけて定義しているが、こうした定説も覆した。

本論文が発表されたころは女性史においてジェンダー論はまだ方法として浸透していなかった。だが本論文はまさしく文字のジェンダーを論じた先駆的作品である。関連文献として以下がある。野村育世「署判にみる中世の文字文化とジェンダー」（同『ジェンダーの中世社会史』同成社、二〇一七年）、黒田弘子「文字のジェンダーと女房奉書」（総合女性史学会編『女性官僚の歴史』吉川弘文館、二〇一三年）。


付論1「卑弥呼から女帝へ」（一九八七年）　三世紀前半ごろ卑弥呼という女性支配者がいた。彼女は、これまで鬼道につかえたシャーマンと理解されてきた。だが、その根拠となる中国史料を、ジェンダーバイアス的見方から解放して正しく読めば、そこから、魏の皇帝から「倭王」の称号を授与されている卑弥呼が浮かび上がってくる。祭祀に限定されるべきではなかったのだ。彼女こそが外交権を含む王権掌握者であった。こうした女性の王が、六世紀末以後の女帝の出現につながってくる。関連文献としては、義江明子『つくられた卑弥呼』（ちくま新書、二〇〇五年）がある。

付論2「むかし女首長がいた―古事記より」（二〇〇〇年）　古い時代の日本の政治は、男女ペアで行われていた。こうした男女共治制を高群逸枝は姫彦（ヒメヒコ）制と名づけた。従来は、この男女ペアのなかみを、女＝祭祀、男＝行政と捉えてきたが、近年の古墳人骨の研究からも、両者は固定的なものではなく、流動的、相互移動的なものであったことが明らかになった。

付論1も付論2も、女性を政治から遠ざけようとするこれまでの女性観、女性を未開のシャーマンに押しとどめようとする理解を打破しようとする試みであり、特に新たな卑弥呼像を決定づけた『魏志倭人伝』の史料解釈は、あざやかである。

付論3「女性による財産所有と経営―日本霊異記より」（二〇〇〇年）　女王クラスではなく、豪族層や庶民らはどうであったか。これらは、九世紀初頭成立の『日本霊異記』という文学史料からうかがい知れる。たとえば、ある郡の長官の妻は、田畠などの不動産に加えて、大量の奴婢や馬牛、稲や銭などを持つ非常に裕福な女性であった。彼女は、周りの農民にこれらを高利で貸し付け、蓄財に余念がない。やがて死後、仏罰を受けることになるが、それは高利貸し経営ではなく、その手法が実にあくどいものだったからだ。では、こうした農村の有力者層の農業経営はといえば、これも『日本霊異記』からわかることだが、夫と妻による共同経営であった。家長と家室の男女ペアの経営が基本である。

このような男女ペアは、王権と相通ずるものがあることを関口は指摘している。要は、家父長権がいまだ成立していない、未開的色彩の濃い社会だったのだ。

このほか、全編を通じて多岐にわたる興味深い論点があるが、ここでは全てを紹介することができない。是非、本文を直接お読みいただきたいと思う。

（解説分担　Ⅰ―一章・二章、Ⅲ―三章＝伊集院葉子、Ⅲ―四章・付論＝黒田弘子、Ⅱ―一章・二章・付論＝野村育世、Ⅰ―付論、Ⅲ―一章・二章＝義江明子）

＊文中でふれた関口の著作の出典等は、巻末の著作一覧を参照されたい。

あとがき

日本の女性史研究は、一九三〇年代の高群逸枝に始まるとされる。高群は在野の研究者として、一九六四年に没するまで著述をつづけ、古代家族史・婚姻史に関わる膨大な業績を残した。しかしその成果は、一部では評価されたものの、アカデミズムの世界ではおおむね無視された。関口裕子さんは、高群説の批判的継承を掲げて、古代女性史研究を学問分野として確立すべく奮闘したのである。それはまるで、荒野をブルドーザーで突き進むかのような、果敢で前人未踏の道を切り拓くものだった。

当初、それは文字通り孤軍奮闘だった。しかし、一九七〇年代〜八〇年代にかけて、大学で歴史学を学び女性史研究を志す研究者が、少数ながらも出てくる。その背景には、女性の社会進出、大学進学者の急増という、社会の変化があった。女性史研究が歴史学全体の中で無視し得ないものとなる時代が、ようやく始まったのである。関口さんはその先頭に立って、後続の女性史研究者を励ましつづけた。大学に常勤ポストをもたない困難な研究条件のもとにありながら、若い研究者への学問的援助を惜しまなかった。何よりも、自分自身がつねに研究の第一線にあることで、学問とは何か、学問を継承するとはどういうことなのかを、身をもって示したのである。

本書で解説を担当した四名は、いずれも女性史研究に取り組む中で、関口さんとの出会いをもった。それぞれの思いをここに記しておきたい。

義江明子は、一九七七年に二九歳で都立大学の大学院に進学した。二歳の娘を無認可保育所に預け、研究者を目指して遅まきながらのスタートだった。そこに関口さんが、非常勤講師として当年度から出講されたのである。それは、関口さんの研究生活初期の充実期にあたっていた。「日本古代家族の規定的血縁紐帯について」の構想~執筆の過程を、講義を通じてリアルタイムで聴くことができたのである。この偶然の出会いがなかったら、おそらく女性史研究者としての義江の後半生はないか、あっても全く違ったものになっていただろう。

中世史研究者の黒田弘子と古代史の関口さんとの出会いは、前近代女性史研究会―古代・中世―という小さな研究会においてであった。女性史にそれほど深い関心があったわけではなくましてや古代史はよくわからなかったが、そのころ同会をリードしていた関口裕子さんの圧倒的存在感には衝撃を受けた。関口さんの魅力は、学界を支配していたアカデミズムに果敢に立ち向かっていたことにあると思う。体制におもねることのない、アンチ権力の姿勢だ。それが好きだ。弱者の視点、すなわち女性の視座にたつと、歴史の真実が見えてくることも関口さんから学んだ方法論であり、その後の黒田の研究の確固たる基盤となった。

野村育世は、早稲田大学大学院に進学した一九八三年から前近代女性史研究会に参加し、関口さんとお会いするようになった。そのころの関口さんは、激しい論争の真最中で、闘う人のイメージがあった。当時、関口さんが夕飯の支度をしていると、決まってその時間に論争相手の男性研究者から電話がかかってきて、関口さんは料理の手を停めて長い論争に応じていたという。野村が学問を志した時、少し前にブルドーザーに乗って瓦礫の道を切り拓く関口さんの後ろ姿があった。その道を一歩ずつ、歩いて行きたいと思っている。

右の三名と異なり、伊集院葉子が研究者としての関口さんを知ったのは、その逝去後のことである。二〇〇五年に専修大学大学院修士課程に進学した直後に「歴史学における女性史研究の意義」を読み、修士論文（「日本古代における女官の婚姻」）・博士論文（「日本古代女官研究」）執筆にあたって、関口さんの論文に学んだ。伊集院の古代女官論は、国家の成立段階における家父長制の未成立という関口さんの研究成果に多くを依っており、深い学恩をこうむっているのである。

本書刊行にさいして、夫の関口隆氏は、著作の使用を快く許可されただけではなく、「妻裕子が生涯をかけて取り組んだ女性史研究の進展に、いささかでも寄与したい」として、裕子さんの遺産の一部を寄贈された。塙書房の白石タイ社長の御厚意により、前二著と同様に同社での刊行が実現したことは、何よりの喜びである。前著にひきつづき、編集には寺島正行氏が尽力してくださった。これで『日本古代婚姻史の研究』上下、『日本古代家族史の研究』上下、『日本古代女性史の研究』の三部五冊が揃い、女性史研究者関口裕子さんの業績を永く後世に伝えるものとなった。

「私、百歳になっても論文を書くわ」が、関口さんの口癖だった。六六歳での急逝は、さぞ無念だったろう。しかし、その学問は残り、次の世代に引き継がれていく。関口さんと女性史の縁で結ばれた私たちが、その橋渡しの役目を果たせたことを、望外の幸せとしたい。

二〇一七年八月

関口裕子氏女性史論集刊行会

伊集院葉子

黒田弘子

野村育世

義江明子

（五十音順）

著作一覧

一九六九年　☆律令国家における嫡庶子制について　『日本史研究』一〇五
一九七二年　＊律令国家における嫡妻・妾制について　『史学雑誌』八一―一
　同　　　　古代人民のイデオロギー闘争の諸段階　『歴史学研究』別冊
一九七三年　「大化改新」批判による律令制成立過程の再構成　上・下　『日本史研究』一三二・一三三
一九七五年　書評・布村一夫著『日本神話学・神がみの結婚』『歴史学研究』四二二
一九七六年　＊日本古代の婚姻形態について――その研究史の検討　『歴史評論』三一一
一九七七年　◇歴史学における女性史研究の意義――日本古代史を中心に　『人民の歴史学』五二（総合女性史研究会編『日本女性史論集一　女性史の視座』吉川弘文館　一九九七年　再録）
一九七八年　☆日本古代家族の規定的血縁紐帯について　井上光貞先生還暦記念会編『古代史論叢』中　吉川弘文館
一九七九年　☆日本古代の豪貴族層における家族の特質について・上　原始古代社会研究会編『原始古代社会研究』五　校倉書房
一九八〇年　◇日本古代の家族形態と女性の地位　家族史研究編集委員会編『家族史研究』二　大月書店
一九八一年　日本古代の家族形態と女性の地位（講演記録）『社会的文化的能力に関する女性学的研究』放送教育センター
一九八二年　古代婚姻制研究の展望　『現代の眼』一九八二年一月号　現代評論社
　同　　　　⊙日本古代の家族形態の特質について　『お茶の水女子大学女性文化資料館報』三（坂田聡編『日本家族史論集四　家族と社会』吉川弘文館　二〇〇二年　再録）

一九八二年　☆古代における日本と中国の所有・家族形態の相違について――女子所有権を中心として　女性史総合研究会編『日本女性史』1　東京大学出版会

一九八二年　高群逸枝の古代女性史研究の意義について　東京女性史研究会編『女性史研究と現代社会』一

一九八三年　◇家父長制家族の未成立と日本古代社会の特質について　『日本史研究』二四七（総合女性史研究会編『日本女性史論集二　政治と女性』吉川弘文館　一九九七年　再録）

同　古代における女性差別　『歴史公論』九七

一九八四年　家伝をめぐる家の用法について　土田直鎮先生還暦記念会編『奈良平安時代史論集』上　吉川弘文館

同　庶民の女性の地位　『歴史公論』一〇八

同　＊古代家族と婚姻形態　歴史学研究会・日本史研究会編『講座日本歴史』二　東京大学出版会

同　＊日本の婚姻　『東アジアにおける日本古代史講座』一〇　学生社（義江明子編『日本家族史論集八　婚姻と家族・親族』吉川弘文館　二〇〇二年　再録）

同　☆日本古代の豪貴族層における家族の特質について・下　原始古代社会研究会編『原始古代社会研究』六　校倉書房

一九八五年　シンポジウム――前近代の家族をめぐって（対談　大口勇次郎・鈴木国弘・村武精一）『歴史評論』四一九

一九八六年　五十戸一里制をめぐる一、二の問題――その具体的編制方式とその後の推移　田名網宏編『古代国家の支配と構造』東京堂出版

同　◇石母田先生と女性史　『歴史評論』四三六

一九八七年　☆戦時中に達成された藤間生大・石母田正の家族・共同体論の学説史的検討――渡部義通の所論と関連して　青木和夫先生還暦記念会編『日本古代の政治と文化』吉川弘文館

同　◇卑弥呼から女帝へ　脇田晴子・林玲子・永原和子編『日本女性史』吉川弘文館

同　日本古代における対偶婚の存在について　『総合女性史研究会会報』四

一九八九年　＊対偶婚概念についての理論的検討　前近代女性史研究会編『家族と女性の歴史　古代・中世』吉川弘文館
同　古代　関口裕子・鈴木国弘・大藤修・吉見周子・鎌田とし子著『日本家族史――古代から現代へ』梓出版社
一九九〇年　◇女性史からみた石母田史学の一断面　『歴史評論』四七九
一九九一年　◇古代女性の地位と相続法　武光誠編『古代女帝のすべて』新人物往来社
同　◇日本の女性史研究の現在と課題　古代　歴史科学協議会編『女性史研究入門』三省堂
一九九二年　◇時代をみる――原始古代／遊行する女たち　総合女性史研究会編『日本女性の歴史　性・愛・家族』角川選書
同　◇八世紀における采女の姦の復元　『日本歴史』五三五
一九九三年　『日本古代婚姻史の研究』上・下　塙書房
同　富豪女性の姿　総合女性史研究会編『日本女性の歴史　女のはたらき』角川選書
同　◇平安時代の男女による文字（文体）使い分けの歴史的前提――九世紀の文書の署名を手がかりに　笹山晴生先生還暦記念会編『日本律令制論集』下　吉川弘文館
同　◇女の強さと美しさ　総合女性史研究会編『日本女性の歴史　文化と思想』角川選書
一九九五年　◇対偶婚の終焉と買売春の発生　『歴史評論』五四〇
一九九六年　『処女墓伝説歌考――複数の夫をもった美女の悲劇』吉川弘文館
一九九七年　戦争と女性――日本古代の場合　アジア女性史国際シンポジウム実行委員会編『アジア女性史　比較史の試み』明石書店
同　山本一也氏による拙著『日本古代婚姻史の研究』上・下への書評に答える　『史林』八〇―四
同　◇日本古代の戦争と女性　前近代女性史研究会編『家・社会・女性　古代から中世へ』吉川弘文館（大日方純夫編『日本家族史論集一三　民族・戦争と家族』吉川弘文館　二〇〇三年　再録）
一九九八年　◇Ⅰ　古代　関口裕子・服藤早苗・長島淳子・早川紀代・浅野富美枝編『家族と結婚の歴史』森話社

二〇〇〇年　◇むかし女首長がいた――古事記／閉ざされていなかった人妻の性――万葉集／女性による財産所有と経営――日本霊異記／性を売る女性の発生――大和物語　西村汎子・関口裕子・菅野則子・江刺昭子編『文学にみる日本女性の歴史』吉川弘文館

同　☆田中良之著『古墳時代親族構造の研究――人骨が語る古代社会』批判　『宮城学院女子大学キリスト教文化研究所研究年報』三四

同　買売春の発生／富豪女性の活動　総合女性史研究会編『史料にみる日本女性のあゆみ』吉川弘文館

二〇〇一年　☆日本古代における夫婦合葬の一般的不在――六世紀前半から九世紀初頭を中心に　『清泉女子大学人文科学研究所紀要』二二

同　◇平安時代に始まった買売春　歴史教育者協議会編『学びあう女と男の日本史』青木書店

◇は本書所収
☆は『日本古代家族史の研究』上下　所収
＊は『日本古代婚姻史の研究』上下　所収
◈は右掲三書に未収だが、入手容易な論集に再録

関口　裕子（せきぐち　ひろこ）

略歴

1935年　東京都に生まれる（旧姓田口）
1960年　東京大学文学部国史学科卒業
1969年　東京都立大学大学院人文科学研究科修士課程修了
1973年　東京大学大学院人文科学研究科博士課程修了
1994年　博士（文学・東京大学）
　　　　元清泉女子大学非常勤講師・在野研究者
2002年　逝去

主要業績

1989年　『日本家族史－古代から現代へ』〈共著〉（梓出版社）
1993年　『日本古代婚姻史の研究』上・下（塙書房）
1992～4年　『日本女性の歴史』1～3〈共編著〉（角川書店）
1996年　『処女墓《おとめづか》伝説歌考－複数の夫をもった美女の悲劇－』（吉川弘文館）
1998年　『家族と結婚の歴史』〈共著〉（森話社）
2000年　『文学にみる日本女性の歴史』〈共編著〉（吉川弘文館）
2003年　“The Patriarchal Family Paradigm in Eighth-Century Japan,” in D. ko et al., eds. *Women and Confucian Cultures in Premodern China, Korea and Japan*, University of California Press.
2004年　『日本古代家族史の研究』上・下（塙書房）

日《に》本《ほん》古《こ》代《だい》女《じょ》性《せい》史《し》の研《けん》究《きゅう》

2018年2月15日　第1版第1刷

著　者　関　口　裕　子
発行者　白　石　タ　イ

発行所　株式会社　塙　書　房
〒113-0033　東京都文京区本郷6丁目8-16
電話　03(3812)5821
FAX　03(3811)0617
振替　00100-6-8782

亜細亜印刷・弘伸製本

定価はケースに表示してあります。落丁本・乱丁本はお取替えいたします。

ISBN978-4-8273-1292-8　C3021

研究者索引

事項索引

さ

史料索引

＊事項・史料は選択的（原則として同一節内では1箇所）に、研究者(除編者)・頁は網羅的に記載した。